WISSENSCHAFTLICHE BEITRÄGE AUS DEM TECTUM VERLAG

Reihe Rechtswissenschaften

AF815332

WISSENSCHAFTLICHE BEITRÄGE AUS DEM TECTUM VERLAG

Reihe Rechtswissenschaften

Band 45

Andreas Günther

Die Vollstreckung von Urteilen auf Leistung Zug um Zug

Tectum Verlag

Andreas Günther

Die Vollstreckung von Urteilen auf Leistung Zug um Zug
Wissenschaftliche Beiträge aus dem Tectum Verlag:
Reihe: Rechtswissenschaften; Bd. 45

Zugl.: Passau, Univ. Diss. 2009

ISBN: 978-3-8288-2316-7

ISSN: 1861-7875

© Tectum Verlag Marburg, 2010

Besuchen Sie uns im Internet
www.tectum-verlag.de

Bibliografische Informationen der Deutschen Bibliothek
Die Deutsche Bibliothek verzeichnet diese Publikation in der Deutschen Nationalbibliografie; detaillierte bibliografische Angaben sind im Internet über http://dnb.ddb.de abrufbar.

Vorwort

Die vorliegende Arbeit wurde im Sommersemester 2009 von der Juristischen Fakultät der Universität Passau als Dissertation angenommen. Rechtsprechung und Literatur konnten bis April 2009 berücksichtigt werden.

Zunächst gilt mein besonderer Dank meinem Doktorvater Herrn Prof. Dr. Wolfgang Hau, der stets Zeit für meine Fragen hatte und mir durch seine gute Betreuung bei der Erstellung dieser Arbeit sehr geholfen hat. Bei Herrn Privatdozent Dr. Fabian Klinck möchte ich mich für die schnelle Erstellung des Zweitgutachtens bedanken.

Ein weiterer Dank gilt meinen Freunden, die zur gleichen Zeit in Passau an ihren Dissertationen gearbeitet haben und mir in dieser Zeit Rückhalt gegeben haben. Insbesondere möchte ich mich bei Frau Lisa Kuntz bedanken, die mich sowohl in Passau als auch später in Düsseldorf stets unterstützt hat.

Ein besonderer Dank gilt meinen Eltern. Sie haben mich bei meinem Promotionsvorhaben von Anfang an unterstützt und motiviert und haben zuletzt auch mein Manuskript Korrektur gelesen.

Düsseldorf, im Januar 2010

Andreas Günther

Inhaltsverzeichnis

§ 1 Einleitung

A. Gegenstand der Untersuchung

Die Zwangsvollstreckung dient der Befriedigung des Gläubigers. So sagte *Stein*, dass „Ausgangspunkt und Endpunkt der Zwangsvollstreckung auf dem Gebiet des Privatrechts" liegen.[1] Damit liegt das endgültige Ziel der Vollstreckung auf dem Gebiet des materiellen Rechts.[2] Wenn der Schuldner nun nach materiellem Recht die Einrede des nicht erfüllten Vertrags (§ 320 I BGB) oder das Zurückbehaltungsrecht (§ 273 I BGB) geltend machen kann, wird er zur Leistung Zug um Zug gegen Erbringung der Gegenleistung verurteilt. Die ansonsten einseitig zugunsten des Gläubigers bestehende Zweckbestimmung der Zwangsvollstreckung wird dadurch zumindest eingeschränkt.[3] Es stellt sich daher nun die Frage nach dem Schicksal der durch den Vollstreckungsgläubiger zu erbringenden Gegenleistung. Diese Frage muss zu irgendeinem Zeitpunkt nach der Verurteilung zur Leistung Zug um Zug geklärt werden.

Aufgrund der Prüfung der Gegenleistung im Vollstreckungsverfahren werden die Vollstreckungsorgane in besonderer Weise beansprucht. Grundsätzlich obliegt dem Gerichtsvollzieher bei der Durchführung von Vollstreckungsmaßnahmen nur die Prüfung von formalen Voraussetzungen.[4] Bei der Vollstreckung einer Leistung Zug um Zug wird dieser Grundsatz aber durchbrochen.[5] So muss er nach § 756 I ZPO beurteilen, ob der Gläubiger dem Schuldner die Gegenleistung in einer den Annahmeverzug begründenden Weise angeboten hat. Die Prüfung, ob nach den §§ 293 ff. BGB Annahmeverzug vorliegt, kann sich mitunter aber als überaus schwierig darstellen, insbesondere für den Gerichtsvollzieher, der nicht über die umfassende Ausbildung eines Volljuristen verfügt. Die dem Gerichtsvollzieher bei der Prüfung der materiellrechtlichen Vollstreckungs-

1 *Stein*, S. 6.; *Schilken*, AcP 181 (1981), 355, 356.

2 *Rosenberg/Gaul/Schilken*, § 1 I 2.

3 *Schilken*, AcP 181 (1981), 355, 356.

4 *Gaul*, Rpfleger 1971, 81, 90 ff.

5 *Schilken*, AcP 181 (1981), 355, 358.

voraussetzungen zukommende Prüfungskompetenz ist in der Literatur, der Rechtsprechung und der Praxis sehr umstritten. Sie wird daher einer eingehenden Betrachtung unterzogen und stellt einen Schwerpunkt der Untersuchung dar. Die Durchsetzung von Urteilen auf Leistung Zug um Zug erfolgt aber nicht ausschließlich nach § 756 ZPO. Sofern nicht der Gerichtsvollzieher das zuständige Vollstreckungsorgan ist, richtet sich das Verfahren der Zwangsvollstreckung nach § 765 oder den §§ 726 II, 894 I 2 ZPO. Auch in diesen Fällen stellt sich die Frage nach dem weiteren Schicksal der Gegenleistung beziehungsweise nach der dem zuständigen Vollstreckungsorgan zukommenden Prüfungsbefugnis.

Indem § 756 I 1. Alt. ZPO den Vollstreckungsbeginn von einem den Annahmeverzug begründenden Angebot der Gegenleistung abhängig macht, erfährt der Grundsatz der Formalisierung der Zwangsvollstreckung eine Ausnahme. Diese wird jedoch ihrerseits dadurch eingeschränkt, dass § 756 I 2. Alt. ZPO für den Vollstreckungsbeginn den Nachweis der Befriedigung oder des Annahmeverzugs durch öffentliche oder öffentlich beglaubigte Urkunde genügen lässt. Durch diese Möglichkeit des Urkundsnachweises ergeben sich jedoch weitere Fragen. So herrscht keine Einigkeit darüber, ob der Nachweis des Annahmeverzugs bereits durch das Urteil selbst erbracht werden kann, welche Anforderungen an dieses Urteil zu stellen sind und ob es genügt, wenn der Annahmeverzug bereits vor Erlass des Urteils eingetreten ist.[6]

In diesem Zusammenhang ergibt sich ein weiteres Problem. Wenn ein vor Urteilserlass eingetretener Annahmeverzug ausreicht, um mit der Vollstreckung zu beginnen, dann stellt sich die Frage, ob nicht bereits die Möglichkeit besteht, den Schuldner zu uneingeschränkter Leistung zu verurteilen. Auch diesbezüglich gehen die Meinungen auseinander.[7]

B. Aufbau der Arbeit

§ 2 beschäftigt sich allgemein mit der Verurteilung zur Leistung Zug um Zug. Es werden die Voraussetzungen für eine solche Verurteilung, die inhaltlichen Anforderungen, die sich an einen solchen Vollstreckungstitel stellen, sowie

6 *Schilken*, AcP 181 (1981), 355, 359.

7 Siehe bei *Schilken*, AcP 181 (1981), 355, 376, Fn. 104.

die Wirkungen eines solchen Urteils erörtert. Aufgrund des engen Sachzusammenhangs werden an dieser Stelle auch die Problematik einer vorbehaltslosen Verurteilung bei feststehendem Annahmeverzug und die Möglichkeit einer Klage auf Feststellung des Annahmeverzugs behandelt. Zum Abschluss wird auf die Verurteilung zur Leistung nach Empfang der Gegenleistung eingegangen.

In § 3 wird ein kurzer Überblick über die Vollstreckung von Titeln auf Leistung Zug um Zug gegeben. Zunächst werden die für die Überprüfung der Befriedigung beziehungsweise des Annahmeverzugs möglichen Standorte aufgezeigt. Danach wird die gesetzeshistorische Entwicklung der Durchsetzung solcher Vollstreckungstitel, beginnend mit der CPO von 1877, beschrieben.

Der materiellrechtlich geregelte Annahmeverzug stellt eine den drei Verfahren nach § 756, § 765 und den §§ 726 II, 894 I 2 ZPO gemeinsame Vollstreckungsvoraussetzung dar. In § 4 werden ausführlich die Voraussetzungen für den Annahmeverzug sowie die Gründe für dessen Beendigung beschrieben. Dies soll bei der Darstellung der einzelnen Vollstreckungsverfahren ermöglichen, sich auf die vollstreckungsrechtlichen Aspekte des Annahmeverzugs zu konzentrieren.

Die einzelnen Vollstreckungsverfahren werden in den §§ 5–7 behandelt. In § 5 wird die Vollstreckung durch den Gerichtsvollzieher dargestellt. Dabei wird zunächst der Ablauf der verschiedenen in § 756 ZPO geregelten Verfahrensarten beschrieben. Im Anschluss daran wird gesondert die Prüfungs- und Entscheidungskompetenz des Gerichtsvollziehers im Hinblick auf die geschuldete Gegenleistung bei der jeweiligen Verfahrensart analysiert. Die Vollstreckungsverfahren nach § 765 und §§ 726 II, 894 I 2 ZPO werden in den §§ 6 und 7 behandelt.

Abschließend werden in § 8 die den Vollstreckungsparteien im Rahmen des jeweiligen Vollstreckungsverfahrens zustehenden Rechtsbehelfe behandelt.

§ 2 Das Urteil auf Leistung Zug um Zug

A. Die Verurteilung zur Leistung Zug um Zug

Im Folgenden werden zunächst die Voraussetzungen für eine Verurteilung zur Leistung Zug um Zug gegen Erbringung der Gegenleistung erörtert. Danach wird erläutert, welchen inhaltlichen Anforderungen ein Urteil Zug um Zug zu genügen hat. Abschließend werden die Wirkungen eines solchen Urteils beschrieben.

I. Voraussetzungen für eine Verurteilung

1. Zurückbehaltungsrechte und Einrede des nicht erfüllten Vertrags

Wann ein Urteil auf Leistung Zug um Zug ergehen darf, ist eine Frage des materiellen Rechts. Das Prozessrecht dagegen setzt mit § 726 II ZPO ein solches Urteil lediglich als zulässig voraus.[8] Von der Frage, wann ein Urteil auf Leistung Zug um Zug ergehen darf und wann nicht, ist die Frage nach den Rechtsfolgen einer unrichtigen Verurteilung zu unterscheiden.

Voraussetzung für ein Urteil auf Leistung Zug um Zug ist die Austauschabhängigkeit von Ansprüchen nach materiellem Recht. Eine solche besteht insbesondere aufgrund der Zurückbehaltungsrechte nach § 273 I, II BGB oder der Einrede des nicht erfüllten Vertrags nach § 320 BGB oder der Unsicherheitseinrede nach § 321 BGB. Neben vertraglich vereinbarten Festsetzungen führen auch die an anderer Stelle oder außerhalb des BGB geregelten Zurückbehaltungsrechte im Falle ihrer erfolgreichen Geltendmachung zu einer Verurteilung auf Leistung Zug um Zug gegen Erbringung der Gegenleistung. Zu den weiteren Zurückbehaltungsrechten des BGB gehören unter anderem die §§ 348, 1000 BGB. Darüber hinaus verweisen die §§ 972, 1065, 1227, 2022 I 2 BGB auf das Zurückbehaltungsrecht des § 1000 BGB. Außerhalb des BGB beinhaltet unter anderem

8 *Stein/Jonas/Münzberg*, § 726 Rdnr. 13.

§ 369 I HGB ein Zurückbehaltungsrecht des Kaufmanns.[9] Allerdings gewährt § 371 I HGB dem Gläubiger zusätzlich das Recht, sich aus dem zurückbehaltenen Gegenstand für seine Forderung zu befriedigen.

Davon zu unterscheiden sind die Fälle, in denen der Schuldner nur gegen Aushändigung der den Gläubiger legitimierenden Urkunden zu leisten hat.[10] Diese sind unter anderem in den Art. 39 WG, Art. 34 ScheckG, §§ 410, 785, 808 II, 1144, 1192 BGB, § 364 III HGB geregelt. Hierbei handelt es sich nicht um Leistung und Gegenleistung, sondern um eine besondere Ausgestaltung des sich aus § 368 BGB ergebenden Rechts auf Quittung.[11] Diese Normen begründen deshalb keinen selbständigen Gegenanspruch.[12] Das gilt in gleicher Weise für § 797 BGB, wonach der Aussteller nur gegen Aushändigung der Schuldverschreibung zur Leistung verpflichtet ist.[13] Zum Teil wird in diesen Vorschriften auch geregelt, dass das Eigentum an den Urkunden mit Erfüllung des Anspruchs auf den Schuldner übergeht.[14] In diesen Fällen, in denen nur Zug um Zug gegen Aushändigung der den Gläubiger legitimierenden Urkunde zu leisten ist, lautet das Urteil daher nicht auf Leistung Zug um Zug, sondern auf Leistung schlechthin beziehungsweise auf Leistung gegen Aushändigung der Urkunde.[15]

2. *Wirkung der Zurückbehaltungsrechte und der Einrede des nicht erfüllten Vertrags im Erkenntnisverfahren*

Die §§ 274 I und 322 I BGB regeln die prozessuale Wirkung der schuldrechtlichen Regelungen des Zurückbehaltungsrechts (§ 273 BGB) und der Einrede des nicht erfüllten Vertrags (§ 320 BGB).[16] Im Gegensatz zu anderen dilatorischen

---

9 MünchKomm-HGB/*Welter*, § 369 Rdnr. 66.

10 MünchKomm-ZPO/*Wolfsteiner*, § 726 Rdnr. 21; *Stein/Jonas/Münzberg*, § 726 Rdnr. 18.

11 BGHZ 177, 178, 181 bezüglich § 797 BGB; OLG Frankfurt, Rpfleger 1981, 312; MünchKomm-ZPO/*Wolfsteiner*, § 726 Rdnr. 21; *Stein/Jonas/Münzberg*, § 726 Rdnr. 18.

12 OLG Hamm, DGVZ 1979, 122, 123; OLG Frankfurt, Rpfleger 1981, 312; *Rosenberg/Gaul/Schilken*, § 16 V 1 c.

13 BGHZ 177, 178, 181; MünchKomm-ZPO/*Heßler*, § 756 Rdnr. 9; *Palandt/Sprau*, § 797 Rdnr. 1; a.A. *Staudinger/Marburger*, § 797 Rdnr. 3.

14 MünchKomm-ZPO/*Wolfsteiner*, § 726 Rdnr. 21.

15 BGHZ 177, 178, 181; OLG Hamm, DGVZ 1979, 122, 123; LG Düsseldorf, DGVZ 1972, 59; *Wieczorek/Schütze/Salzmann*, § 756 Rdnr. 3; *Stein/Jonas/Münzberg*, § 726 Rdnr. 18; *Baumbach/Lauterbach/Albers/Hartmann*, § 726 Rdnr. 10; a.A. *Liesecke*, DRiZ 1970, 314, 318; *Treysse*, DGVZ 1983, 36 f.

16 *Christmann*, DGVZ 1990, 1; MünchKomm-BGB/*Krüger*, § 274 Rdnr. 7; MünchKomm-BGB/*Emmerich*, § 322 Rdnr. 1, 4.

Einreden bewirkt die erfolgreiche Geltendmachung der beiden Einreden nicht die Abweisung der Klage, sondern nur die eingeschränkte Verurteilung zur Leistung Zug um Zug gegen Erbringung der Gegenleistung.[17] Dies gilt auch für den Fall, dass sich der Schuldner schon wegen der von ihm zu fordernden Leistung in Verzug der Annahme befindet.[18] Dabei stellt die Zug-um-Zug-Verurteilung im Verhältnis zum uneingeschränkten Klageantrag nicht ein *aliud*, sondern ein *minus* dar.[19]

II. Inhaltliche Anforderungen

1. Verknüpfung von Leistung und Gegenleistung

Die Verknüpfung von Leistung und Gegenleistung muss eindeutig aus dem Titel hervorgehen.[20] Sofern diese beiden Leistungen ohne zeitliche Verknüpfung tituliert sind, sind Leistung und Gegenleistung unabhängig voneinander vollstreckbar.[21] Sollte hingegen der Titel bestimmen, dass die Gegenleistung bis zu einem ganz bestimmten Zeitpunkt, das heißt nicht erst bei Beginn der Zwangsvollstreckung, zu erbringen ist, so kann es sich um eine Bedingung handeln, die unter § 726 I ZPO fällt.[22]

2. Bestimmtheit von Leistung und Gegenleistung

a) Allgemeine Anforderungen

Da bei einem Titel auf Leistung Zug um Zug der Gerichtsvollzieher die Gegenleistung anbieten muss beziehungsweise zu bewerten hat, ob sie ordnungsgemäß angeboten oder erbracht wurde, erstreckt sich das Bestimmtheitsgebot auch auf die Gegenleistung.[23] Daher muss nicht nur die dem Vollstreckungsschuldner

---

17 *Christmann*, DGVZ 1990, 1; MünchKomm-BGB/*Krüger*, § 274 Rdnr. 7; MünchKomm-BGB/*Krüger*, § 322 Rdnr. 4.

18 RGZ 51, 367, 369; BGHZ 90, 354, 358; *Soergel/Wolf*, § 274 Rdnr. 2; MünchKomm-BGB/*Krüger*, § 274 Rdnr. 7.

19 BGHZ 117, 1, 3; *Münzberg*, NJW 1961, 540, 541; MünchKomm-BGB/*Krüger*, § 274 Rdnr. 7; MünchKomm-BGB/*Krüger*, § 322 Rdnr. 5; *Erman/Kuckuk*, § 274 Rdnr. 4; a.A. *Koenigk*, NJW 1960, 2180 f.

20 KG, JurBüro 2000, 666, 667; *Stein/Jonas/Münzberg* § 726 Rdnr. 13.

21 OLG Stuttgart, DGVZ 1986, 60 f.; LG Hamburg, DGVZ 1992, 41.

22 OLG Köln, NJW-RR 1994, 893, 894.

23 MünchKomm-ZPO/*Krüger*, § 704 Rdnr. 8.

auferlegte Leistung, sondern auch die vom Vollstreckungsgläubiger zu erbringende Gegenleistung im Urteil mit der für die Zwangsvollstreckung erforderlichen Bestimmtheit bezeichnet werden.[24] Nach Art und Umfang muss die Gegenleistung so hinreichend bestimmt sein, dass sie ihrerseits Gegenstand einer Leistungsklage sein könnte.[25] Denn die zuständigen Vollstreckungsorgane müssen anhand des Titels erkennen können, wie die dem Vollstreckungsschuldner gebührende Gegenleistung beschaffen ist.[26] Die Gegenleistung muss so genau bestimmt sein, dass es dem zuständigen Vollstreckungsorgan möglich ist, anhand des Titels zu beurteilen, ob es sich bei der angebotenen Gegenleistung um die nach dem Titel geschuldete handelt.[27] Zu diesem Zweck ist der Gerichtsvollzieher nicht zur Durchführung einer Beweisaufnahme befugt.[28] Ohne die erforderliche Bestimmtheit wäre auch regelmäßig der Gläubiger nicht in der Lage, den Nachweis der Befriedigung beziehungsweise des Annahmeverzugs des Vollstreckungsschuldners hinsichtlich der Gegenleistung zu erbringen.[29]

Das Erfordernis der genügenden Bestimmtheit des Titels schließt dessen Auslegung nicht aus.[30] Jedoch ist erforderlich, dass der Titel aus sich selbst heraus für eine Auslegung in hinreichendem Maße geeignet ist oder zumindest alle Voraussetzungen für seine Bestimmbarkeit in klarer Weise enthält.[31] Daher ist es beispielsweise nicht zulässig, den Wert der Gegenleistung in einem zukünftigen Schiedsgutachterverfahren feststellen zu lassen. Vielmehr muss der Wert der Gegenleistung vom Gericht im Titel bestimmt werden.[32] Zur Auslegung des Titels können zusätzlich zum Tenor auch Tatbestand und Entscheidungsgründe herangezogen werden.[33] Dies verlangt von dem Gerichtsvollzieher keine schwierigen

---

24 *Blunck*, NJW 1967, 1598.

25 BGH, NJW 1993, 324, 325; KG, NJW-RR 1998, 424, 425; *Stein/Jonas/Münzberg*, § 726 Rdnr. 13.

26 *Blunck*, NJW 1967, 1598 Fn. 1.

27 BGHZ 45, 287 f.; MünchKomm-ZPO/*Heßler*, § 756 Rdnr. 27.

28 LG Frankenthal, MDR 1982, 61; LG Düsseldorf, DGVZ 1986, 139.

29 *Soergel/Gsell*, § 322 Rdnr. 42.

30 KG, NJW-RR 1988, 1406, KG, NJW-RR 1998, 424, 425.

31 KG, NJW-RR 1988, 1406, KG, NJW-RR 1998, 424, 425.

32 BGH, NJW 1993, 324, 325; BGH, NJW 1994, 586, 587.

33 OLG Düsseldorf, NJW-RR 1999, 793, 794; LG Mainz, Rpfleger 1993, 253; LG Darmstadt, DGVZ 1989, 71; LG Frankenthal, MDR 1982, 61; MünchKomm-ZPO/*Heßler*, § 756 Rdnr. 27; a.A. OLG Frankfurt, Rpfleger 1979, 432, das fordert, dass die Gegenleistung in der Urteilsformel hinreichend bestimmt ist.

materiellrechtlichen Überlegungen etwa so wie bei der Frage,[34] ob sich aus dem Urteil der Annahmeverzug des Schuldners ergibt. Hierbei geht es lediglich um die Frage, wie die vom Gläubiger geschuldete Gegenleistung beschaffen ist. Notfalls kann der Gerichtsvollzieher zur Bestimmung der Gegenleistung auch Sachverständige hinzuziehen.[35] Bei Versäumnisurteilen und Anerkenntnisurteilen kann zur Auslegung auf die Klageschrift zurückgegriffen werden.[36] Bei Prozessvergleichen ist für die Auslegung hingegen allein der vom Gericht protokollierte Inhalt des Vergleichs, mithin der isolierte Vollstreckungstitel relevant.[37] Das Erfordernis, dass der Titel aus sich selbst heraus genügend bestimmt beziehungsweise bestimmbar ist, ist nicht erfüllt bei der Bezugnahme auf Urkunden, die nicht Bestandteil des Titels sind.[38] Umstände, Listen, Verzeichnisse oder vergleichbare Unterlagen außerhalb des Vollstreckungstitels können aus diesem Grund nicht berücksichtigt werden.[39] Dementsprechend genügt auch die Bezugnahme auf einen Kaufvertrag zur näheren Bestimmung der Gegenleistung nicht den Anforderungen an die Bestimmtheit.[40] Urkunden, auf die Bezug genommen wird, müssen daher Aktenbestandteile sein, damit sie als Auslegungshilfe dienen können.[41]

b) Besondere Anforderungen

aa) Speziesschuld

Bei einer Stückschuld muss die Gegenleistung so genau bestimmt sein, dass es dem zuständigen Vollstreckungsorgan möglich ist, die dem Vollstreckungsschuldner gebührende Gegenleistung anhand des Vollstreckungstitels zu bestimmen. Die herauszugebende Sache muss im Titel so genau bezeichnet werden, dass sie zweifelsfrei identifiziert werden kann.[42] Wird als Gegenleistung die Herausgabe eines Grundstücks geschuldet, so kann zur genauen Identifizierung

---

34 *Doms*, NJW 1984, 1340.

35 *Stein/Jonas/Münzberg*, vor § 704 Rdnr. 26; MünchKomm-ZPO/*Krüger*, § 704 Rdnr. 8.

36 LG Hannover, DGVZ 1978, 61; LG Darmstadt, DGVZ 1989, 1; *Stein/Jonas/Münzberg*, vor § 704 Rdnr. 27.

37 KG, NJW-RR 1988, 1406.

38 LG Berlin, DGVZ 1994, 8; *Stein/Jonas/Münzberg*, vor § 704 Rdnr. 26.

39 KG, NJW-RR 1998, 424, 425.

40 LG Berlin, DGVZ 1994, 8.

41 *Zöller/Vollkommer*, § 313 Rdnr. 18.

42 *Musielak/Lackmann*, § 704 Rdnr. 9.

die grundbuchmäßige Bezeichnung übernommen werden. Bei der Belastung eines Grundstücks, wie zum Beispiel bei der Erteilung einer Wegeberechtigung, ist dies nicht möglich; stattdessen ist der relevante Teil zweifelsfrei zu beschreiben, indem auch auf Pläne und Skizzen Bezug genommen wird, die dann als Anlage zum Urteil genommen und mit ausgefertigt werden müssen.[43] Wenn die Gegenleistung in der Herausgabe eines Computerprogramms besteht, muss die Art der Herausgabe konkret festgelegt werden, weil Software nicht materiell herausgegeben werden kann, sondern lediglich der Datenträger, es aber häufig nur um die Löschung der Daten geht.[44] Nicht genau genug bezeichnet ist die Gegenleistung auch dann, wenn im Titel von einem „dem Beklagten gehörenden Kühler“ [45] oder von der „Rückgabe eines Kachelofens“[46] beziehungsweise der „Rückgabe eines schwarzen Katers“[47] gesprochen wird. Wenn es sich bei der Gegenleistung um die Rückgabe eines Kraftfahrzeugs handelt, bedarf es regelmäßig der Bezeichnung der Fahrgestellnummer.[48]

bb) Gattungsschuld

Mehr Schwierigkeiten bereiten kann die genaue Identifizierung bei einer Gattungsschuld.[49] In diesem Fall muss die Gegenleistung in der Weise bestimmt sein, dass der Gerichtsvollzieher beurteilen kann, ob die angebotene Gegenleistung von mittlerer Art und Güte (§ 243 II BGB) beziehungsweise bei Handelsgeschäften Handelsgut mittlerer Art und Güte (§ 360 HGB) ist.[50] So wurde entschieden, dass die Gegenleistung mit „Damenpelzmantel“ ohne Größenangaben zu ungenau bestimmt ist.[51] Dagegen bestimmt der Titel „Zug um Zug gegen Rückgabe von 1205 Paar Schuhen, Artikelnummer 8846, Damenstiefel, gefüttert, Farbe schwarz“ die Gegenleistung hinreichend genau.[52]

---

43 MünchKomm-ZPO/*Krüger*, § 704 Rdnr. 10.

44 KG, NJW-RR 1994, 959 f.; *Rosenberg/Gaul/Schilken*, § 16 V 1 b bb.

45 LG Frankenthal, MDR 1982, 61.

46 LG Kleve, NJW-RR 1991, 704.

47 LG Darmstadt, DGVZ 1989, 71.

48 *Thomas/Putzo*, Vorbem § 704 Rdnr. 19.

49 MünchKomm-ZPO/*Krüger*, § 704 Rdnr. 11.

50 MünchKomm-ZPO/*Heßler*, § 756 Rdnr. 27; *Schmidt*, JurBüro 1964, 413, 416; *Garbe*, DGVZ 1951, 5, 7.

51 OLG Frankfurt, RPfleger 1979, 432 f.

52 AG Pirmasens, DGVZ 1998, 190.

cc) Nachbesserung

Sofern der Gläubiger als Gegenleistung eine Nachbesserung schuldet, ist diese im Titel so genau zu bezeichnen, dass sich der Gerichtsvollzieher vergewissern kann, dass die Nachbesserung ordnungsgemäß erfolgt ist.[53] So handelt es sich um eine nicht ausreichende Bestimmung der Gegenleistung, wenn es im Urteil heißt, dass die „Herstellung eines lotrechten Mauerwerks in dem Gebäude V 95 in N." geschuldet ist, da nicht ersichtlich ist, wo genau und in welchem Umfang Nachbesserungsarbeiten vorzunehmen sind.[54] Wenn als Gegenleistung eine Mangelbeseitigung geschuldet ist, reicht es aus, wenn der Mangel hinreichend genau beschrieben ist; die Art der Nachbesserung muss dann nicht bestimmt sein.[55]

c) Mangelnde Bestimmtheit

Bei mangelnder Bestimmtheit der Gegenleistung ist der Titel nicht vollstreckbar;[56] die Vollstreckungsklausel darf nicht erteilt werden.[57] Wenn die Vollstreckungsklausel trotz mangelnder Bestimmtheit der Gegenleistung erteilt wurde, kann der Vollstreckungsschuldner gegen die Erteilung im Wege des § 732 ZPO vorgehen.[58] Ist die Erteilung der Klausel nicht erfolgreich gerügt worden, so ist das zuständige Vollstreckungsorgan insoweit an die Klausel gebunden, als die Vollstreckung versucht werden muss. Jedoch hat das Vollstreckungsorgan die Vollstreckung aus dem Titel abzulehnen, wenn aufgrund der mangelnden Bestimmtheit der Gegenleistung die ordnungsgemäße Erbringung derselben nicht nachweisbar ist.[59] Eine Vollstreckung ist aber möglich, wenn der Vollstreckungsschuldner die angebotene Gegenleistung explizit als richtig und vollständig bezeichnet.[60] Sofern der Gerichtsvollzieher die Vollstreckung mangels genügender Bestimmtheit ablehnt, ist der Gläubiger auf den Klageweg zu verweisen. Mit der Erinnerung nach § 766 ZPO kann der Gläubiger ausschließlich klären lassen, ob die Gegenleistung nicht doch auf Grundlage des Titels hinreichend bestimmbar

---

53 MünchKomm-ZPO/*Heßler*, § 756 Rdnr. 27.

54 OLG Düsseldorf, NJW-RR 1999, 793, 794.

55 OLG Stuttgart, NJW-RR 1999, 792; OLG Koblenz, NJW-RR 1971, 436, 437.

56 BVerfG, NJW 1997, 2167, 2168; BGHZ 45, 287; *Schilken*, AcP 181 (1981), 355, 360.

57 *Schilken*, AcP 181 (1981), 355, 360; *Blunck*, NJW 1967, 1598; *Stein/Jonas/Münzberg*, § 726 Rdnr. 13.

58 *Stein/Jonas/Münzberg*, § 726 Rdnr. 13.

59 *Stein/Jonas/Münzberg*, § 756 Rdnr. 14.

60 MünchKomm-ZPO/*Heßler*, § 756 Rdnr. 27.

ist.[61] Ist dies nicht möglich, so bleibt dem Gläubiger nur die Klage auf Feststellung des Urteilsinhalts.[62]

III. Folgen einer unrichtigen Verurteilung

Wie bereits oben dargelegt, handelt es sich bei den Vorschriften der Art. 39 WG, Art. 34 ScheckG, §§ 410, 785, 797, 808 II, 1144, 1192 BGB, § 364 III HGB, bei denen der Schuldner nur gegen Aushändigung der den Gläubiger legitimierenden Urkunde zu leisten braucht, nicht um selbständige Gegenansprüche, sondern lediglich um besondere Ausgestaltungen des Rechts auf Quittung.[63] In diesen Fällen liegen die Voraussetzungen für eine Verurteilung zur Leistung Zug um Zug gegen Erbringung der Gegenleistung nicht vor.

In den Fällen, in denen der Schuldner nur gegen Aushändigung einer den Gläubiger legitimierenden Urkunde, wie zum Beispiel eines Wechsels, zu leisten hat, muss daher das sich aus dem Gesetz ergebende Recht des Schuldners auf die besondere Quittung nicht im Vollstreckungstitel besonders ausgesprochen werden.[64] Wie bereits dargelegt, muss vielmehr das Urteil auf Leistung schlechthin lauten.[65] Aus diesem Grund stellt sich die Frage nach den vollstreckungsrechtlichen Konsequenzen, wenn das Urteil zu Unrecht auf Leistung Zug um Zug gegen Aushändigung einer Urkunde lautet.

Zum Teil wird von der Rechtsprechung und in der Literatur, abstellend auf die materiellrechtliche Lage, die Meinung vertreten, dass auch bei einer unrichtigen Verurteilung zur Leistung Zug um Zug gegen Aushändigung der Urkunde die §§ 726 II, 756, 765 ZPO nicht anwendbar seien, es daher auf den Nachweis der Befriedigung oder des Annahmeverzugs des Vollstreckungsschuldners hinsichtlich der Gegenleistung nicht ankomme.[66] Nach anderer Ansicht hat auch bei

---

61 *Stein/Jonas/Münzberg*, § 756 Rdnr. 14; MünchKomm-ZPO/*Heßler*, § 756 Rdnr. 54.

62 MünchKomm-ZPO/*Heßler*, § 756 Rdnr. 54.

63 *Rosenberg/Gaul/Schilken*, § 16 V 1 c.

64 OLG Hamm, DGVZ 1979, 122, 123; *Baumbach/Lauterbach/Albers/Hartmann*, § 726 Rdnr. 10.

65 OLG Hamm, DGVZ 1979, 122, 123; *Wieczorek/Schütze/Salzmann*, § 756 Rdnr. 3; *Stein/Jonas/Münzberg*, § 726 Rdnr. 18; *Baumbach/Lauterbach/Albers/Hartmann*, § 726 Rdnr. 10; a.A. *Liesecke*, DRiZ 1970, 314, 318; *Treysse*, DGVZ 1983, 36 f.

66 OLG Hamm, Rpfleger 1979, 122, 123: OLG Frankfurt, DGVZ 1979, 144 f.; LG Düsseldorf, DGVZ 1972, 59; *Rosenberg/Gaul/Schilken*, § 16 V 1 c; *Stein/Jonas/Münzberg*, § 726 Rdnr. 18; *Baumbach/Lauterbach/Albers/Hartmann*, § 726 Rdnr. 10.

einer unrichtigen Verurteilung zur Leistung Zug um Zug gegen Aushändigung der Urkunde die Vollstreckung nach den §§ 726 II, 756, 765 ZPO zu erfolgen.[67] Begründet wird dies zum Teil mit dem Argument, dass es für den Gerichtsvollzieher nicht erkennbar sei, ob es sich nicht doch um eine echte Zug-um-Zug-Verurteilung handelt, die herauszugebende Urkunde also selbst Gegenstand eines selbständigen sich zum Beispiel aus einem Kaufvertrag ergebenden Anspruchs ist.[68] So ist im formalisierten Vollstreckungsverfahren allein der Inhalt des Vollstreckungstitels, der eindeutig auf Leistung Zug um Zug lautet, maßgebend.[69] Das Vollstreckungsorgan ist nicht befugt, in eigenmächtiger Abweichung von dem Vollstreckungstitel die Vollstreckung des titulierten Anspruchs von der Vorlage von Urkunden abhängig zu machen.[70] Allerdings kommt bei einer irrtümlichen Tenorierung auf Leistung Zug um Zug eine Berichtigung des Urteils nach § 319 ZPO in Betracht.[71]

Als Ergebnis bleibt daher festzuhalten, dass bei materiellrechtlich unrichtiger Verurteilung zur Leistung Zug um Zug gegen Aushändigung einer den Gläubiger legitimierenden Urkunde die Vollstreckung nach Maßgabe der §§ 726 II, 756, 765 ZPO zu erfolgen hat.

IV. Rechtskraft des Urteils

Die materielle Rechtskraft eines Urteils reicht nach § 322 I ZPO so weit, wie über den durch die Klage oder die Widerklage erhobenen Anspruch entschieden ist. Sofern der Beklagte nicht Widerklage auf die Gegenleistung erhoben hat, sondern lediglich aufbauend auf die Gegenleistung ein Zurückbehaltungsrecht oder die Einrede des nicht erfüllten Vertrags geltend macht, erwächst die Entscheidung über den Anspruch auf die Gegenleistung und die sich daraus ergebende dilatorische Einrede nicht in Rechtskraft.[72] Durch die Verurteilung Zug

---

67 BGHZ 177, 178, 182; *Wieczorek/Schütze/Salzmann*, § 756 Rdnr. 3; MünchKomm-ZPO/*Wolfsteiner*, § 726 Rdnr. 21; *Zöller/Stöber*, § 756 Rdnr. 4; *Würdinger*, NJW 2008, 3147; Toussaint, jurisPR-BGH-ZivilR 21/2008 Anm. 3; *Fischer*, LMK 2008, 267411; *Liesecke*, DRiZ 1970, 314, 318; *Treysse*, DGVZ 1983, 36 f.

68 *Wieczorek/Schütze/Salzmann*, § 756 Rdnr. 3.

69 BGHZ 177, 178, 182.

70 BGHZ 177, 178, 182; *Fischer*, LMK 2008, 267411.

71 BGHZ 177, 178, 182.

72 *Rosenberg/Schwab/Gottwald*, § 152 Rdnr. 15; *Schilken*, ZPR, Rdnr. 1025; *Dieckman*, GS Arens, 1993, S. 44, 47 f.; BGH, NJW 1992, 1172, 1173; RGZ 100, 197, 198 f.; *Baumbach/*

um Zug gegen Erbringung der Gegenleistung wird daher dem Beklagten nichts zugesprochen.[73] Der Ausspruch über die Gegenleistung bildet daher keine Vollstreckungsgrundlage.[74] Ein *iudicium duplex* kennt das geltende Recht nicht.[75] Demgegenüber bestimmte aber noch § 5 des sächsischen Exekutionsgesetzes vom 28. Februar 1838, dass aus einem Urteil auf Leistung Zug um Zug sowohl Kläger als auch Beklagter die Erbringung der Leistung beziehungsweise der Gegenleistung im Wege der Zwangsvollstreckung verfolgen können.[76]

Wenn der Kläger im ersten Prozess eine beschränkte Verurteilung auf Leistung Zug um Zug beantragt hat, ist in einem Folgeprozess eine neue Klage auf vorbehaltlose Leistung statthaft, wenn der Kläger auf die Zwangsvollstreckung aus dem ersten Urteil verzichtet.[77] Der zweiten Klage steht nicht die Rechtskraft des Ersturteils entgegen, da die Entscheidung über den Anspruch auf Gegenleistung nicht in Rechtskraft erwachsen ist.[78] Dies gilt auch dann, wenn der Kläger schon im ersten Prozess erfolgreich auf Leistung schlechthin hätte klagen können.[79] Die Aufteilung des Verfahrens auf zwei Rechtsstreitigkeiten führt zu keiner nachhaltigen Belastung des Beklagten. Zwar droht dem Beklagten bei einer weiteren Verurteilung, die Kosten des Rechtsstreits tragen zu müssen (§ 91 I ZPO). Jedoch wird den Interessen des Beklagten mit der Möglichkeit eines sofortigen Anerkenntnisses und der daraus resultierenden Befreiung von den Prozesskosten nach § 93 ZPO ausreichend Rechnung getragen.[80]

Anders stellt sich der Fall dar, wenn der Kläger im Vorprozess die unbeschränkte Verurteilung des Beklagten beantragt hat, aber nur die Verurteilung zur Leistung Zug um Zug gegen Erbringung der Gegenleistung erreicht. In die-

---

Lauterbach/Albers/Hauptmann, § 322 Rdnr. 19; MünchKomm-ZPO/*Gottwald*, § 322 Rdnr. 110; *Zöller/Vollkommer*, Vor § 322 Rdnr. 34a.

73 BGH, NJW 1992, 1172, 1173.

74 BGH, NJW 1992, 1172, 1173; BGH, MDR 1977, 133; BGH, BauR 1973, 321, 322 f.; *Schilken*, AcP 181 (1981), 355, 360 f.; *Rosenberg/Gaul/Schilken*, § 16 V 1 b bb.

75 *Rosenberg/Gaul/Schilken*, § 16 V 1 b bb.

76 *Reuter*, S. 64.

77 BGH, NJW 1992, 1172, 1173; *Soergel/Gsell*, § 322 Rdnr. 17; *Staudinger/Otto*, § 322 Rdnr. 12 f.; *Dieckman*, GS Arens, 1993, S. 47 f.

78 BGH, NJW 1992, 1172, 1173; *Staudinger/Otto*, § 322 Rdnr. 12 f.; *Dieckman*, GS Arens, 1993, S. 47 f.

79 *Dieckman*, GS Arens, 1993, S. 43, 50; *Soergel/Gsell*, § 322 Rdnr. 17; *Staudinger/Otto*, § 322 Rdnr. 12 f.

80 *Dieckman*, GS Arens, 1993, S. 43, 52.

sem Fall unterliegt der Kläger teilweise und ist daher in diesem Umfang mit seiner Klage abzuweisen.[81] Im Verhältnis zur Verurteilung auf Leistung schlechthin stellt die Verurteilung zur Leistung Zug um Zug kein *aliud*, sondern ein *minus* dar, sie ist ein Weniger.[82] Zwar erwächst die Entscheidung über die Gegenleistung und die darauf aufbauende Einrede des nicht erfüllten Vertrages beziehungsweise das darauf aufbauende Zurückbehaltungsrecht nicht in Rechtskraft. Jedoch ist die Entscheidung über die Beschränkung des Leistungsanspruchs, die sich aus der „synallagmatischen Verknüpfung" von Leistung und Gegenleistung ergibt, der Rechtskraft fähig.[83] Da das Urteil des Vorprozesses den unbeschränkten Leistungsanspruch verneint, setzt sich der Kläger in einem Folgeprozess mit dem Antrag auf Leistung schlechthin zu dieser Entscheidung des Vorprozesses in Widerspruch.[84] Die präjudizielle Wirkung des ersten Urteils steht dem Antrag auf unbeschränkte Leistung in einem zweiten Prozess entgegen.[85]

V. Zusammenfassung

Wann ein Urteil auf Leistung Zug um Zug ergehen darf, richtet sich nach dem materiellen Recht. Voraussetzung für ein solches Urteil ist die Austauschabhängigkeit von Ansprüchen. Eine solche besteht insbesondere aufgrund der Zurückbehaltungsrechte nach § 273 I, II BGB oder der Einrede des nicht erfüllten Vertrags nach § 320 BGB. Davon zu unterscheiden sind jedoch die Fälle, in denen der Schuldner nur Zug um Zug gegen Aushändigung der den Gläubiger legitimierenden Urkunden zu leisten hat. Ein Urteil auf Leistung Zug um Zug ergeht in diesen Fällen nicht. Sollte es dennoch zu einer materiellrechtlich unrichtigen Verurteilung zur Leistung Zug um Zug gegen Aushändigung einer den Gläubiger legitimierenden Urkunde gekommen sein, so erfolgt die Vollstreckung nach Maßgabe der §§ 726 II, 756, 765 ZPO.

Die Verknüpfung von Leistung und Gegenleistung muss eindeutig aus dem Vollstreckungstitel hervorgehen. Da die zuständigen Vollstreckungsorgane anhand des Titels erkennen können müssen, wie die dem Vollstreckungsschuldner

---

81 BGH, NJW 1992, 1172, 1173; *Stein/Jonas/Leipold*, § 308 Rdnr. 5.

82 BGH, NJW 1992, 1172, 1173; MünchKomm-BGB/*Krüger*, § 273 Rdnr. 7; MünchKomm-BGB/*Krüger*, § 322 Rdnr. 5; *Erman/Kuckuk*, § 274 Rdnr. 4.

83 BGH, NJW 1992, 1172, 1173; *Dieckman*, GS Arens, 1993, S. 43 f.

84 BGH, NJW 1992, 1172, 1173; *Dieckman*, GS Arens, 1993, S. 44.

85 BGH, NJW 1992, 1172, 1173; *Dieckman*, GS Arens, 1993, S. 43 f.

gebührende Gegenleistung beschaffen ist, muss nicht nur die dem Vollstreckungsschuldner auferlegte Leistung, sondern auch die vom Vollstreckungsgläubiger geschuldete Gegenleistung im Urteil mit der für die Zwangsvollstreckung erforderlichen Bestimmtheit bezeichnet werden.

Aus dem Urteil auf Leistung Zug um Zug kann nur der Gläubiger vollstrecken. Der Ausspruch über die Gegenleistung bildet für den Vollstreckungsschuldner hingegen keine Vollstreckungsgrundlage. Die Entscheidung über den Anspruch auf die Gegenleistung und die sich daraus ergebende dilatorische Einrede erwächst auch nicht in Rechtskraft. Der Gläubiger kann daher in einem Folgeprozess auf vorbehaltlose Leistung klagen, wenn er im ersten Prozess eine beschränkte Verurteilung auf Leistung Zug um Zug beantragt hat und er auf die Zwangsvollstreckung aus dem ersten Urteil verzichtet.

B. Möglichkeit vorbehaltsloser Verurteilung bei feststehendem Annahmeverzug

I. Einführung in die Problematik

Nach § 274 I BGB hat die erfolgreiche Geltendmachung des Zurückbehaltungsrechts (§ 273 BGB) im Erkenntnisverfahren die Wirkung, dass der Beklagte zur Leistung Zug um Zug gegen Erbringung der Gegenleistung zu verurteilen ist. Das Gleiche gilt nach § 322 I BGB für die erfolgreiche Geltendmachung der Einrede des nicht erfüllten Vertrags (§ 320 I BGB). § 274 II BGB hingegen regelt die vollstreckungsrechtlichen Folgen einer Verurteilung zur Leistung Zug um Zug.[86] So wird bestimmt, dass der Gläubiger die von ihm beanspruchte Leistung ohne Erbringung der Gegenleistung in der Vollstreckung verfolgen kann, wenn der Schuldner sich im Hinblick auf die Gegenleistung in Annahmeverzug befindet.

Es stellt sich aber die Frage, ob es bei vor Urteilserlass feststehendem Annahmeverzug des Vollstreckungsschuldners möglich wäre, diesem sein Leistungsverweigerungsrecht zu nehmen und ihn statt zur Leistung Zug um Zug zur unbedingten Leistung zu verurteilen. Vereinzelt wird die Möglichkeit der unbe-

86 MünchKomm-BGB/*Krüger*, § 274 Rdnr. 2, 10.

dingten Verurteilung bei bestehendem Annahmeverzug bejaht.[87] Die Mehrheit lehnt dies jedoch ab und sieht die Verurteilung zur Leistung Zug um Zug als zwingend an.[88]

II. Theorie der unbedingten Verurteilung

Während § 274 I BGB bei der erfolgreichen Geltendmachung des Zurückbehaltungsrechts beziehungsweise § 322 I BGB bei der Geltendmachung der Einrede des nicht erfüllten Vertrags die Verurteilung zur Leistung Zug um Zug anordnet, erlaubt § 274 II BGB aufgrund einer solchen Verurteilung im Falle des Annahmeverzugs die Vollstreckung ohne die Bewirkung der Gegenleistung. Der Wortlaut des § 274 I BGB beziehungsweise des § 322 I BGB spricht nicht zwingend für eine Verurteilung zur Leistung Zug um Zug, er erlaubt vielmehr auch eine unbedingte Verurteilung auf Leistung.[89] Die Verurteilungsbestimmungen des ersten Absatzes beziehen sich nämlich nicht ausdrücklich auf den Fall, dass der Annahmeverzug schon vor Erlass des Urteils besteht und der Beklagte aus diesem Grund das Recht des Zurückbehaltungsrechts schon verloren hat.[90] Durch diese Auslegung würde die Regelung der §§ 274, 322 I, III BGB auch nicht sinnlos; vielmehr würde lediglich ihr Anwendungsbereich auf die Fälle des nach Urteilserlass eintretenden Annahmeverzugs reduziert.[91] Der Wortlaut der Vorschrift steht daher einer unbedingten Verurteilung bei bestehendem Annahmeverzug nicht entgegen.

Verfahrensrechtlich spricht für die Möglichkeit der unbedingten Verurteilung, dass dadurch das Vollstreckungsverfahren erheblich einfacher ablaufen könnte.[92] Das Vollstreckungsverfahren würde so von der Notwendigkeit der Überprüfung des Annahmeverzugs befreit. Der Gerichtsvollzieher müsste nicht

---

87 *Gabius*, NJW 1971, 866, 871; *Schilken*, AcP 181 (1981), 355, 381; *Kirn*, JZ 1969, 327; *Christmann*, DGVZ 1990, 1, 3.

88 BGHZ 116, 244, 248; BGHZ 90, 354, 358; RGZ 84, 228, 230; RGZ 51, 367, 368 f.; *Hüffer*, S. 195 f.; *Dieckman*, GS Arens, 1993, S. 43, 45; *Larenz*, Schuldrecht I, § 14 IV; *Soergel/Gsell*, § 322 Rdnr. 13; *Staudinger/Bittner*, § 274 Rdnr. 5; MünchKomm-BGB/*Krüger*, § 274 Rdnr. 7; *Palandt/Grüneberg*, § 274 Rdnr. 2; *Erman/Kuckuk*, § 274 Rdnr. 4; *Bamberger/Roth/Unberath*, § 274 Rdnr. 3, 7; vgl. auch *Wieczorek/Schütze/Salzmann*, § 756 Rdnr. 17.

89 *Schilken*, AcP 181 (1981), 355, 376.

90 *Schilken*, AcP 181 (1981), 355, 376.

91 *Gabius*, NJW 1971, 866, 870 f.; *Schilken*, AcP 181 (1981), 355, 376.

92 Dazu ausführlich *Schilken*, AcP 181 (1981), 355, 377.

mehr die Gegenleistung in der den Annahmeverzug begründenden Weise anbieten beziehungsweise nicht beurteilen, ob dies der Gläubiger getan hat. Zudem würde er von der mitunter schwer zu beurteilenden Frage entbunden, ob der urkundliche Nachweis des Annahmeverzugs im Sinne der §§ 756, 765 ZPO erbracht ist. Denn während ein Feststellungsurteil unproblematisch den Nachweisanforderungen dieser Vorschriften genügt, ist es im Einzelnen umstritten, ob die Feststellung des Annahmeverzugs außerhalb des Tenors in den Entscheidungsgründen oder seine Erwähnung im Tatbestand des Urteils als Nachweis ausreicht.[93] Selbst wenn diese Form des Nachweises ausreichen sollte, hätte nun das zuständige Vollstreckungsorgan mit nicht immer vorhersehbaren Ergebnissen zu beurteilen, ob Annahmeverzug vorliegt oder nicht. Da der Gerichtsvollzieher bei vor Urteilserlass feststehendem Annahmeverzug nicht mehr die materiellrechtlichen Voraussetzungen des Annahmeverzugs zu überprüfen hätte, würde die unbedingte Verurteilung zur Leistung die Durchbrechung der Formalisierung des Vollstreckungsverfahrens in erheblicher Weise reduzieren.[94]

III. Herrschende Meinung der Verurteilung Zug um Zug

Die überwiegende Meinung lehnt die Möglichkeit der unbedingten Verurteilung ab.[95] Nach ihr kann sich der Schuldner auf die Einrede des nicht erfüllten Vertrags beziehungsweise auf ein Zurückbehaltungsrecht auch dann berufen, wenn der Annahmeverzug schon bei Urteilserlass feststeht.[96] Der Schuldner ist stets nur zur Leistung Zug um Zug zu verurteilen.

Auch wenn der Wortlaut des § 274 BGB die Reduzierung der Anwendung auf die Fälle des nach Urteilserlass eintretenden Annahmeverzugs nicht ausdrücklich ausschließt, so spricht doch der Wortlaut eher für den Erhalt der Einrede des nicht erfüllten Vertrags beziehungsweise des Zurückbehaltungsrechts.[97] § 274 BGB bestimmt allgemein, dass die erfolgreiche Geltendmachung des Zu-

---

93 KG, NJW 1972, 2052 f., wonach der Klageabweisungsantrag allein nicht ausreichend ist; *Musielak/Lackmann*, § 756 Rdnr. 10 hält eine ausdrückliche Feststellung im Tenor oder den Gründen für erforderlich; *Schilken*, AcP 181 (1981), 355 (372) fordert dagegen einen klaren Ausspruch im Tenor.

94 *Schilken*, AcP 181 (1981), 355, 377 f.

95 Siehe Fn. 88.

96 *Larenz*, Schuldrecht I, § 14 IV; *Hüffer*, S. 195; *Soergel/Gsell*, § 322 Rdnr. 13; *Soergel/Wolf*, § 274 Rdnr. 2; BGHZ 90, 344, 358.

97 *Schilken*, AcP 181 (1981), 355, 376.

rückbehaltungsrechts zur Verurteilung zur Leistung Zug um Zug gegen Erbringung der Gegenleistung führt und „auf Grund einer solchen Verurteilung" die Verbindung von Leistung und Gegenleistung in der Vollstreckung erst gelöst wird, der Gläubiger bei Annahmeverzug des Vollstreckungsschuldners ohne Erbringung der Gegenleistung vollstrecken kann.[98] Die Anwendbarkeit der Vorschrift ist nicht auf die Fälle des nach Urteilserlass eintretenden Annahmeverzugs reduziert.

Gegen den Verlust der Einrede des nicht erfüllten Vertrags beziehungsweise des Zurückbehaltungsrechts spricht, dass diese Konsequenz des Annahmeverzugs nicht in den §§ 300 ff. BGB aufgeführt ist. Dies stellt jedoch ein eher schwaches Argument dar, weil andere anerkannte Rechtsfolgen des Annahmeverzugs auch nicht in den §§ 300 ff. BGB geregelt sind.[99] So kann beispielsweise der Gläubiger dem Schuldner gegenüber, der sich in Annahmeverzug bezüglich der Gegenleistung befindet, mit seiner an sich einredebehafteten Forderung entgegen § 390 BGB doch aufrechnen.[100]

Des Weiteren spricht die Entstehungsgeschichte der §§ 274, 322 BGB eindeutig gegen die Möglichkeit einer unbedingten Verurteilung. So heißt es in den Motiven zu § 365 des 1. Entwurfs (= § 322 BGB), dass in der Regelung „verordnet ist, dass, *wenn und solange* der zur Erfüllung Zug um Zug verurteilte Kontrahent hinsichtlich der ihm gebührenden Gegenleistung *in Annahmeverzug* ist, er in der Exekutionsinstanz zu der ihm obliegenden Leistung gezwungen werden kann, ohne Rücksicht darauf, dass nur Zug um Zug zu erfüllen ist...".[101] Weiter heißt es in den Motiven, „diese Modifikation des § 362 (= § 320 BGB) ist notwendig ist, um den renitenten Schuldner auf einfachem Wege zur Erfüllung seiner Obliegenheit zu zwingen". Der Gesetzgeber war der Meinung, die Versagung der Einrede „müsste zu großen Härten namentlich in den Fällen führen, in welchen die mora accipiendi auf dem guten Glauben beruht, zur Annahme nicht verpflichtet zu sein".[102] Die Motive zu § 365 des 1. Entwurfs (= § 322 BGB) gehen daher auch von einer generellen Verurteilung zur Leistung Zug um Zug aus.

98 *Schilken*, AcP 181 (1981), 355, 376.

99 *Schilken*, AcP 181 (1981), 355, 377.

100 BGH, MDR 1959, 386; RGZ 94, 309, 311; *Staudinger/Otto*, § 320 Rdnr. 39.

101 Motive II, S. 201.

102 Motive II, S. 201.

Im gegenseitigen Vertrag stehen die Leistungen in einem Austauschverhältnis. Verfahrenstechnisch wird die Verknüpfung von Leistung und Gegenleistung durch das Recht zur Leistungsverweigerung in Form der Einrede des nicht erfüllten Vertrags nach § 320 BGB ausgestaltet.[103] Im Fall des Zurückbehaltungsrechts nach § 273 BGB wird durch das Kriterium der Konnexität der loseren Abhängigkeit von Leistung und Gegenleistung Rechnung getragen.[104] Mit der Möglichkeit einer unbedingten Verurteilung auf Leistung schlechthin wird die Verklammerung von Leistung und Gegenleistung schon auf der Ebene des Erkenntnisverfahrens und nicht erst auf der Stufe des Vollstreckungsverfahrens gelöst.[105] Dies führt zu einer Belastung des Schuldners, die bei der Aufrechterhaltung des Leistungsverweigerungsrechts und der daraus folgenden Verurteilung zur Leistung Zug um Zug nicht gegeben ist.

Denn die Verurteilung zur Leistung Zug um Zug ermöglicht es dem Schuldner, noch nach Erlass des Urteils in der Vollstreckungsinstanz den Annahmeverzug zu beenden.[106] Dies erreicht der Schuldner durch Anzeigen der Annahmebereitschaft beziehungsweise Vornahme der ihm obliegenden Mitwirkungshandlung und Angebot der nach § 298 BGB erforderlichen Gegenleistung. [107] Die Vollstreckung eines Urteils auf Leistung Zug um Zug erfordert nämlich, dass sich der Schuldner im Zeitpunkt der Vollstreckung in Annahmeverzug befindet beziehungsweise immer noch befindet.[108] Dies entspricht auch dem Willen des historischen Gesetzgebers, wie er sich aus den Motiven zum BGB ergibt.[109] Dort heißt es, dass eine Vollstreckung ohne Bewirkung der Gegenleistung möglich ist, „wenn und solange" der Schuldner in Annahmeverzug ist. Die Beendigung des Annahmeverzugs führt dazu, dass die Vollstreckung nunmehr nur noch Zug um

103 *Larenz*, Schuldrecht I, § 14 IV; *Schilken*, AcP 181 (1981), 355, 378.

104 *Schilken*, AcP 181 (1981), 355, 379.

105 *Soergel/Gsell*, § 322 Rdnr. 13.

106 *Hüffer*, S. 196; *Schilken*, AcP 181 (1981), 355, 369; *Stein/Jonas/Münzberg*, § 756 Rdnr. 19 f.; *Soergel/Gsell*, § 322 Rdnr. 43; *Wieczorek/Schütze/Salzmann*, § 756 Rdnr. 17; *Larenz*, Schuldrecht I, § 14 IV.

107 *Hüffer*, S. 196; wohl auch *Schilken*, AcP 181 (1981), 355, 369; *Stein/Jonas/Münzberg*, § 756 Rdnr. 19 f.; *Soergel/Gsell*, § 322 Rdnr. 43; a.A. MünchKomm-ZPO/*Heßler*, § 756 Rdnr. 46; *Musielak/Lackmann*, § 756 Rdnr. 7, die ohne gesetzliche Grundlage und ohne Begründung einen urkundlichen Nachweis der Beendigung verlangen.

108 *Stein/Jonas/Münzberg*, § 756 Rdnr. 11; *Rosenberg/Gaul/Schilken*, § 16 V 1 b dd; a.A. *Christmann*, DGVZ 1990, 1, 3.

109 Motive II, S. 203.

Zug gegen Erbringung der Gegenleistung erfolgen kann.[110] *Schilken* dagegen sieht den Schuldner nicht unangemessen benachteiligt, da dieser statt mit dem Rechtsbehelf der Erinnerung mit dem der Vollstreckungsgegenklage die Beendigung des Annahmeverzugs geltend machen kann.[111] Jedoch ist zu beachten, dass bei der Verurteilung auf Leistung Zug um Zug der Fortbestand des materiellrechtlich geregelten Annahmeverzugs Vollstreckungsvoraussetzung ist.[112] Der Gerichtsvollzieher hat daher bei Wegfall des Annahmeverzugs die Vollstreckung zu beenden beziehungsweise darf nur noch Zug um Zug vollstrecken.[113] Aus diesem Grund ist der Schuldner nur zur Einlegung eines Rechtsbehelfs gezwungen, wenn der Gerichtsvollzieher den Wegfall des Annahmeverzugs nicht beachtet hat.[114] In der Regel wird es daher nicht so weit kommen, dass der Schuldner mit einem Rechtsbehelf gegen die Vollstreckung vorgehen muss. Hingegen bei der unbedingten Verurteilung auf Leistung schlechthin muss der Schuldner mit dem ihm zur Verfügung stehenden Rechtsbehelf der Vollstreckungsgegenklage im Nachhinein gegen die dann bereits erfolgte Vollstreckung vorgehen. Um dies zu verhindern bliebe dem Schuldner nur die Erwirkung einer einstweiligen Anordnung nach § 769 ZPO, die er in der Regel aber nur gegen Sicherheitsleistung erreichen wird.[115] Die unbedingte Verurteilung würde den Vollstreckungsschuldner daher in die aktive Rolle des Klägers zwingen und so zu einer Veränderung der Rollenverteilung in der Zwangsvollstreckung zulasten des Schuldners führen.[116] Darüber hinaus müsste so der Schuldner das Illiquiditätsrisiko des Gläubigers tragen.[117] Durch den Wegfall des Leistungsverweigerungsrechts würde der Schuldner daher gleich in mehrfacher Hinsicht belastet. Verfahrensrechtlich würde der Schuldner in die Rolle des Klägers gedrängt. Materiellrechtlich würde er die Einreden selbst dann verlieren, wenn er schuldlos in Verzug geraten ist. Gerade dies lehnt jedoch der Gesetzgeber ausdrücklich ab.[118] Finanziell würde

---

110 *Stein/Jonas/Münzberg*, § 756 Rdnr. 11, 19 f.; *Larenz*, Schuldrecht I, § 14 IV; *Hüffer*, S. 196.

111 *Schilken*, AcP 181 (1981), 355, 379.

112 *Hüffer*, S. 196; *Stein/Jonas/Münzberg*, § 756 Rdnr. 11.

113 *Hüffer*, S. 196; *Schilken*, AcP 181 (1981), 355, 369; *Stein/Jonas/Münzberg*, § 756 Rdnr. 19 f.; *Soergel/Gsell*, § 322 Rdnr. 43; *Wieczorek/Schütze/Salzmann*, § 756 Rdnr. 17; *Larenz*, Schuldrecht I, § 14 IV.

114 *Stein/Jonas/Münzberg*, § 756 Rdnr. 19 f.

115 *Schilken*, AcP 181 (1981), 355, 379.

116 *Schilken*, AcP 181 (1981), 355, 379.

117 *Schilken*, AcP 181 (1981), 355, 379, Fn. 121.

118 Motive II, S. 201.

ihm das Illiquiditätsrisiko des Gläubigers aufgebürdet. Die Möglichkeit einer unbedingten Verurteilung auf Leistung würde deshalb den Schuldner insgesamt in unangemessener Weise belasten.[119]

IV. Stellungnahme und Ergebnis

Zwar erlaubt der Wortlaut von § 274 BGB eine Auslegung der Vorschrift dahingehend, dass diese den Wegfall des Leistungsverweigerungsrechts des Zurückbehaltungsrechts beziehungsweise des nicht erfüllten Vertrags nicht verbietet. Ausdrücklich wird die Möglichkeit einer unbedingten Verurteilung auf Leistung nicht ausgeschlossen. Jedoch spricht der Wortlaut der Regelung mehr für eine zwingende Verurteilung zur Leistung Zug um Zug. Der Gesetzestext lässt nicht erkennen, dass bei bestehendem Annahmeverzug des Vollstreckungsschuldners dieser das Recht zur Leistungsverweigerung verlieren soll. Dass dies auch dem Willen des Gesetzgebers entspricht, ergibt sich eindeutig aus den Motiven.[120] Zwar ist die Vereinfachung des Vollstreckungsverfahrens, mit der die unbedingte Verurteilung begründet wird, positiv zu bewerten. Dies würde sich aber zulasten des Vollstreckungsschuldners auswirken. Denn eine unbedingte Verurteilung würde dem Vollstreckungsschuldner die Möglichkeit nehmen, noch nach dem Urteil den Annahmeverzug zu beenden und sich auf diese Weise den Vorteil der Zug-um-Zug-Verurteilung zu erhalten.[121] Eine unbedingte Verurteilung zur Leistung schlechthin ist daher auf der Grundlage des geltenden Rechts nicht möglich.

C. Klage auf Feststellung des Annahmeverzugs

Wie bereits dargelegt, erlauben die relevanten Vorschriften bei zum Zeitpunkt des Urteilerlasses bestehendem Annahmeverzug des Vollstreckungsschuldners nicht die unbedingte Verurteilung auf Leistung schlechthin. Jedoch bietet sich dem Gläubiger eine andere Möglichkeit, das Vollstreckungsverfahren zu vereinfachen und in seinem Sinne zu beschleunigen. Der Gläubiger kann neben der Antragstellung auf Verurteilung zur Leistung Zug um Zug im gleichen Verfahren

119 Motive II, S. 201.

120 Motive II, S. 201.

121 *Hüffer*, S. 195 f.; *Larenz*, Schuldrecht I, § 14 VI.

nach § 256 I ZPO die Feststellung beantragen, dass sich der Schuldner in Verzug der Annahme befindet.[122] Da im Einzelnen umstritten ist, ob der Annahmeverzug auch allein aus den Entscheidungsgründen oder dem Urteilstatbestand des Zug-um-Zug-Urteils nachgewiesen werden kann,[123] empfiehlt sich, einen solchen Feststellungsantrag nach § 256 ZPO zu stellen.[124]

Das Feststellungsurteil ist eine öffentliche Urkunde im Sinne des § 415 ZPO und daher zum Nachweis des Annahmeverzugs geeignet.[125] Das rechtliche Interesse des Gläubigers an der Feststellung des Annahmeverzugs ergibt sich aus seinem Interesse an einer schleunigen Klärung der materiellrechtlichen Vollstreckungsvoraussetzung des Annahmeverzugs.[126] Ein alsbaldiges Interesse besteht, da der Gläubiger regelmäßig daran interessiert ist, nach Erhalt des Titels zügig mit Vollstreckung seiner Ansprüche zu beginnen.[127] Es stellt sich aber die Frage, ob der Annahmeverzug ein Rechtsverhältnis im Sinne des § 256 I ZPO darstellt. Die Feststellung des Annahmeverzugs ist im Hinblick auf die beabsichtigte Vollstreckung des Leistungsantrags zu betrachten.[128] Diese soll unabhängig von dem dem Vollstreckungsschuldner gebührenden Anspruch auf Gegenleistung möglich sein.[129] Im Hinblick auf die Bedeutung des Annahmeverzugs für die spätere Vollstreckung handelt es sich beim Annahmeverzug um ein Teilrechtsverhältnis und nicht um ein bloßes Element eines Rechtsverhältnisses.[130] Die Verbindung eines

---

122 *Dieckmann*, GS Arens, S. 43, 45 f.; *Schibel*, NJW 1984, 1945; *Doms*, NJW 1984, 1340.

123 Gegen diese Möglichkeit und für einen klareren Ausspruch im Tenor *Schilken*, AcP 181 (1981), 355, 374; für diese Möglichkeit, wenn sich der Annahmeverzug „liquide" aus den Entscheidungsgründen ergibt *Rosenberg/Gaul/Schilken*, § 16 V 1 b dd; *Musielak/Lackmann*, § 756 Rdnr. 10 verlangt eine ausdrückliche Feststellung im Tenor oder den Gründen; KG OLGZ 1974, 306, 311 f. verlangt, dass es sich um die Entscheidung tragende Gründe handelt.

124 *Fischer*, LMK 2008, 267411; *Pauly*, DGVZ 2007, 177, 179; *Doms*, NJW 1984, 1340; *Schibel*, NJW 1984, 1945.

125 OLG Düsseldorf, NJW-RR 1993, 1088; MünchKomm-BGB/*Emmerich*, § 322 Rdnr. 22; *Doms*, NJW 1984, 1340.

126 BGH, NJW 2000, 2280, 2281; BGH, NJW 2000, 2663, 2664; KG Berlin, KGR Berlin 2009, 24 f.; *Doms*, NJW 1984, 1340.

127 BGH, NJW 2000, 2280, 2281; BGH, NJW 2000, 2663, 2664; KG Berlin, KGR Berlin 2009, 24 f.; *Doms*, NJW 1984, 1340.

128 BGH, NJW 2000, 2280, 2281.

129 BGH, NJW 2000, 2280, 2281.

130 MünchKomm-ZPO/*Becker-Eberhard*, § 256 Rdnr. 24; *Lüke/Hau*, Zwangsvollstreckungsrecht, S. 50.

Leistungsantrags mit dem Antrag auf Feststellung des Annahmeverzugs wird daher allgemein als zulässig erachtet.[131]

Ein Antrag auf Feststellung des Annahmeverzugs ist aber auch nach der Verurteilung zur Leistung Zug um Zug in einem gesonderten Verfahren zulässig.[132] Es handelt sich dabei nicht um eine nach dem BGH[133] unzulässige „isolierte" Feststellungsklage.[134] Vielmehr wird die Feststellung in Bezug auf einen bereits titulierten Leistungsanspruch und zur Erleichterung dessen Vollstreckung begehrt.[135] Dies aber begründet das Interesse an der Feststellung des Annahmeverzugs.[136] Das Feststellungsinteresse entfällt somit nicht, da die Feststellung des Annahmeverzugs der erleichterten Durchsetzung des Leistungsanspruch nach § 756 I 2. Alt. ZPO dient.[137] Es kann daher nicht darauf ankommen, ob der Feststellungsantrag zugleich mit dem Leistungsantrag oder in einem darauffolgenden gesonderten Verfahren gestellt wird.[138] Unzulässig ist ein Feststellungsantrag daher nur, wenn er nicht der erleichterten Vollstreckung eines zugleich oder gesondert gestellten Leistungsantrags dient.[139]

Die Feststellung des Annahmeverzugs entbindet dann den Gläubiger vom Angebot der Gegenleistung im Vollstreckungsverfahren.[140] Zwar kann ein solches Urteil nicht in gleicher Weise wie ein Urteil auf unbedingte Leistung vollstreckt werden, da sich der Schuldner noch im Vollstreckungsverfahren zur Annahme der Gegenleistung bereit erklären und so den Gläubiger zur Vollstreckung Zug um Zug zwingen kann.[141] Sollte der Schuldner den Annahmeverzug aber nicht

---

131 RG, JW 1909, 463 Nr. 23; BGH, NJW 2000, 2280, 2281; BGH, NJW 2000, 2663, 2664; MünchKomm-ZPO/*Becker-Eberhard*, § 256 Rdnr. 24; *Lüke/Hau*, Zwangsvollstreckungsrecht, S. 50; *Schilken,* AcP 181 (1981), 355, 372; *Doms*, NJW 1984, 1340; *Schibel*, NJW 1984, 1945.

132 KG, KGR Berlin 2009, 24 f.

133 BGH, NJW 2000, 2280, 2281; BGH, NJW 2000, 2663, 2664.

134 KG, KGR Berlin 2009, 24 f.

135 KG, KGR Berlin 2009, 24 f.

136 BGH, NJW 2000, 2280, 2281; KG, KGR Berlin 2009, 24 f.

137 KG, KGR Berlin 2009, 24 f.

138 KG, KGR Berlin 2009, 24 f.

139 KG, KGR Berlin 2009, 24 f.

140 *Rosenberg/Gaul/Schilken*, § 16 V 1 b dd; *Dieckmann*, GS Arens, S. 43, 45.

141 *Stein/Jonas/Münzberg*, § 756 Rdnr. 11, 19 f.; *Hüffer*, S. 195 f.

beenden, so lässt sich ein solches Urteil in der Sache tatsächlich wie ein unbedingtes Urteil vollstrecken.[142]

D. Die Verurteilung zur Leistung nach Empfang der Gegenleistung

I. Allgemeines

Im Falle der Vorleistungspflicht einer Partei kann der Vorleistungspflichtige im Hinblick auf die Gegenleistung in eine missliche Lage geraten, wenn der Vorleistungsempfänger sich passiv verhält und die Leistung nicht annimmt.[143] Dies gilt aber nur für die so genannten beständigen Vorleistungspflichten, bei denen die Gegenleistung erst fällig wird, wenn der Vorleistungspflichtige die Leistung erbracht hat.[144] Bei den seltenen unbeständigen Vorleistungspflichten dagegen tritt die Fälligkeit der einzelnen Leistung jeweils unabhängig voneinander mit Zeitablauf ein, so dass sich eine oben dargestellte Situation nicht ergeben kann.[145] Im Falle der beständigen Vorleistungspflicht wird eine Klage des Vorleistungspflichtigen auf die Gegenleistung als zur Zeit unbegründet abgewiesen, wenn diese mangels Erbringung der Vorleistung noch nicht fällig geworden ist.[146] Neben der Klage auf künftige Leistung, die nur unter den engen Voraussetzungen des § 259 ZPO möglich ist, kann der Vorleistungspflichtige aber noch ein Urteil auf Leistung nach Empfang der Gegenleistung anstreben.[147] Zu einem solchen Urteil kann es nach § 322 II BGB auf Klage des Vorleistungsverpflichteten kommen, wenn sich die vorleistungsberechtigte Partei in Verzug der Annahme befindet.

Aufgrund des engen Sachzusammenhangs mit Urteilen auf Leistung Zug um Zug, stellt sich daher die Frage, ob Urteile auf Leistung nach Empfang der Gegenleistung in gleicher Weise wie Zug-um-Zug-Urteile vollstreckt werden.

---

142 *Dieckmann*, GS Arens, S. 43, 45 f.; MünchKomm-BGB/*Emmerich*, § 322 Rdnr. 22.

143 MünchKomm-BGB/*Emmerich*, § 322 Rdnr. 15.

144 *Soergel/Gsell*, § 322 Rdnr. 29; MünchKomm-BGB/*Emmerich*, § 322 Rdnr. 15.

145 MünchKomm-BGB/*Emmerich*, § 322 Rdnr. 15; *Soergel/Gsell*, § 322 Rdnr. 25.

146 *Soergel/Gsell*, § 322 Rdnr. 24.

147 *Staudinger/Otto*, § 322 Rdnr. 17 f.; *Soergel/Gsell*, § 322 Rdnr. 24.

II. Vollstreckungsrechtliche Gleichbehandlung mit Urteilen auf Leistung Zug um Zug

Nach der ganz herrschenden Meinung unterliegt die Vollstreckung eines solchen Urteils den gleichen Grundsätzen wie die eines Urteils auf Leistung Zug um Zug.[148] Das bedeutet, dass auch bei einem Urteil auf Leistung nach Empfang der Gegenleistung die Vollstreckungsklausel gemäß § 726 II ZPO grundsätzlich ohne Nachweis der Befriedigung oder des Annahmeverzugs erteilt werden kann. Die Prüfung, ob sich der Vollstreckungsschuldner hinsichtlich der Gegenleistung in Annahmeverzug befindet beziehungsweise ob die Gegenleistung erbracht wurde, findet in der Vollstreckung statt und obliegt gemäß §§ 756, 765 ZPO den zuständigen Vollstreckungsorganen.

Nach zum Teil vertretener Meinung bezieht sich der auf § 274 II BGB verweisende § 322 III BGB nicht auch auf § 322 II BGB. Somit sei nicht § 726 II ZPO, sondern § 726 I ZPO anzuwenden, so dass die Vollstreckung vom Nachweis des Empfangs der Gegenleistung abhängt.[149] Auch *Hellwig* hält § 726 I ZPO für anwendbar, will aber für die Erteilung der Vollstreckungsklausel auch den Nachweis des Annahmeverzugs genügen lassen.[150] Zum Teil wird auch als Voraussetzung für die Erteilung der Vollstreckungsklausel nach § 726 I ZPO verlangt, dass der Kläger die Gegenleistung erneut in einer den Annahmeverzug begründenden Weise anbietet.[151]

Gegen diese Meinungen und für die Ansicht, dass Urteile auf Leistung nach Empfang der Gegenleistung in gleicher Weise wie Urteile auf Leistung Zug um Zug vollstreckt werden, sprechen zum einen der Gesetzeswortlaut und die Gesetzessystematik sowie zum anderen der Wille des Gesetzgebers und die Gesetzesgeschichte.

---

148 *Hüffer*, 212 f.; *Rosenberg/Gaul/Schilken*, § 16 V 1 b ee; *Schilken*, AcP 181 (1981), 355, 381; *Gabius*, NJW 1971, 866, 867 ff.; *Soergel/Gsell*, § 322 Rdnr. 45; *Staudinger/Otto*, § 322 Rdnr. 22; MünchKomm-BGB/*Emmerich*, § 322 Rdnr. 22; *Stein/Jonas/Münzberg*, § 726 Rdnr. 17; MünchKomm-ZPO/*Wolfsteiner*, § 726 Rdnr. 20; *Zöller/Stöber*, § 726 Rdnr. 8a; *Baumbach/Lauterbach/Albers/Hauptmann*, § 726 Rdnr. 9; OLG Karlsruhe, MDR 1975, 938.

149 *Staudinger/Kaduk*, 11. Auflage, § 322 Rdnr. 17 f., *Wieczorek Schütze/Salzmann*, § 726 Rdnr. 9, der allerdings in Fn. 18 *Schilken*, AcP 181 (1981), 355, 381 zu Unrecht als Beleg für seine Ansicht angibt.

150 *Hellwig*, S. 377.

151 *Rieß*, GruchB51 (1909), 584 f.

1. Gesetzessystematik und Wortlaut

In § 322 BGB nennt der erste Absatz die Voraussetzungen für eine Verurteilung zur Leistung Zug um Zug, der zweite die Voraussetzungen für ein Urteil auf Leistung nach Empfang der Gegenleistung. § 322 III BGB verweist für die Zwangsvollstreckung auf § 274 II BGB, der wiederum die Vollstreckung ohne Rücksicht auf die Gegenleistung erlaubt, sofern sich der Schuldner in Annahmeverzug befindet. In der Folge finden dann §§ 726 II, 756 und 765 ZPO Anwendung. Der letzte Absatz erfasst dabei wie üblich den gesamten vorstehenden Text. Die Verweisung des dritten Absatzes bezieht sich daher auf den ersten und den zweiten Absatz.[152] Sollte sie sich ausschließlich auf den ersten Absatz beziehen, so müsste sie sich beschränkend an diesen anschließen.[153] Der dagegen vorgebrachte Einwand, eine unbedingte Vollstreckung nach § 726 II ZPO sei mit der Urteilsformel des § 322 II BGB nicht vereinbar und führe in der Vollstreckung zu einer nicht erklärbaren Gleichbehandlung der beiden Fälle,[154] vermag nicht zu überzeugen.[155] Im Falle der Zug-um-Zug-Verurteilung steht ein solches Urteil einer unbedingten Vollstreckung auch nicht entgegen, da spätestens in der Vollstreckung die Austauschabhängigkeit von Leistung und Gegenleistung aufgehoben wird. Die Aufhebung der Austauschabhängigkeit im Vollstreckungsverfahren stellt sich auch bei der Verurteilung zur Leistung nach Empfang der Gegenleistung als interessengerecht dar, da andernfalls ein Urteil nach § 322 II BGB, abgesehen von einem gewissen Zeitgewinn, keinen Sinn behielte, wenn der Vollstreckungsgläubiger im Klauselerteilungsverfahren zum Nachweis der Vorleistung verpflichtete wäre.[156] *Gabius* argumentiert darüber hinaus, dass Absatz drei überflüssig wäre, wenn er sich nur auf den ersten Absatz bezöge, da § 322 I BGB den speziellen Fall der Zug um Zug Verurteilung im Rahmen eines gegenseitigen Vertrages betrifft, während § 274 BGB allgemein die Voraussetzung und Rechtsfolge einer Zug um Zug Verurteilung zum Inhalt hat.[157] Wortlaut sowie Gesetzessystematik sprechen daher eindeutig dafür, dass Urteile auf Leistung

---

152 *Soergel/Gsell*, § 322 Rdnr. 45; *Schilken*, AcP 181 (1981), 355, 381; *Gabius*, NJW 1971, 866, 867.

153 *Gabius*, NJW 1971, 866, 867; *Schilken*, AcP 181 (1981), 355, 381.

154 *Hellwig*, S. 377; *Rieß*, GruchB 51 (1909), 583 f.

155 *Schilken*, AcP 181 (1981), 355, 381.

156 *Schilken*, AcP 181 (1981), 355, 381; *Hüffer*, S. 213.

157 *Gabius*, NJW 1971, 866, 867.

nach Empfang der Gegenleistung in gleicher Weise vollstreckt werden wie Urteile auf Leistung Zug um Zug.[158]

2. *Wille des Gesetzgebers und Gesetzesgeschichte*

Der Wille des Gesetzgebers ist ebenfalls eindeutig. In der Fassung des ersten Entwurfs waren die heute auf § 322 I und II BGB verteilten Regelungen in § 365 I zusammengefasst. Sowohl für Urteile auf Leistung Zug um Zug als auch für Urteile auf Leistung nach Empfang der Gegenleistung wurde in § 365 II des ersten Entwurfs bestimmt, dass der Gläubiger ohne Bewirkung der Gegenleistung die geschuldete Leistung vollstrecken könne „wenn und solange der Beklagte sich in Verzug der Annahme befand". § 365 II entsprach insoweit mit redaktionellen Änderungen dem heutigen § 274 II BGB.[159] Aus dem ersten Entwurf ergab sich somit unzweifelhaft die vollstreckungsrechtliche Gleichbehandlung von Urteilen auf Leistung Zug um Zug und Urteilen auf Leistung nach Empfang der Gegenleistung.[160] Der Gesetzgeber hat diese für den Vorleistungspflichtigen günstige Regelung damit begründet, dass das Hinterlegungsrecht häufig nicht zum Ziel führt.[161] Bei den Beratungen der Kommission wurde § 365 des ersten Entwurfs in der Sache nicht angefochten.[162] Mit der abweichenden Fassung des heutigen § 322 BGB bezweckte der Gesetzgeber somit auch keine sachliche Abweichung zum ursprünglichen Entwurf.[163] Daher entspricht die vollstreckungsrechtliche Gleichbehandlung von Urteilen auf Leistung Zug um Zug und Urteilen auf Leistung nach Empfang der Gegenleistung dem Willen des Gesetzgebers.[164]

---

158 *Soergel/Gsell*, § 322 Rdnr. 45; MünchKomm-BGB/*Emmerich*, § 322 Rdnr. 22; *Gabius*, NJW 1971, 866, 867 ff.; *Hüffer*, 213 f.; *Schilken*, AcP 181 (1981), 355, 381.

159 *Gabius*, NJW 171, 866, 867.

160 *Hüffer*, 212 f.; *Gabius*, NJW 1971, 866, 867; *Soergel/Gsell*, § 322 Rdnr. 45.

161 Motive II, S. 203 = *Mugdan*, Mat. II, S. 112.

162 *Mugdan*, Mat. II, S. 636.

163 So ausdrücklich Protokolle I, S. 631, 632 f. = *Mugdan*, Mat. II, S. 637; *Hüffer*, 213.

164 *Schilken*, AcP 181 (1981), 355, 381; *Hüffer*, 213 f.; *Gabius*, NJW 1971, 866, 867; *Soergel/Gsell*, § 322 Rdnr. 45.

III. Möglichkeit unbeschränkter Verurteilung

Auch für den Fall der Vorleistungspflicht wird zum Teil vertreten, dass bei Annahmeverzug die Möglichkeit besteht, den Schuldner zur unbedingten Leistung zu verurteilen. Im Gegensatz zur Verpflichtung zur Leistung Zug um Zug, steht einer unbedingten Verurteilung nicht nur die Entstehungsgeschichte[165] entgegen, sondern auch der ausdrückliche Wortlaut des § 322 II BGB.[166] Zudem würde andernfalls dem Vollstreckungsschuldner die Möglichkeit genommen, mit Aufgabe des den Annahmeverzug begründenden Verhaltens die Wirkungen der Vorleistungspflicht wieder herzustellen.[167] Eine unbeschränkte Verurteilung ist daher nicht möglich.[168] Jedoch wird in jedem Fall der Nachweis des Annahmeverzugs des Vorleistungsberechtigten durch das Urteil selbst erbracht,[169] da nach § 322 II BGB der Annahmeverzug des Schuldners Voraussetzung für das Urteil auf Leistung nach Empfang der Gegenleistung ist.

IV. Ergebnis

Urteile auf Leistung nach Empfang der Gegenleistung werden in gleicher Weise vollstreckt wie Zug-um-Zug-Urteile. Die vollstreckungsrechtliche Gleichbehandlung ergibt sich aus § 322 II, III BGB. Auch bei Vorleistungspflichten ist eine unbeschränkte Verurteilung auf Leistung nicht möglich.

165 Motive II, S. 203 = *Mugdan*, Mat. II, S. 112.

166 Schilken, AcP, 181 (1981), 355, 383.

167 *Hüffer*, S. 214; *Rosenberg/Gaul/Schilken*, § 16 V 1 b ee.

168 *Hüffer*, S. 214; Schilken, AcP, 181 (1981), 355, 383; *Staudinger/Otto*, § 322 Rdnr. 18; *Rosenberg/Gaul/Schilken*, § 16 V 1 b ee; a.A.: *Gabius*, NJW 1971, 866, 870 f.; *Kirn*, JZ 1969, 325, 327.

169 MünchKomm-BGB/*Emmerich*, § 322 Rdnr. 22.

§ 3 Überblick über die Vollstreckung von Titeln auf Leistung Zug um Zug

A. Mögliche Prüfungsstandorte der Gegenleistung

Grundsätzlich stehen dem Gesetzgeber nach der Konzeption des Zivilprozessrechts zwei Lösungswege offen.[170] Zum einen kann die Frage nach der Gegenleistung im Verfahren zur Erteilung der Vollstreckungsklausel geklärt werden. In diesem Fall müsste die Erteilung der Vollstreckungsklausel versagt werden, wenn nicht vorher die Gegenleistung erbracht beziehungsweise der Annahmeverzug des Vollstreckungsschuldners festgestellt wird. Zum anderen kann die Klärung der Frage nach der Gegenleistung in das Vollstreckungsverfahren verlagert werden. Die Prüfung der Gegenleistung beziehungsweise die Feststellung des Annahmeverzugs durch das jeweilige Vollstreckungsorgan stellt dann eine notwendige Voraussetzung für den Vollstreckungsbeginn dar.

B. Gesetzeshistorische Entwicklung

In der CPO vom 30. Januar 1877 verlangte § 664 CPO (= § 726 I ZPO) bei bedingten Urteilen den Nachweis des Bedingungseintritts durch öffentliche oder öffentlich beglaubigte Urkunde. Eine Bestimmung zur Verurteilung zur Leistung Zug um Zug gegen Gegenleistung war hingegen trotz diesbezüglicher Diskussionen im Gesetzgebungsverfahren noch nicht zu finden.[171] Eine ausdrückliche Regelung der Vollstreckung einer Verurteilung zur Leistung Zug um Zug gab es daher nicht. Allerdings heißt es in den Motiven:[172] „Der Entwurf gibt nach dem Vorgange der übrigen neueren Gesetzgebungswerke keine Bestimmungen über die Vollstreckung von Urteilen oder Schuldtiteln, welche eine Leistung Zug um

[170] *Schilken*, AcP 181 (1981), 355, 356.
[171] Ausführlich zu den Diskussionen im Gesetzgebungsverfahren *Reuter*, S. 73 ff.
[172] *Hahn*, Mat., S. 439.

Zug betreffen.... Hervorzuheben bleibt nur, dass derartige Fälle nicht unter die Bestimmung des § 664 (CPO) fallen, die Erteilung der Vollstreckungsklausel mithin nicht versagt werden kann, weil der Gläubiger seinerseits nicht vorgeleistet hat." Der Gesetzgeber ging also davon aus, dass das Angebot der Gegenleistung beziehungsweise der Nachweis der Befriedigung nicht unter die in § 664 CPO (§ 726 I ZPO) erwähnte Tatsache fiel. Die Annahme des damaligen Gesetzgebers, dass die Verurteilung zur Leistung Zug um Zug nicht unter die Bestimmung des § 664 CPO fällt, war allerdings nicht einhellige Meinung. So wurde zum Teil angenommen, dass die Leistung Zug um Zug unter die Vorschrift des § 664 CPO fällt. Nach *Wach* spricht die Regelung des § 779 CPO (= § 894 ZPO) dafür. Denn § 779 CPO besagt, dass für den Fall, dass die Willenserklärung von Gegenleistung abhängig ist, diese Wirkung erst eintritt, wenn nach den Bestimmungen der §§ 664, 666 CPO (= §§ 726 I, 730 ZPO) eine vollstreckbare Ausfertigung des rechtskräftigen Urteils erteilt ist. Weiter begründen sowohl *Reuter* als auch *Wach* ihre Annahme, indem sie auf die gesamte damalige Organisation des Zwangsvollstreckungsverfahrens und der dem Gerichtsvollzieher darin gegebenen Aufgabe und Stellung verweisen.[173] Der darin zum Ausdruck gekommene maßgebende Gesetzeswille sehe vor, dass das Vorliegen aller sachlichen Vollstreckungsvoraussetzungen, mit Ausnahme des Ablaufs eines Kalendertages und einer nach dem Urteil erforderlichen Sicherheitsleistung, im Rahmen des Verfahrens zur Erteilung der Vollstreckungsklausel überprüft wird und dem Gerichtsvollzieher bis auf die oben genannten Ausnahmen nur das Vorliegen der Vollstreckungsklausel und deren formellen Gesetzmäßigkeit obliegt. Nach der Systematik solle der Gerichtsvollzieher daher gerade von der Prüfung materiellrechtlicher Voraussetzungen enthoben sein. Aus diesem Grunde müsse der Nachweis der Erbringung der Gegenleistung beziehungsweise des Annahmeverzugs in Ermangelung einer gesetzlichen Ausnahmebestimmung unter die in § 664 CPO (§ 726 I ZPO) erwähnte Tatsache fallen.

Dieses unterschiedliche Verständnis der Regelungen offenbarte sich schon während des Gesetzgebungsverfahrens zur CPO in den Beratungen.[174] So scheiterte der Antrag des Abgeordneten *Bähr*, dem jetzigen § 751 ZPO folgende Be-

173 *Reuter*, S. 73 f.; *Wach*, Vorträge, S. 324.

174 *Reuter*, S. 74.

stimmung nachzustellen:[175] „Hängt die Vollstreckung von einer dem Gläubiger obliegenden Gegenleistung ab, so darf die Zwangsvollstreckung nur beginnen, nachdem der Schuldner unter Angebot der Gegenleistung aufgefordert worden ist, Zahlung zu leisten...." Aufgrund der Stellung dieser Bestimmung hinter dem jetzigen § 751 ZPO brachte diese deutlich zum Ausdruck, dass der Nachweis des Annahmeverzugs nicht im Verfahren zur Klauselerteilung zu überprüfen sei, sondern durch das zuständige Vollstreckungsorgan im Vollstreckungsverfahren. Im Umkehrschluss zeigt dieser Antrag des Abgeordneten *Bähr*, dass dieser die zukünftige gesetzliche Regelung ohne den oben erwähnten Zusatz so verstand, dass der Annahmeverzug mangels gesetzlicher Ausnahmeregelung unter die in § 664 CPO (= § 726 I ZPO) erwähnte Tatsache fallen müsste, also im Klauselerteilungsverfahren zu prüfen war. Dieser Antrag von *Bähr* fand in der Kommission keine Mehrheit. Regierungsvertreter *Dr. Hauser* ließ sich dahingehend ein, dass die von *Bähr* beantragte zusätzliche Regelung nur das ausdrücke, was bereits im Urteil enthalten sei. Regierungsvertreter *von Amsberg* meinte unter Hinweis auf die Motive, dass die Frage „mit dem Zivilrecht zu eng verwachsen sei, um im Gesetz gelöst werden zu können".[176] Die herrschende Meinung in Praxis und Literatur war der Ansicht, dass für die Titel auf Leistung Zug um Zug „die Ertheilung der Vollstreckungsklausel nicht versagt werden" könne.[177] Unter Berufung auf die Motive wurde *contra legem* die Verurteilung zur Leistung Zug um Zug von der Bestimmung des § 664 CPO (= § 726 I ZPO) ausgenommen.[178] Gestützt wurde diese Meinung dabei zum einen auf praktische Erwägungen.[179] So wurde vorgebracht, dass der der Regelung des § 664 CPO genügende Nachweis des Angebots der Gegenleistung zum Teil nur unter Schwierigkeiten zu erbringen wäre und dass eine Vollstreckung unmittelbar nach dem Angebot zur Gegenleistung den Bedürfnissen des Gläubigers in höherem Maße entspräche. Zum anderen wurde argumentiert, dass der Gläubiger zur Vorleistung gezwungen wäre, sofern der Nachweis des Angebots Voraussetzung für die Erteilung der Vollstreckungsklausel erforderlich wäre.[180]

---

175 Protocolle II, S. 351 ff.

176 *Hahn*, Mat., S. 810 f. = Protocolle II, S. 352.

177 *Hahn*, Mat., S. 810 f.; *Hahn/Mugdan*, Mat. VIII, S. 136; *Reuter*, S. 75 f.

178 *Reuter*, S. 75.

179 *Reuter*, S. 76.

180 Dies ablehnend und ausführlich begründend *Reuter*, S. 76 f.

C. Überblick über die aktuelle gesetzliche Regelung

Mit der Novelle vom 17. Mai 1898 wurde der Zivilprozessordnung der jetzige § 726 II ZPO beigefügt. Zugleich wurden auch die Bestimmungen der heutigen §§ 756, 765 ZPO eingeführt. Mit dieser Gesetzesänderung wurde der Streit um den richtigen Prüfungsstandort der Gegenleistung insofern gegenstandslos, als die Vollstreckung eines Titels auf Leistung Zug um Zug mit der Vorschrift des § 726 II ZPO nun ausdrücklich der Regelung des § 726 I ZPO entzogen wurde. Die damit geschaffene Systematik der Vollstreckung einer Leistung Zug um Zug, der schon die vorher herrschende Praxis entsprach, besteht mit einer kleinen Änderung (Einfügung des § 756 II ZPO) bis heute fort.

Ausgangspunkt ist dabei § 726 ZPO. Diese Vorschrift regelt das Verfahren zur Erteilung der Vollstreckungsklausel für den Fall, dass nach dem Inhalt des Urteils die Vollstreckung von dem durch den Gläubiger zu beweisenden Eintritt einer Tatsache abhängt.[181] In § 726 I ZPO ist die Grundregel niedergelegt, dass die Vollstreckungsklausel erst erteilt wird, nachdem der Gläubiger den Nachweis des Eintritts des Ereignisses durch öffentliche oder öffentlich beglaubigte Urkunde erbracht hat. Einer solchen titelergänzenden Klausel bedarf es nach § 726 II ZPO grundsätzlich nicht, wenn die Vollstreckung der Leistung von einer Zug um Zug zu erbringenden Gegenleistung des Gläubigers abhängt.[182] Die Vollstreckungsklausel wird daher ohne weiteres erteilt.[183] In diesem Fall obliegt gemäß § 756 ZPO und § 765 ZPO dem jeweiligen Vollstreckungsorgan die Prüfung der Gegenleistung beziehungsweise die Feststellung des Annahmeverzugs.[184] Besteht die vom Schuldner geschuldete Leistung aber in der Abgabe einer Willenserklärung, so bleibt es gemäß § 726 II ZPO bei der Grundregel des § 726 I ZPO, wonach für die Erteilung der Vollstreckungsklausel der Nachweis der Gegenleistung erforderlich ist.

---

181 MünchKomm-ZPO/*Wolfsteiner*, § 726 Rdnr. 1.

182 *Rosenberg/Gaul/Schilken*, ZVR, § 16 V 1 b aa.

183 *Lüke/Hau*, Zwangsvollstreckungsrecht, S. 43.

184 MünchKomm-ZPO/*Wolfsteiner*, § 726 Rdnr. 19.

§ 4 Gemeinsame Voraussetzung des Annahmeverzugs

A. Einleitung

Sowohl in den Verfahren nach § 756 ZPO beziehungsweise § 765 ZPO als auch im Verfahren nach § 894 I 2 in Verbindung mit § 726 ZPO stellt der Annahmeverzug (= Gläubigerverzug) des Vollstreckungsschuldners eine zentrale Voraussetzung des Vollstreckungsbeginns beziehungsweise der Erteilung der vollstreckbaren Ausfertigung dar. § 756 I ZPO verlangt als eine notwendige, aber auch ausreichende Voraussetzung für den Vollstreckungsbeginn ein den Annahmeverzug begründendes Angebot der Gegenleistung oder den Beweis, dass sich der Vollstreckungsschuldner hinsichtlich der Gegenleistung in Annahmeverzug befindet. In § 765 Nr. 1 ZPO wird als eine notwendige und ausreichende Bedingung für den Vollstreckungsbeginn gefordert, dass der Annahmeverzug des Vollstreckungsschuldners bewiesen ist. Sofern der Vollstreckungsschuldner zur Abgabe einer Willenserklärung Zug um Zug gegen Erbringung einer Gegenleistung verurteilt ist, gilt die Erklärung gemäß § 894 I 2 ZPO erst als erbracht, wenn eine vollstreckbare Ausfertigung des Urteils nach den Vorschriften der §§ 726, 730 ZPO erteilt worden ist. Nach § 726 II ZPO ist dies unter anderem der Fall, wenn bewiesen ist, dass der Vollstreckungsschuldner in Verzug der Annahme der Gegenleistung ist.

Der Annahmeverzug ist daher eine zentrale Voraussetzung, die die drei Verfahren an den Vollstreckungsbeginn beziehungsweise an die Erteilung einer vollstreckbaren Ausfertigung stellen. An dieser Stelle wird der Annahmeverzug dargestellt, bevor in den folgenden Paragraphen auf die jeweiligen Verfahrensweisen und ihren spezifischen Voraussetzungen gesondert eingegangen wird.

B. Allgemeines

Die §§ 293 ff. BGB regeln den Annahmeverzug. Dabei nennt § 293 BGB die Grundregel des Annahmeverzugs. In dieser Vorschrift werden zusammen mit den §§ 294–299 BGB die Voraussetzungen beschrieben. In den §§ 300–304 BGB werden sodann die sich aus dem Annahmeverzug ergebenden Rechtsfolgen dargestellt.

Annahmeverzug liegt vor, wenn der Gläubiger die ihm vom Schuldner ordnungsgemäß angebotene Leistung nicht annimmt beziehungsweise der Gläubiger eine Mitwirkungshandlung, ohne die der Schuldner nicht leisten kann, nicht vornimmt und somit der Leistungserfolg verhindert wird.[185] Kann jedoch die Leistung ganz allein durch den Schuldner ohne jede Mitwirkungshandlung seitens des Gläubigers vorgenommen werden, wie beispielsweise bei einer Unterlassung, dann ist Annahmeverzug ausgeschlossen.[186]

Während der Schuldnerverzug nach § 286 BGB auf Seiten des Schuldners Vertretenmüssen voraussetzt, erfordert der Annahmeverzug kein Vertretenmüssen seitens des Gläubigers.[187] Im Gegensatz dazu ist Annahmeverzug und Schuldnerverzug gemein, dass eine Handlung nicht pünktlich vorgenommen wird, aber immer noch nachgeholt werden kann.[188] Handelt es sich jedoch um ein absolutes Fixgeschäft, beziehungsweise ist die Nachholung der Leistung aus einem anderen Grund nicht möglich, dann finden die Regeln über die Unmöglichkeit der Leistung Anwendung. Diese verdrängen dann die Regeln über den Verzug.[189] Der genauen Abgrenzung von Verzug und Unmöglichkeit kommt daher eine große Bedeutung zu.

Die Voraussetzungen des Annahmeverzugs hat der Schuldner darzulegen und zu beweisen. Insbesondere muss er beweisen, dass er gemäß den §§ 294–296 BGB ordnungsgemäß die Leistung angeboten und der Gläubiger diese nicht angenommen hat.[190] Dagegen hat der Gläubiger zu beweisen, dass der Schuldner

---

185 MünchKomm-BGB/*Ernst*, § 293 Rdnr. 1; *Staudinger/Löwisch*, § 293 Rdnr. 1; *Larenz*, Schuldrecht I, § 25 vor I; *Medicus/Lorenz*, Schuldrecht I, Rdnr. 513.

186 *Medicus/Lorenz*, Schuldrecht I, Rdnr. 514.

187 *Huber*, Leistungsstörungen I, § 7 III 3; *Larenz*, Schuldrecht I, § 25 vor I.

188 *Soergel/Wiedemann*, Vor § 293 Rdnr. 11; *Larenz*, Schuldrecht I, § 25 I.

189 MünchKomm-BGB/*Ernst*, § 293 BGB Rdnr. 24; *Larenz*, Schuldrecht I, § 25 I.

190 MünchKomm-BGB/*Ernst*, § 293 BGB Rdnr. 24; *Staudinger/Löwisch*, § 293 Rdnr. 36; *Soergel/Wiedemann*, § 293 Rdnr. 18.

nicht zur Leistung bereit oder fähig war. Eine etwaige Beendigung des Annahmeverzugs ist auch durch den Gläubiger zu beweisen.[191]

C. Voraussetzungen des Annahmeverzugs

Der Annahmeverzug setzt die Nichtannahme durch den Gläubiger der erfüllbaren, ordnungsgemäß angebotenen und im Moment der Abgabe auch möglichen Leistung voraus.[192] Ein Verschulden seitens des Gläubigers ist nicht erforderlich. Für das Vorliegen der Voraussetzungen des Annahmeverzugs trägt der Schuldner die Beweislast.[193]

I. Leistungsberechtigung des Schuldners

Während der Schuldnerverzug Fälligkeit der Leistung voraussetzt, erfordert der Annahmeverzug die Erfüllbarkeit des Anspruchs.[194] Der Schuldner muss also zur Leistung berechtigt sein. Sofern kein Leistungszeitpunkt bestimmt ist, kann der Schuldner sofort erfüllen, § 271 I BGB. Ist dagegen ein Leistungszeitpunkt bestimmt, so kann der Schuldner im Zweifel schon vor Fälligkeit leisten, § 271 II. Aus dem Schuldverhältnis kann sich jedoch auch etwas anderes ergeben. So hat der Gläubiger einer verzinslichen Schuld ein Interesse daran, dass der Schuldner die Schuld nicht vor dem vereinbarten Zeitpunkt zurückzahlt.[195] Im Ergebnis ist also der Wille der Parteien maßgeblich.

II. Angebot des Schuldners

Des Weiteren ist für den Annahmeverzug ein ordnungsgemäßes Leistungsangebot seitens des Schuldners erforderlich. Grundsätzlich bedarf es dazu eines tatsächlichen Angebots nach § 294 BGB. Unter bestimmten Voraussetzungen ist auch ein wörtliches Angebot nach § 295 BGB ausreichend beziehungsweise ein Angebot sogar gänzlich entbehrlich, § 296 BGB.

---

191 *Staudinger/Löwisch*, § 293 Rdnr. 36; *Soergel/Wiedemann,* § 293 Rdnr. 18; MünchKomm-BGB/*Ernst*, § 293 BGB Rdnr. 24.

192 MünchKomm-BGB/*Ernst*, § 293 Rdnr. 1; *Medicus/Lorenz*, Schuldrecht I, Rdnr. 513; *Larenz*, Schuldrecht I, § 25 I.

193 *Palandt/Grüneberg*, § 293 Rdnr. 15.

194 *Staudinger/Löwisch,* § 293 Rdnr. 12; *Medicus/Lorenz*, Schuldrecht I, Rdnr. 515.

195 *Staudinger/Löwisch,* § 293 Rdnr. 12.

1. Tatsächliches Angebot

Nach § 294 BGB ist die Leistung dem Gläubiger so, wie sie zu bewirken ist, tatsächlich anzubieten. Dazu hat das Reichsgericht die Formel geprägt, dass die Leistung dann tatsächlich angeboten sei, wenn der Gläubiger „nichts weiter zu tun habe, als zuzugreifen"[196].

Ein tatsächliches Angebot kann nur der leistungsbereite Schuldner abgeben. Jedoch ist die bloße Leistungsbereitschaft ohne ein tatsächliches Leistungsangebot nicht ausreichend. Es genügt daher nicht, wenn der Schuldner einer Geldschuld den jeweiligen Betrag bei sich trägt oder bei der Bank bereit hält. Vielmehr muss der Schuldner den Gläubiger darüber informieren, dass er den Betrag sofort auf den Gläubiger übertragen wird.[197] Es bedarf daher eines tatsächlichen Angebots der geschuldeten Leistung, von dem der Gläubiger auch erfährt.[198]

Der Schuldner hat dem Gläubiger die Leistung zur rechten Zeit anzubieten.[199] Das bedeutet, dass der Schuldner erst leisten darf, wenn nach § 271 BGB Erfüllbarkeit eingetreten ist. Aus Treu und Glauben (§ 242 BGB) ergeben sich weitere Einschränkungen. So darf der Schuldner nicht nachts oder sonst zur Unzeit leisten.[200] Auch aus § 299 BGB ergeben sich insoweit zeitliche Begrenzungen, als eine nur vorübergehende Annahmeverhinderung unter bestimmten Umständen keinen Annahmeverzug auslöst.

Des Weiteren hat der Schuldner am rechten Ort zu leisten.[201] Dieser richtet sich nach den §§ 269, 270 BGB. Bei einer Bringschuld hat der Schuldner die geschuldete Leistung tatsächlich zum Gläubiger zu bringen. Liegt dagegen eine Schickschuld vor, muss die vom Schuldner abgeschickte Ware beim Gläubiger ankommen; die bloße Absendung ist nicht ausreichend.[202] Der bereits mit der Absendung nach § 477 BGB eintretende Gefahrübergang ist insoweit bedeutungslos. Da die Leistung so anzubieten ist, dass der Gläubiger nur noch zuzugreifen braucht, tritt Annahmeverzug nicht schon mit der Absendung, sondern

---

196 RGZ 109, 328.

197 MünchKomm-BGB/*Ernst*, § 294 Rdnr. 2.

198 RGZ 85, 415; *Medicus/Lorenz*, Schuldrecht I, Rdnr. 517.

199 *Larenz*, Schuldrecht I, § 25 I a; MünchKomm-BGB/*Ernst*, § 293 Rdnr. 6.

200 *Medicus/Lorenz*, Schuldrecht I, Rdnr. 516.

201 *Larenz*, Schuldrecht I, § 25 I a; *Medicus/Lorenz*, Schuldrecht I, Rdnr. 516; MünchKomm-BGB/*Ernst*, § 293 Rdnr. 6; *Staudinger/Löwisch*, § 294 Rdnr. 13.

202 MünchKomm-BGB/*Ernst*, § 294 Rdnr. 3; *Medicus/Lorenz*, Schuldrecht I, Rdnr. 517.

erst mit der Ankunft beim Gläubiger ein.[203] Verzögerungen während des Transports gehen daher zu Lasten des Schuldners; der Eintritt des Annahmeverzugs verzögert sich. Sofern die geschuldete Leistung in einer Handlung besteht, muss sich der Schuldner am Leistungsort einfinden, um die Handlung dort vorzunehmen.[204] Ein Arbeitnehmer hat an seinem Arbeitsplatz zu erscheinen.[205] Hat der Schuldner eine Willenserklärung dem Gläubiger gegenüber abzugeben, so tritt Annahmeverzug ein, wenn der Gläubiger am zuvor festgesetzten Termin dem Treffen einseitig fernbleibt.[206] Handelt es sich um eine Holschuld, kann sich der Schuldner mit einem wörtlichen Angebot nach § 295 BGB begnügen.[207]

Bei Werkleistungen ist das tatsächliche Angebot eines Werkes erst nach dessen Fertigstellung möglich; vorher ist ein Angebot nur nach den §§ 295, 296 BGB zu erbringen.[208] Sofern eine Ablieferung beziehungsweise Übergabe nach der Natur der Sache ausgeschlossen ist, wie zum Beispiel bei Bauwerken, kann nach Fertigstellung des Werks Annahmeverzug nicht mehr eintreten.[209] In diesem Fall kann aber der Besteller nach der Abnahme gemäß § 640 BGB hinsichtlich der Gegenleistung in Schuldnerverzug geraten. Wenn dagegen das fertige Werk (neu hergestellt oder nach einer Reparatur) abzuliefern ist, kommt es für den Annahmeverzug darauf an, ob es sich um eine Hol-, Bring- oder Schickschuld handelt.[210] Besteht die Verpflichtung des Schuldners in einer Nachbesserung, so muss er diese tatsächlich am richtigen Ort und zur richtigen Zeit anbieten; der Bauhandwerker hat daher mit dem erforderlichen Material und den erforderlichen Arbeitskräften an der Baustelle zu erscheinen.[211] Es genügt nicht, die Bereitschaft zur Nachbesserung bloß anzuzeigen, auch dann nicht, wenn damit

---

203 *Soergel/Wiedemann,* § 294 Rdnr. 4; *Larenz,* Schuldrecht I, § 25 I a; *Medicus/Lorenz,* Schuldrecht I, Rdnr. 517.

204 *Staudinger/Löwisch,* § 294 Rdnr. 15.

205 BAG, DB 1983, 395 f; *Staudinger/Löwisch,* § 294 Rdnr. 16.

206 BGHZ 116, 244, 250; *Huber,* Leistungsstörungen I, § 8 III 2 b; *Staudinger/Löwisch,* § 294 Rdnr. 17.

207 *Palandt/Grüneberg,* § 295 Rdnr. 5; *Larenz,* Schuldrecht I, § 25 I a; *Medicus/Lorenz,* Schuldrecht I, Rdnr. 517.

208 *Huber,* Leistungsstörungen I, § 8 III 2 d.

209 *Huber,* Leistungsstörungen I, § 8 III 2 d.

210 *Huber,* Leistungsstörungen I, § 8 III 2 d.

211 *Staudinger/Löwisch,* § 294 Rdnr. 15; *Huber,* Leistungsstörungen I, § 8 III 2 d; OLG Köln, NJW-RR, 1995, 1393.

Terminvorschläge verbunden sind.[212] Da der zur Nachbesserung Verpflichtete die Gegenleistung tatsächlich anzubieten hat, so dass der Gläubiger nur noch zuzugreifen braucht, muss er die Mängelbeseitigung mindestens „anleisten".[213] Anders stellt sich die Situation dar, wenn die Nachbesserung beim Unternehmer selbst durchzuführen ist und es der Verkehrsübung entspricht, dass die Sache zur Nachbesserung zum Unternehmer gebracht wird.[214] In diesem Fall genügt ein wörtliches Angebot nach § 295 S. 1 2. Alt. BGB, welches im Angebot der Reparatur oder der Aufforderung, die Sache zur Reparatur zu bringen, liegt.[215] Das gilt auch für den Fall, dass der Gläubiger dem Unternehmer Zutritt zur Baustelle oder zu der Wohnung verschaffen muss.[216]

Weiterhin hat der Schuldner ein ordnungsgemäßes Angebot abzugeben. Er hat die vertraglich geschuldete Leistung anzubieten.[217] Sofern es sich um eine Gattungsschuld handelt, sind gemäß § 243 I BGB Sachen „mittlerer Art und Güte" zu leisten.[218] Die angebotene Sache darf nicht mangelhaft sein, sie muss die nach dem Vertrag geschuldete Leistung darstellen. Eine mangelhafte Sache kann der Gläubiger zurückweisen, ohne dass er in Annahmeverzug gerät, wenn ihm im Hinblick auf den Mangel Rechtsbehelfe zur Verfügung stehen, so zum Beispiel, wenn er das Recht auf Rücktritt vom Vertrag hat.[219] Der Gläubiger muss nicht Kenntnis vom Mangel haben oder sich gar auf den Mangel berufen, um den Annahmeverzug zu verhindern. Es reicht, dass die Leistung tatsächlich mangelhaft ist.[220] Allerdings geschieht die Zurückweisung der Leistung wegen vermeintlicher Mangelhaftigkeit auf eigenes Risiko des Gläubigers. Ist die Leistung tatsächlich mangelfrei, gerät der Gläubiger in Annahmeverzug. Bei geringfügigen Mängeln kann die Zurückweisung der Sache durch den Gläubiger aber dem Grundsatz von Treu und Glauben (§ 242 BGB) widersprechen. Ferner hat

---

212 OLG Köln, NJW-RR 1995, 1393; *Huber,* Leistungsstörungen I, § 8 III 2 d.

213 OLG Köln, NJW-RR 1995, 1193.

214 *Huber,* Leistungsstörungen I, § 8 III 2 d.

215 *Huber,* Leistungsstörungen I, § 8 III 2 d.

216 OLG Schleswig, BauR 2001, 115; *Staudinger/Löwisch,* § 295 Rdnr. 12.

217 MünchKomm-BGB/*Ernst,* § 294 Rdnr. 4; *Staudinger/Löwisch,* § 294 Rdnr. 2.

218 *Staudinger/Löwisch,* § 294 Rdnr. 6; *Larenz,* Schuldrecht I, § 25 I a.

219 MünchKomm-BGB/*Ernst,* § 294 Rdnr. 4 und 6; *Soergel/Wiedemann,* § 294 Rdnr. 7; *Huber,* Leistungsstörungen I, § 8 III 5; *Ernst,* NJW 1997, 896, 897; a.A: *Palandt/Grüneberg,* § 294 Rdnr. 4 und wohl auch *Staudinger/Löwisch,* § 294 Rdnr. 4.

220 MünchKomm-BGB/*Ernst,* § 294 Rdnr. 6; *Staudinger/Löwisch,* § 294 Rdnr. 4.

der Schuldner vollständig zu erfüllen; zu Teilleistungen ist er grundsätzlich nicht berechtigt, § 266 BGB.[221]

Weitere Anforderungen an die Leistung stellt der Grundsatz von Treu und Glauben (§ 242 BGB). So muss der Gläubiger kein Angebot unter Beschimpfungen akzeptieren.[222] Auch kann im konkreten Fall ein Angebot ohne Rechtsnachteile abgelehnt werden, wenn es in der Familie des Gläubigers zu einem Trauerfall gekommen ist.[223]

Bei dem Angebot handelt es sich nicht um eine Willenserklärung oder eine Mitteilung, sondern um einen Realakt.[224] Daher ist auch der Zugang (§ 130 BGB) einer Erklärung nicht erforderlich.[225] Wenn sich der Gläubiger zum vereinbarten Zeitpunkt nicht am Leistungsort befindet, gerät er daher auch ohne Kenntnis der Anlieferung in Annahmeverzug. Bei einem Angebot gegenüber einem abwesenden Gläubiger hat der Schuldner jedoch den Gläubiger über das erfolgte Angebot zu informieren.[226] Tut er dies nicht, so gerät der abwesende Gläubiger zwar dennoch in Annahmeverzug.[227] Allerdings verstößt der Schuldner gegen das Gebot von Treu und Glauben (§ 242 BGB), wenn er sich auf die Folgen des Annahmeverzugs beruft.[228] Es handelt sich dann um einen Fall des *venire contra factum propium*, wobei das *„factum propium“* ein pflichtwidriges Unterlassen ist.[229]

Der Schuldner muss nicht in Person das Angebot abgeben. Es kann auch durch einen Vertreter oder jeden leistungsberechtigten Dritten (§§ 268, 1150,

---

221 *Medicus/Lorenz*, Schuldrecht I, Rdnr. 516, MünchKomm-BGB/*Ernst*, § 294 Rdnr. 4.

222 *Medicus/Lorenz*, Schuldrecht I, Rdnr. 516.

223 MünchKomm-BGB/*Ernst*, § 294 Rdnr. 5.

224 So die ganz herrschende Meinung: MünchKomm-BGB/*Ernst*, § 293 BGB Rdnr. 13; *Staudinger/Löwisch*, § 294 Rdnr. 18; *Palandt/Grüneberg*, § 294 Rdnr. 2; *Soergel/Wiedemann*, § 294 Rdnr. 2; *Larenz*, Schuldrecht I, § 25 I a); *Enneccerus/Lehmann* § 57 II 2 b); *Huber*, Leistungsstörungen I, § 8 I 2; *Leonhard*, S. 569; so wohl auch Blomeyer, der nur im Fall des wörtlichen Angebots (§ 295 BGB) den Zugang als Voraussetzung des Annahmeverzugs verlangt; *Blomeyer*, Allgemeines Schuldrecht, § 36 I 2 b.

225 *Larenz*, Schuldrecht I, § 25 I a; MünchKomm-BGB/*Ernst*, § 293 Rdnr. 13; *Staudinger/Löwisch*, § 294 Rdnr. 18.

226 *Huber*, Leistungsstörungen I, § 8 I 3.

227 *Larenz*, Schuldrecht I, § 25 I a); *Huber*, Leistungsstörungen I, § 8 I 3.

228 *Huber*, Leistungsstörungen I, § 8 I 3; so wohl auch *Blomeyer*, § 36 I 2 b.

229 *Huber*, Leistungsstörungen I, § 8 I 3.

1249 BGB) abgegeben werden.[230] Ein Dritter nach § 267 BGB ist zum Leistungsangebot berechtigt, sofern der Schuldner nicht widerspricht.

2. *Wörtliches Angebot*

a) Allgemeines

Die Vorschrift des § 295 BGB gibt für zwei Fälle das Erfordernis eines tatsächlichen Angebots auf und lässt stattdessen ein wörtliches Angebot genügen. Dies ist zum einen der Fall, wenn der Gläubiger dem Schuldner bereits ernsthaft erklärt hat, dass er die Leistung nicht annehmen werde. Zum anderen ist ein wörtliches Angebot dann ausreichend, wenn zur Bewirkung der Leistung durch den Schuldner eine Mitwirkungshandlung des Gläubigers erforderlich ist. Nach § 295 S. 2 BGB steht dem wörtlichen Leistungsangebot die Aufforderung an den Gläubiger gleich, die entsprechende Mitwirkungshandlung vorzunehmen. Eine solche Aufforderung liegt schon in der Mitteilung an den Gläubiger, dass die bestellte Ware nun zum Abholen bereit liege, oder dass er zur Anprobe kommen könne.[231] Bei Dauerschuldverhältnissen, wie zum Beispiel dem Arbeitsvertrag, liegt in der bisherigen Leistungserbringung grundsätzlich das wörtliche Angebot der geschuldeten Leistung.[232] Im Falle einer unberechtigten Kündigung gerät der Arbeitgeber allerdings ohne wörtliches Angebot des Arbeitnehmers in Annahmeverzug; dieses ist nach § 296 S. 1 BGB entbehrlich.[233]

Dieser Regelung liegt die Überlegung zugrunde, dass dem Schuldner die Anstrengungen eines tatsächlichen Angebots nur zugemutet werden können, wenn nach dem zu erwartenden Geschehensablauf die Leistung des Schuldners vom Gläubiger auch angenommen wird.[234] Der gesetzlichen Vermutung nach ist dies der Fall, wenn der Gläubiger schon vor dem Angebot angekündigt hat, dass er die Leistung nicht annehmen werde, beziehungsweise erscheint die Annahme als

---

230 MünchKomm-BGB/*Ernst*, § 293 Rdnr. 13; *Palandt/Grüneberg*, § 294 Rdnr. 6.

231 *Larenz*, Schuldrecht I, § 25 I b; a.A.: *Leonhard*, S. 574, der unter dem wörtlichen Angebot eine Mahnung an den Gläubiger versteht. Dagegen spricht jedoch, dass der Gläubiger grundsätzlich zur Mitwirkung nicht verpflichtet ist, es sich bei seiner Mitwirkung lediglich um eine Obliegenheit handelt.

232 *Staudinger/Löwisch*, § 295 Rdnr. 18; MünchKomm-BGB/*Ernst*, § 295 Rdnr. 2.

233 *Palandt/Grüneberg*, § 296 Rdnr. 2; MünchKomm-BGB/*Ernst*, § 295 Rdnr. 2; a.A. *Staudinger/Löwisch*, § 296 Rdnr. 4; siehe dazu auch § 4 C II 3.

234 *Staudinger/Löwisch*, § 295 Rdnr. 1.

zu unsicher, wenn zur Bewirkung der Leistung noch eine Mitwirkungshandlung des Gläubigers von Nöten ist.[235]

Das wörtliche Angebot enthält die Erklärung des Schuldners, die geschuldete Leistung bewirken zu wollen. Es kann ausdrücklich oder schlüssig erfolgen.[236] Wie das tatsächliche Angebot, hat auch das wörtliche der geschuldeten Leistung zu entsprechen; es muss folglich ordnungsgemäß sein.[237] Im Gegensatz zum tatsächlichen Angebot muss der Schuldner aber noch nicht bei einer Gattungsschuld die Konkretisierung nach § 243 II BGB vorgenommen haben; das wäre eine leere Formalität.[238]

Das Angebot stellt eine zugangsbedürftige geschäftsähnliche Handlung dar.[239] Die Vorschriften der §§ 130 ff. BGB finden daher entsprechende Anwendung.[240] Es hat dem Gläubiger gegenüber in mündlicher oder schriftlicher Form abgegeben zu werden.[241]

Das wörtliche Angebot muss vom Schuldner abgegeben werden. Ein Dritter nach § 267 BGB kommt nicht in den Genuss eines wörtlichen Angebots nach § 295 BGB. Ist jedoch der Dritte nach den §§ 268, 1150, 1249 BGB zur Leistung berechtigt, darf auch er ein wörtliches Angebot abgeben.[242]

Sofern die Ablehnung nicht auch zugleich einen Rücktritt vom Vertrag oder eine Kündigung des Dauerschuldverhältnisses darstellt, kann der Gläubiger die Verweigerung der Annahme noch widerrufen. In diesem Fall muss der Schuldner ein tatsächliches Angebot nach § 294 BGB erbringen.[243] Sollte der Schuldner schon ein wörtliches Angebot abgegeben und so den Annahmeverzug bereits herbeigeführt haben, so kann der Gläubiger mit dem Widerruf den Annahmeverzug wieder beenden. Auch in diesem Fall muss der Schuldner die Leistung dann tat-

---

235 *Staudinger/Löwisch,* § 295 Rdnr. 1.

236 MünchKomm-BGB/*Ernst,* § 295 Rdnr. 6; *Staudinger/Löwisch,* § 295 Rdnr. 17.

237 *Soergel/Wiedemann,* § 294 Rdnr. 4; *Staudinger/Löwisch,* § 295 Rdnr. 17.

238 *Staudinger/Löwisch,* § 295 Rdnr. 17; *Soergel/Wiedemann,* § 295 Rdnr. 4.

239 *Huber,* Leistungsstörungen I, § 9 I 3 b; *Palandt/Grüneberg,* § 295 Rdnr. 1.

240 MünchKomm-BGB/*Ernst,* § 29 Rdnr. 2; *Larenz,* Schuldrecht I, § 25 I b.

241 MünchKomm-BGB/*Ernst,* § 295 Rdnr. 2.

242 *Staudinger/Löwisch,* § 295 Rdnr.. 24; MünchKomm-BGB/*Ernst,* § 295 Rdnr. 3.

243 MünchKomm-BGB/*Ernst,* § 295 Rdnr. 6.

sächlich anbieten.[244] Das gleiche gilt, wenn der Schuldner die notwendige Mitwirkungshandlung nachholt.[245]

b) § 295 S. 1 1. Alt. BGB

Nach § 295 S. 1 1. Alt. BGB ist ein wörtliches Angebot ausreichend, wenn der Gläubiger dem Schuldner erklärt hat, dass er die Leistung nicht annehmen werde.[246] Die Erklärung des Gläubigers, er werde das Angebot nicht annehmen, hat eindeutig und bestimmt zu sein; ein bloßer Vorbehalt ist nicht ausreichend.[247] Allerdings ist es nicht erforderlich, dass der Gläubiger die Annahme ausdrücklich ablehnt.[248] Die Erklärung des Rücktritts, oder im Falle eines Dauerschuldverhältnisses der Kündigung, ist ausreichend.[249] Der Gläubiger gibt damit zu verstehen, dass er die Leistung nicht annehmen werde. Eine Ablehnung kann auch durch schlüssiges Verhalten erklärt werden.[250] Erforderlich ist aber immer, dass die Ablehnung des Gläubigers dem Leistungsangebot des Schuldners zeitlich voranschreitet.[251]

Bei Verpflichtung zur Leistung Zug um Zug genügt aufgrund der Bestimmung des § 298 BGB ein wörtliches Angebot, wenn der Gläubiger die Erbringung der geschuldeten Gegenleistung verweigert.[252] Einer ausdrücklichen Verweigerung der Gegenleistung bedarf es allerdings nicht.[253]

c) § 295 S. 1 2. Alt. BGB

Gemäß § 295 S. 1 2. Alt. BGB genügt ein wörtliches Angebot, wenn es zur Erbringung der Leistung durch den Schuldner noch einer Mitwirkungshandlung des Gläubigers bedarf. In diesen Fällen muss der Schuldner seine Leistung nicht

---

244 *Soergel/Wiedemann*, § 295 Rdnr. 17; *Staudinger/Löwisch*, § 295 Rdnr. 9.

245 MünchKomm-BGB/*Ernst*, § 295 Rdnr. 5.

246 MünchKomm-BGB/*Ernst*, § 295 Rdnr. 6; *Huber*, Leistungsstörungen I, § 9 I 2.

247 *Soergel/Wiedemann*, § 295 Rdnr. 15; MünchKomm-BGB/*Ernst*, § 295 Rdnr. 6.

248 *Staudinger/Löwisch*, § 295 Rdnr. 3.

249 RGZ 57, 106, 112 f.; MünchKomm-BGB/*Ernst*, § 295 Rdnr. 6.

250 *Soergel/Wiedemann*, § 295 Rdnr. 15; MünchKomm-BGB/*Ernst*, § 295 Rdnr. 6; *Huber*, Leistungsstörungen I, § I 2 a bb.

251 MünchKomm-BGB/*Ernst*, § 295 Rdnr. 6; *Staudinger/Löwisch*, § 295 Rdnr. 7; *Palandt/Grüneberg*, § 295 Rdnr. 4.

252 *Staudinger/Löwisch*, § 295 Rdnr. 5; *Soergel/Wiedemann*, § 298 Rdnr. 4.

253 MünchKomm-BGB/*Ernst*, § 298 Rdnr. 2.

notwendigerweise anbieten; es genügt, wenn er den Gläubiger zur Vornahme der Mitwirkungshandlung auffordert, § 295 S. 2 BGB.

Ein typischer Fall einer notwendigen Mitwirkungshandlung stellt die Holschuld dar.[254] Durch eine Erklärung hat der Gläubiger mitzuwirken, wenn es sich um ein Wahlschuldverhältnis nach § 262 BGB handelt oder wenn der Gläubiger gemäß § 315 BGB zur Bestimmung der Leistung berechtigt ist oder wenn bei noch unbestimmter Zahlungsschuld der Gläubiger noch eine Rechnung vorzulegen hat.[255] In einem Werkvertragsverhältnis ist die Abnahme nach § 640 BGB die vom Gläubiger vorzunehmende Mitwirkungshandlung.[256]

Auch bei Nachbesserungen kann ein wörtliches Angebot genügen. Zur Bewirkung der Nachbesserung ist eine Mitwirkung des Gläubigers erforderlich, wenn dieser dem Unternehmer Zutritt zur Baustelle oder zu der Wohnung verschaffen muss.[257]

Im Rahmen eines Arbeitsvertragsverhältnisses bedarf es nach der Rechtsprechung des BAG einer Mitwirkung des Arbeitgebers. Dieser hat dem Arbeitnehmer täglich einen funktionsfähigen Arbeitsplatz zur Verfügung zu stellen.[258] Daher genügt auch dann ein wörtliches Angebot, wenn der Arbeitgeber nicht die Annahme zuvor abgelehnt hat.

d) Erforderlichkeit des wörtlichen Angebots

Nach § 295 BGB genügt ein wörtliches Angebot, wenn der Gläubiger die Annahme der Leistung zuvor abgelehnt hat. Umstritten ist dabei, ob ein wörtliches Angebot nur ausreicht oder aber stets erforderlich ist. Einer Ansicht zufolge ist ein wörtliches Angebot genügend, aber nicht auch stets notwendig.[259] Begründet wird diese Ansicht damit, dass nach Lage der Dinge auch ein nur wörtliches Angebot als sinnlos erscheinen kann. Dafür nennt *Larenz* als Beispiel den Fall des

---

254 *Brox*, Allgemeines Schuldrecht, § 26, Rdnr. 6; MünchKomm-BGB/*Ernst*, § 295 Rdnr. 7.

255 *Palandt/Grüneberg*, § 295 Rdnr. 5; *Staudinger/Löwisch*, § 295 Rdnr. 9; MünchKomm-BGB/*Ernst*, § 295 Rdnr. 7.

256 *Palandt/Grüneberg*, § 295 Rdnr. 5; MünchKomm-BGB/*Ernst*, § 295 Rdnr. 7.

257 OLG Schleswig, BauR 2001, 115; *Staudinger/Löwisch*, § 295 Rdnr. 12.

258 BAG, NZA 1999, 925, 926; BAG, NZA 1995, 263, 264; a.A.: *Staudinger/Löwisch*, § 295 Rdnr. 20.

259 *Larenz*, Schuldrecht I, § 25 I b; *Palandt/Grüneberg*, § 295 Rdnr. 4 BGH, NJW 2001, 287, 288.

Chefs, der seiner Sekretärin für den nächsten Tag freigibt, da er selbst verreise.[260] Hier könne man nicht ein wörtliches Angebot der Sekretärin erwarten.[261] Gegen diese Ansicht spricht die Formulierung des § 295 S. 1 BGB und die Gesetzessystematik. Wenn das Gesetz von „genügt" spricht, dann nennt es damit das Mindestmaß dessen, was erforderlich ist.[262] Zudem wird in § 296 BGB ausdrücklich geregelt, wann auch ein nur wörtliches Angebot nicht von Nöten ist.[263] Daher ist ein wörtliches Angebot nach § 295 BGB stets erforderlich.[264] Wann dem nicht so ist, wird abschließend in § 296 BGB geklärt.

3. Entbehrlichkeit eines Angebots

Die Vorschrift des § 296 BGB ergänzt § 295 S. 1 2. Alt. BGB. Sie bestimmt, dass ein Leistungsangebot seitens des Schuldners nicht erforderlich ist, wenn der Gläubiger eine kalendermäßig bestimmte (S. 1) beziehungsweise bestimmbare (S. 2) Mitwirkungshandlung vorzunehmen hat.[265]

Einen typischen Fall der kalendermäßig bestimmten Mitwirkungshandlung stellen die kalendermäßig fixierten Holschulden dar.[266] Auch im Rahmen von Werk- und Dienstleistungsverträgen, bei denen es zur Leistungserbringung einer Mitwirkung des Gläubigers bedarf, kann ein Angebot entbehrlich sein, wenn ein Leistungstermin bestimmt ist.[267]

Nach der Rechtsprechung des BAG bedarf der Arbeitnehmer zur Erbringung seiner Leistung der Mitwirkung des Arbeitgebers in Form der Bereitstellung eines funktionsfähigen Arbeitsplatzes. Unterbleibt diese nach dem Kalender bestimmte Mitwirkung, ist ein Leistungsangebot seitens des Arbeitnehmers gemäß § 296 S. 1 entbehrlich.[268]

---

260 *Larenz*, Schuldrecht I, § 25 I b.

261 *Larenz*, Schuldrecht I, § 25 I b.

262 *Staudinger/Löwisch*, § 295 Rdnr. 2.

263 *Huber*, Leistungsstörungen I, § 9 III 1; *Staudinger/Löwisch*, § 295 Rdnr. 2.

264 *Huber*, Leistungsstörungen I, § 9 III 1; *Staudinger/Löwisch*, § 295 Rdnr. 2.

265 *Palandt/Grüneberg*, § 296 Rdnr. 1; MünchKomm-BGB/*Ernst*, § 296 Rdnr. 1; *Staudinger/Löwisch*, § 296 Rdnr. 1.

266 *Staudinger/Löwisch*, § 296 Rdnr. 2.

267 *Staudinger/Löwisch*, § 296 Rdnr. 3.

268 BAG, DB 2006, 51; BAG, NZA 1999, 926; BAG, NZA 1995, 263, 264; *Palandt/Grüneberg*, § 296 Rdnr. 1; MünchKomm-BGB/*Ernst*, § 295 Rdnr. 2; a.A.: *Staudinger/Löwisch*, § 296 Rdnr. 4.

Sofern der Gläubiger die Mitwirkungshandlung nachträglich vornimmt, beendet er den Annahmeverzug. Der Schuldner ist dann zur Vornahme eines tatsächlichen Angebots verpflichtet, wenn er den Gläubiger in Annahmeverzug setzen möchte.[269]

III. Unmöglichkeit und Annahmeverzug

Der gesetzlichen Ausgestaltung des Annahmeverzugs liegt der Gedanke zugrunde, dass die Erfüllung gerade deshalb scheitert, weil der Gläubiger die Leistung nicht annimmt oder eine erforderliche Mitwirkungshandlung nicht vornimmt.[270] Der Gläubiger gerät daher nur dann in Annahmeverzug, wenn der Schuldner zur Zeit des Leistungsangebots beziehungsweise im Falle der Entbehrlichkeit eines Angebots zu dem Zeitpunkt, an dem der Gläubiger seine Mitwirkungshandlung tätigen müsste, die Leistung auch erbringen kann.[271] Wenn die Erbringung der Leistung zu diesem Zeitpunkt unmöglich ist und auch später nicht mehr nachgeholt werden kann, dann finden die Vorschriften über die Unmöglichkeit Anwendung.[272] Da im Falle eines absoluten Fixgeschäfts die vertraglich geschuldete Leistung nicht mehr nachgeholt werden kann, liegt Unmöglichkeit und nicht Annahmeverzug vor.[273] Ein Beispiel für ein absolutes Fixgeschäft ist das Taxi zum Bahnhof für einen bestimmten Zug.[274] Unmöglichkeit und Annahmeverzug schließen sich daher aus.

Auch wenn der Schuldner die Leistung allein wegen eines in der Person des Gläubigers liegenden Annahme- oder Mitwirkungshindernisses nicht erbringen kann, erfolgt die Abgrenzung zwischen Annahmeverzug und Unmöglichkeit danach, ob die Leistung nachträglich doch noch erbracht werden kann oder nicht.[275] Sofern es sich lediglich um eine Verzögerung handelt, liegt Annahme-

---

269 MünchKomm-BGB/*Ernst*, § 296 Rdnr. 4; *Staudinger/Löwisch*, § 296 Rdnr. 8.

270 *Larenz*, Schuldrecht I, § 25 I c.

271 *Soergel/Wiedemann*, Vor § 293 Rdnr. 8; MünchKomm-BGB/*Ernst*, § 293 Rdnr. 7.

272 *Palandt/Grüneberg*, § 293 Rdnr. 3; *Staudinger/Löwisch*, Vorbem zu §§ 293–304 Rdnr. 5.

273 MünchKomm-BGB/*Ernst*, § 293 Rdnr. 9a; *Larenz*, Schuldrecht I, § 25 I c.

274 MünchKomm-BGB/*Ernst*, § 286 Rdnr. 39.

275 *Soergel/Wiedemann*, Vor § 293 Rdnr. 11; MünchKomm-BGB/*Ernst*, § 293 Rdnr. 8; *Palandt/Grüneberg*, § 293 Rdnr. 5; *Staudinger/Löwisch*, Vorbem zu §§ 293–304 Rdnr. 6; *Larenz*, Schuldrecht I, § 25 I c; BGHZ 60, 14, 16; Dagegen tritt nach anderer Ansicht bei Dienstverhältnissen, wenn die Leistungserbringung aus in der Person des Gläubigers liegenden Gründen unmöglich wird, gleichzeitig Annahmeverzug ein, da der Annahmeverzug

verzug vor. Sollte dagegen die Leistung durch die fehlende Annahme beziehungsweise die fehlende Mitwirkung seitens des Gläubigers endgültig unmöglich geworden sein, finden die Vorschriften zur Unmöglichkeit Anwendung.

IV. Leistungsvermögen des Schuldners

Die Vorschrift des § 297 BGB betrifft ausschließlich den Fall der nur im Zeitpunkt des Leistungsangebots bestehenden Unmöglichkeit, nicht dagegen den der dauernden Unmöglichkeit.[276] Sollte daher dem Schuldner die Erbringung der Leistung dauerhaft unmöglich sein, so finden die Vorschriften über die Unmöglichkeit Anwendung.[277] Der Zweck von § 297 BGB besteht deshalb nicht in der grundsätzlichen Abgrenzung von Unmöglichkeit und Annahmeverzug, sondern in der Regelung des vorübergehenden Unvermögens des Schuldners.[278]

§ 297 BGB bestimmt, dass der Gläubiger nicht in Annahmeverzug gerät, wenn der Schuldner im Zeitpunkt des Leistungsangebots beziehungsweise im Fall des § 296 BGB zur Zeit der vom Gläubiger vorzunehmenden Mitwirkungshandlung tatsächlich nicht in der Lage ist, die geschuldete Leistung zu erbringen. Von der Regelung des § 297 BGB sind die fehlende Leistungsfähigkeit und der fehlende Leistungswille umfasst.[279]

Die Leistungsfähigkeit des Schuldners kann aus tatsächlichen oder rechtlichen Gründen entfallen. Der Schuldner ist tatsächlich nicht leistungsfähig, wenn er den geschuldeten Gegenstand nicht liefern kann, weil er ihm nicht zur Verfügung steht. Sofern der Schuldner persönlich zu Werk- oder Dienstleistungen verpflichtet ist, liegt ein tatsächliches Leistungshindernis vor, wenn er beispielsweise infolge einer Krankheit nicht selbst in der Lage ist, die geschuldete Leistung zu erbringen.[280] Ein rechtliches Leistungshindernis ist gegeben, wenn der Schuldner zur Erfüllung einer behördlichen Genehmigung bedarf und diese noch aus-

---

auch die Funktion einer Risikozuweisung an den Gläubiger zukomme; *Picker,* JZ 1985, 693, 699 f.

276 *Palandt/Grüneberg,* § 297 Rdnr. 1; *Larenz,* Schuldrecht I, § 25 I c.

277 *Staudinger/Löwisch,* § 297 Rdnr. 1; *Palandt/Grüneberg,* § 297 Rdnr. 1; *Larenz,* Schuldrecht I, § 25 I c.

278 MünchKomm-BGB/*Ernst,* § 297 Rdnr. 1; *Larenz,* Schuldrecht I, § 25 I c.

279 *Palandt/Grüneberg,* § 297 Rdnr. 2; MünchKomm-BGB/*Ernst,* § 297 Rdnr. 2; *Staudinger/Löwisch,* § 297 Rdnr. 3 und 15.

280 *Staudinger/Löwisch,* § 297 Rdnr. 4 f.

steht.[281] Eine solche Genehmigung kann beispielsweise nach den Devisengesetzen erforderlich sein.

Der mit dem Angebot ausgedrückte Leistungswille muss tatsächlich bestehen. Während sich der Wille zu leisten beim tatsächlichen Angebot nach § 294 BGB von selbst ergibt, ist dies beim wörtlichen Angebot nach § 295 BGB, oder wenn ein Angebot nach § 296 BGB entbehrlich ist, nicht der Fall.[282] Daher tritt kein Annahmeverzug ein, wenn sich herausstellt, dass der Schuldner im Zeitpunkt des wörtlichen Angebots beziehungsweise zu der Zeit, in der der Gläubiger nach § 296 BGB seine Mitwirkungshandlung vorzunehmen hat, schon über den Leistungsgegenstand anders disponiert hat.[283]

Damit der Gläubiger in Annahmeverzug gerät, muss die Leistungsbereitschaft (Leistungsfähigkeit und Leistungswille) des Schuldners zum Zeitpunkt des Angebots bestehen. Zwar ergibt sich beim tatsächlichen Angebot die Leistungsbereitschaft grundsätzlich aus sich selbst heraus. Jedoch ist § 297 BGB insoweit für § 294 BGB von Bedeutung, als er auch bei rechtlichen Erfüllungshindernissen (wie zum Beispiel einer behördlichen Genehmigung) bestimmt, dass der Gläubiger nicht in Annahmeverzug gerät.[284] Weiterhin gilt die in § 297 BGB getroffene Regelung der Beweislast auch für das tatsächliche Angebot.[285] Beim wörtlichen Angebot muss die Leistungsbereitschaft zum Zeitpunkt des Angebots vorliegen. Sollte der Schuldner schon vor Fälligkeit leisten dürfen, so hat er auch zu diesem Zeitpunkt, und nicht erst bei Fälligkeit zur Leistung, bereit zu sein.[286] Sofern das Angebot nach § 296 BGB entbehrlich ist, muss der Schuldner zu dem Zeitpunkt zur ordentlichen Erbringung der geschuldeten Leistung bereit sein, in dem der Gläubiger die Mitwirkungshandlung vorzunehmen hat.[287]

Wenn der Gläubiger das vorübergehende Unvermögen des Schuldners zu verantworten hat, steht der Grundsatz von Treu und Glauben (§ 242 BGB) dem

281 *Staudinger/Löwisch,* § 297 Rdnr. 9.

282 *Staudinger/Löwisch,* § 297 Rdnr. 15.

283 MünchKomm-BGB/*Ernst,* § 295 Rdnr. 4; *Staudinger/Löwisch,* § 297 Rdnr. 15.

284 *Staudinger/Löwisch,* § 297 Rdnr. 16.

285 *Staudinger/Löwisch,* § 297 Rdnr. 16.

286 *Staudinger/Löwisch,* § 297 Rdnr. 17.

287 MünchKomm-BGB/*Ernst,* § 297 Rdnr. 3; *Staudinger/Löwisch,* § 297 Rdnr. 18; *Larenz,* Schuldrecht I, § 25 I c.

Gläubiger entgegen, sich auf das Unvermögen des Schuldners zu berufen.[288] Der Gläubiger gerät daher trotz Unvermögens in Annahmeverzug.

Die Leistungsbereitschaft des Schuldners wird vermutet.[289] Der Gläubiger hat daher das Fehlen der Leistungsfähigkeit oder des Leistungswillens zu beweisen.[290]

V. Nichtannahme der Leistung durch den Gläubiger

Eine weitere Voraussetzung für den Annahmeverzug ist die Nichtannahme des Angebots des Schuldners durch den Gläubiger. Im Fall des § 296 BGB genügt die Nichtvornahme der Mitwirkungshandlung. Die Vorschrift des § 298 BGB präzisiert die Voraussetzungen für den Annahmeverzug bei Zug-um-Zug-Leistungen. In § 299 BGB wird der Fall der vorübergehenden Annahmeverhinderung geregelt.

1. Nichtannahme

Wenn der Gläubiger das Leistungsangebot des Schuldners ablehnt, gerät er in Annahmeverzug. Eine ausdrückliche Annahmeverweigerung ist nicht erforderlich; die bloße Nichtannahme genügt.[291] Das Angebot muss dabei ordnungsgemäß nach den §§ 294 f. BGB erfolgt sein. Sollte nicht die geschuldete Leistung angeboten worden sein, kann der Gläubiger die Annahme ohne Konsequenzen verweigern. Der Gläubiger gerät auch dann in Annahmeverzug, wenn er die geschuldete Leistung zwar annehmen möchte, sie aber zu Unrecht als mangelhaft kritisiert und der Schuldner sie deshalb nicht vornimmt.[292] Berechtigterweise erfolgt eine Ablehnung auch dann, wenn Schuldner und Gläubiger eine „Stundung“ der Annahme vereinbart haben, also sich darauf verständigt haben, die Leistung erst später zu erbringen.[293]

---

288 *Palandt/Grüneberg*, § 297 Rdnr. 2; MünchKomm-BGB/*Ernst*, § 297 Rdnr. 2.

289 *Staudinger/Löwisch*, § 297 Rdnr. 22.

290 MünchKomm-BGB/*Ernst*, § 297 Rdnr. 4; *Palandt/Grüneberg*, § 297 Rdnr. 3.

291 *Palandt/Grüneberg*, § 293 Rdnr. 10; MünchKomm-BGB/*Ernst*, § 293 Rdnr. 17.

292 *Staudinger/Löwisch*, § 293 Rdnr. 14.

293 *Staudinger/Löwisch*, § 293 Rdnr. 19.

2. Unterlassen der Mitwirkungshandlung

Sofern zur Bewirkung der Leistung die Mitwirkung des Gläubigers erforderlich ist und der Zeitpunkt dafür kalendermäßig bestimmt ist beziehungsweise sich nach dem Kalender bestimmen lässt, ist ein Angebot gemäß § 296 BGB entbehrlich. Mit Eintritt des kalendermäßig bestimmten oder bestimmbaren Zeitpunkts gerät der Gläubiger in Annahmeverzug, wenn er die erforderliche Handlung nicht vornimmt.[294]

3. Verweigerung der Gegenleistung

Die Vorschrift des § 298 BGB stellt eine Sonderregelung für den Fall dar, dass der Schuldner nur Zug um Zug gegen eine Leistung des Gläubigers zu leisten verpflichtet ist. In diesem Fall gerät der Gläubiger auch dann in Annahmeverzug, wenn er zwar zur Annahme der Leistung des Schuldners bereit ist, seinerseits aber die von ihm geschuldete Leistung dem Schuldner nicht anbietet. Damit betrifft die Vorschrift des § 298 BGB nur den Annahmeverzug des Gläubigers; sie trifft keine Aussage darüber, ob der Gläubiger hinsichtlich der von ihm zu erbringenden Leistung auch in Schuldnerverzug gerät.[295]

§ 298 BGB setzt voraus, dass der Schuldner nur gegen eine Leistung des Gläubigers zu erfüllen hat. Die Regelung ist daher nicht nur bei gegenseitigen Verträgen anwendbar, sondern generell bei allen Zug-um-Zug-Leistungen.[296] Nach dem Grundsatz *a maiore ad minus* gilt § 298 BGB auch, wenn der Gläubiger zur Vorleistung verpflichtet ist, der Schuldner aber darauf verzichtet und stattdessen die eigene Leistung Zug um Zug gegen Erbringung der Gegenleistung anbietet.[297]

Der Schuldner muss nach der Regelung die Gegenleistung verlangen und der Gläubiger muss sie ablehnen. Der Schuldner hat jedoch nicht ausdrücklich die Gegenleistung zu fordern; es reicht, wenn er dem Gläubiger gegenüber deutlich macht, dass er nur leisten wird, wenn dieser sich auch zur Erbringung der Ge-

---

294 MünchKomm-BGB/*Ernst*, § 296 Rdnr. 2; *Palandt/Grüneberg*, § 296 Rdnr. 1.

295 *Soergel/Wiedemann*, § 298 Rdnr. 5; *Staudinger/Löwisch*, § 298 Rdnr. 1; MünchKomm-BGB/*Ernst*, § 298 Rdnr. 1.

296 *Soergel/Wiedemann*, § 298 Rdnr. 2; MünchKomm-BGB/*Ernst*, § 298 Rdnr. 1; *Staudinger/Löwisch*, § 298 Rdnr. 2; *Palandt/Grüneberg*, § 298 Rdnr. 1.

297 Motive II S. 73; *Huber*, Leistungsstörungen I, § 8 II 2.

genleistung bereit zeigt.[298] Auch der Gläubiger muss die Gegenleistung nicht ausdrücklich verweigern; es genügt das passive Verhalten des „Nichtanbietens".[299] In welcher Form der Gläubiger die von ihm geschuldete Gegenleistung anzubieten hat, richtet sich nach den §§ 294 ff. BGB.[300] Er hat daher die Gegenleistung grundsätzlich „so wie sie zu bewirken ist" anzubieten. Somit ist es auch durchaus möglich, dass ein Angebot der Gegenleistung nach § 296 BGB entbehrlich ist und vielmehr der Schuldner seinerseits eine Mitwirkungshandlung vorzunehmen hat. Der Gläubiger kann sich auch seinerseits auf die Vorschrift des § 298 BGB berufen.

4. *Vorübergehende Annahmeverhinderung*

Nach § 299 BGB gerät der Gläubiger nicht in Annahmeverzug, wenn er nur vorübergehend an der Annahme der Leistung gehindert ist. Das Nichtanbieten der eigenen Leistung (§ 298 BGB) steht der Nichtannahme der angebotenen Leistung gleich.[301]

Die Tatsache, dass der Gläubiger auch ohne Verschulden in Annahmeverzug gerät, kann zu unbilligen Ergebnissen führen, wenn er nur vorübergehend an der Annahme gehindert ist. Daher sieht § 299 BGB vor, dass der Gläubiger bei nur zeitweiliger Verhinderung unter bestimmten Voraussetzungen nicht in Annahmeverzug gerät. Die Ausnahmeregelung des § 299 BGB stellt eine besondere Ausprägung des Grundsatzes von Treu und Glauben (§ 242 BGB) dar[302] und wurde unter Berufung auf diesen Grundsatz von der zweiten Kommission in das BGB eingeführt.[303]

§ 299 BGB setzt voraus, dass die Leistungszeit nicht bestimmt ist oder, sofern eine solche zwar bestimmt ist, der Schuldner aber gemäß § 271 II BGB vor dem Zeitpunkt zur Erbringung der Leistung berechtigt ist.[304] Andernfalls müsste sich der Gläubiger die ganze Zeit zur Annahme der Leistung bereit halten. Dies

---

298 *Staudinger/Löwisch,* § 298 Rdnr. 4.

299 *Soergel/Wiedemann,* § 298 Rdnr. 4; *Staudinger/Löwisch,* § 298 Rdnr. 5; *Bamberger/Roth/Unberath,* § 298 Rdnr. 5.

300 *Soergel/Wiedemann,* § 298 Rdnr. 4; *Huber,* Leistungsstörungen I, § 8 II 1.

301 *Huber,* Leistungsstörungen I, § 8 II 1; *Staudinger/Löwisch,* § 298 Rdnr. 6.

302 MünchKomm-BGB/*Ernst,* § 299 Rdnr. 1; *Huber,* Leistungsstörungen I, § 7 III 4 a.

303 *Huber,* Leistungsstörungen I, § 7 III 4 a.

304 *Staudinger/Löwisch,* § 299 Rdnr. 1; *Huber,* Leistungsstörungen I, § 7 III 4 a.

wäre jedoch unzumutbar. Sollte der Schuldner zu einem ganz bestimmten Zeitpunkt leisten wollen, so hat er diesen dem Gläubiger eine angemessene Zeit vorher anzukündigen.

Die Vorschrift kommt nur zur Anwendung, wenn der Gläubiger vorübergehend zur Annahme oder im Falle einer Zug-um-Zug-Leistung zur eigenen Leistung nicht in der Lage ist. Wie lang im Einzelnen eine vorübergehende Verhinderung dauern darf, ist nach Treu und Glauben mit Rücksicht auf die Verkehrssitte (§ 242 BGB) zu entscheiden.[305] Bei Sachleistungen führt eine Verzögerung der Erfüllung zu Unannehmlichkeiten beim Schuldner. Ihn treffen Obhutspflichten, Verwahrungskosten und andere Risiken hinsichtlich der Sache.[306] Solange der Annahmeverzug noch nicht eingetreten ist, kommt der Schuldner auch nicht in den Genuss der Erleichterungen des § 300 BGB. Sofern es sich aber bei der Verzögerung nur um ein bis zwei Tage handelt, führt diese Verzögerung nicht zu einer übermäßigen Belastung des Schuldners. Mangels vorheriger Absprache fallen aber bei längeren Verzögerungen diese Pflichten in die Risikosphäre des Gläubigers.[307] Sobald allerdings die Leistungserbringung durch die Verzögerung unmöglich wird, findet das Unmöglichkeitsrecht Anwendung.[308]

Wenn der Schuldner zu einem bestimmten Zeitpunkt die Leistung in Annahmeverzug begründender Weise anbieten will, muss er dem Gläubiger die Leistung eine angemessene Zeit vorher ankündigen. Bei der Ankündigung handelt es sich um eine geschäftsähnliche Mitteilung, auf die § 130 BGB anwendbar ist.[309] Sie kann auch von einem Vertreter oder einem leistungsberechtigten Dritten abgegeben werden.[310] Auch die Frage nach der Angemessenheit der Ankündigungsfrist beantwortet sich nach Treu und Glauben (§ 242 BGB) unter Berücksichtigung der Verkehrssitte und der schutzwürdigen Interessen des Schuldners, nicht über Gebühr mit den Unannehmlichkeiten einer Verzögerung der Erfüllung belastet zu werden.[311] Jedoch muss insbesondere bei Sachlieferungen die

305 *Huber,* Leistungsstörungen I, § 7 III 4 a.

306 *Huber,* Leistungsstörungen I, § 7 III 4 a.

307 *Huber,* Leistungsstörungen I, § 7 III 4 a.

308 MünchKomm-BGB/*Ernst*, § 299 Rdnr. 4; *Bamberger/Roth/Unberath*, § 299 Rdnr. 4.

309 *Soergel/Wiedemann,* § 299 Rdnr. 3; MünchKomm-BGB/*Ernst*, § 299 Rdnr. 3; *Bamberger/Roth/Unberath*, § 299 Rdnr. 5.

310 *Staudinger/Löwisch*, § 299 Rdnr. 5; MünchKomm-BGB/*Ernst*, § 299 Rdnr. 3.

311 *Huber,* Leistungsstörungen I, § 7 III 4 b.

Ankündung dem Gläubiger so rechtzeitig zugehen, dass dieser ausreichend Zeit hat, die notwendigen Vorkehrungen zu treffen.[312] Nach *Huber* hat der Schuldner dem Gläubiger als Faustregel die Lieferung mindestens einen Tag vorher anzukündigen.[313] Sofern der Gläubiger aber die Gründe für die Verhinderung absichtlich herbeigeführt hat, steht § 242 BGB einer Anwendung der Ausnahmeregelung des § 299 BGB entgegen.[314] Sollte an dem angekündigten Termin jedoch der Gläubiger vorübergehend verhindert sein, so führt dies gerade nach § 299 BGB dazu, dass der Gläubiger nicht in Annahmeverzug gerät.[315]

Im Rahmen des § 299 BGB ist die Beweislast unterschiedlich verteilt. Den Gläubiger trifft sie hinsichtlich der unbestimmten Leistungszeit und der vorübergehenden Verhinderung. Der Schuldner muss die angemessene Ankündigungsfrist beweisen.[316]

5. Kein Verschulden

Im Gegensatz zum Schuldnerverzug (§ 286 BGB) ist beim Annahmeverzug ein Vertretenmüssen nicht Voraussetzung. Es ist nicht erforderlich, dass der Gläubiger schuldhaft das Angebot (§§ 294, 295 BGB) ablehnt, die notwendige Mitwirkungshandlung (§ 296 BGB) nicht vornimmt beziehungsweise bei einer Zug-um-Zug-Leistung (§ 298 BGB) die eigene Leistung nicht erbringt.[317] Der Grund dafür ist, dass die Annahme der Leistung beziehungsweise die Mitwirkungshandlung durch den Gläubiger keine vom Schuldner erzwingbare Leistungspflicht des Gläubigers darstellt. Es handelt sich bei der Annahme oder der Mitwirkungshandlung um eine Obliegenheit.[318] Wenn der Gläubiger daher die Leistung nicht annimmt beziehungsweise die notwendige Mitwirkungshandlung nicht vornimmt, so begeht er dadurch keine Pflichtverletzung.[319] Etwas anderes kann jedoch vertraglich vereinbart oder gesetzlich vorgesehen sein. So hat der

---

312 MünchKomm-BGB/*Ernst*, § 299 Rdnr. 3; *Soergel/Wiedemann*, § 299 Rdnr. 3.

313 *Huber*, Leistungsstörungen I, § 7 III 4 b.

314 MünchKomm-BGB/*Ernst*, § 299 Rdnr. 4.

315 *Huber*, Leistungsstörungen I, § 7 III 4 b.

316 *Soergel/Wiedemann*, § 299 Rdnr. 5; MünchKomm-BGB/*Ernst*, § 299 Rdnr. 6.

317 *Staudinger/Löwisch*, § 293 Rdnr. 17; *Soergel/Wiedemann*, § 299 Rdnr. 11; MünchKomm-BGB/*Ernst*, § 293 Rdnr. 18; *Palandt/Grüneberg*, § 293 Rdnr. 1.

318 MünchKomm-BGB/*Ernst*, § 293 Rdnr. 18; *Palandt/Grüneberg*, § 293 Rdnr. 1; *Larenz*, Schuldrecht I, § 25 I.

319 *Medicus/Lorenz*, Schuldrecht I, Rdnr. 513; MünchKomm-BGB/*Ernst*, § 293 Rdnr. 18.

Schuldner nach § 433 II BGB einen Anspruch auf Abnahme.[320] Der Gläubiger gerät bei Nichtannahme des Angebots in Annahmeverzug, ohne dass es auf ein Verschulden ankäme; es genügt, wie es in den Motiven heißt, „die nackte Tatsache der Nichtannahme der angebotenen Leistung".[321]

Wenn der Schuldner die Nichtannahme der Leistung verursacht hat, ist zu differenzieren:[322] Sofern der Schuldner den Annahmeverzug bewusst herbeigeführt hat, ist die Annahme entsprechend des Rechtsgedankens des § 162 BGB als erfolgt anzusehen.[323] Sollte dagegen der Schuldner die Nichtannahme der Leistung durch den Gläubiger in fahrlässiger Weise verursacht haben, begeht er im Einzelfall eine Nebenpflichtverletzung nach §§ 280 I, 241 II BGB. Dies ist beispielsweise der Fall, wenn der Gläubiger bei der Abholung der Ware durch eine Unachtsamkeit des Schuldners verletzt wird, so dass er die Ware nicht mehr annehmen kann. Gemäß § 249 BGB ist der Gläubiger dann vom Schuldner von den Folgen des Annahmeverzug freizustellen. Anders stellt sich dagegen die Situation dar, wenn der Gläubiger im allgemeinen Verkehr ohne Verbindung zu dem zwischen Gläubiger und Schuldner bestehenden Schuldverhältnis durch den Schuldner zu Schaden kommt. In diesem Fall verhindert die Verursachung des Unfalls durch den Schuldner nicht, dass der Gläubiger in Annahmeverzug gerät.[324]

D. Beendigung des Annahmeverzugs

Das Gesetz enthält keine ausdrücklichen Bestimmungen zur Beendigung des Annahmeverzugs. In § 262 des ersten Entwurfs zum BGB wurde noch geregelt, dass der Verzug endet, wenn der Gläubiger die versäumte Handlung nachholt und erklärt, die durch den Verzug bedingten Mehraufwendungen zu übernehmen.[325] Von der zweiten Kommission wurde diese Regelung als entbehrlich ange-

320 *Brox*, Allgemeines Schuldrecht, § 26, Rdnr. 2; MünchKomm-BGB/*Ernst*, § 293 Rdnr. 19.

321 Motive II S. 69.

322 *Staudinger/Löwisch,* § 293 Rdnr. 18.

323 Nach *Wertheimer* verwehrt der Grundsatz von Treu und Glauben (§ 242 BGB) dem Schuldner, sich auf den Annahmeverzug zu berufen; *Wertheimer,* JuS 1993, 646, 650 f.

324 *Wertheimer,* JuS 1993, 646, 650 f.; *Staudinger/Löwisch,* § 293 Rdnr. 18.

325 Motive II, S. 77.

sehen und daher gestrichen.[326] Der Annahmeverzug endet, wenn eine seiner Voraussetzungen entfällt. Für die Gründe der Beendigung des Annahmeverzugs trifft den Gläubiger die Darlegungs- und Beweislast.[327]

I. Beendigungsgründe

1. Annahme bzw. Nachholung der versäumten Handlung durch den Gläubiger

Sofern zur Erbringung der Leistung eine Mitwirkungshandlung des Gläubigers nicht erforderlich ist, endet der Annahmeverzug, wenn sich der Gläubiger zur Annahme der Leistung bereit erklärt.[328] Bei der Erklärung handelt es sich um eine empfangsbedürftige Willenserklärung.[329] Wenn der Gläubiger in Annahmeverzug geraten ist, weil er sich geweigert hat, die nach § 298 BGB erforderliche Gegenleistung anzubieten, muss seine Erklärung auch die Bereitschaft umfassen, die Gegenleistung zu erbringen. Soweit der Gläubiger bei einem tatsächlichen Angebot abwesend war, kann der Verzug auch durch die einvernehmliche Vereinbarung eines neuen Erfüllungstermins beendet werden.[330] Beruht der Annahmeverzug darauf, dass der Gläubiger eine Mitwirkungshandlung unterlassen hat, endet der Verzug, wenn er die versäumte Handlung nachholt.[331] Die Vornahme der Mitwirkungshandlung muss dem Schuldner ebenso zur Kenntnis gelangen wie die Erklärung der Annahmebereitschaft im Fall der vorangegangenen Verweigerung der Annahme.[332]

Mit der Annahme der Leistung endet der Annahmeverzug. Sofern aber zur Beendigung des Annahmeverzugs die Erklärung der Annahmebereitschaft beziehungsweise die Erklärung der Vornahme der versäumten Mitwirkungshandlung erforderlich ist, endet der Annahmeverzug nicht sofort mit dem Zugang der Er-

---

326 *Mugdan,* Mat. II, S. 541.

327 *Staudinger/Löwisch,* § 293 Rdnr. 36; *Soergel/Wiedemann,* § 293 Rdnr. 18; MünchKomm-BGB/*Ernst,* § 293 Rdnr. 24.

328 *Staudinger/Löwisch,* § 293 Rdnr. 24; MünchKomm-BGB/*Ernst,* § 293 Rdnr. 20; *Soergel/Wiedemann,* § 293 Rdnr. 15.

329 *Staudinger/Löwisch,* § 293 Rdnr. 24; RG, SeuffA 60 Nr. 176.

330 *Huber,* Leistungsstörungen I, § 7 IV 1 c.

331 MünchKomm-BGB/*Ernst,* § 293 Rdnr. 20; *Soergel/Wiedemann,* § 293 Rdnr. 15; *Bamberger/Roth/Unberath,* § 293 Rdnr. 14; *Huber,* Leistungsstörungen I, § 7 IV 1 b.

332 *Staudinger/Löwisch,* § 293 Rdnr. 30; *Huber,* Leistungsstörungen I, § 7 IV 1 b.

klärung des Gläubigers, sondern erst nach Ablauf des Zeitraumes, den der Schuldner unter gewöhnlichen Umständen benötigt, um die geschuldete Leistung zu erbringen, da ansonsten der Schuldner für diesen Zeitraum die Vergünstigungen des Annahmeverzugs und damit insbesondere das Haftungsprivileg des § 300 I BGB verlieren würde.[333] Gerade im Falle einer Bringschuld wäre es unbillig, den Schuldner bei weiteren Versuchen einer Andienung auch schon für leichte Fahrlässigkeit haften zu lassen.[334] Die Tatsache, dass der Schuldner einer Sach- oder Geldleistung während des Annahmeverzugs die Möglichkeit hat, diese zu hinterlegen (§ 372 ff. BGB) oder zu versteigern (§ 383 ff. BGB) ändert daran nichts. Diese Möglichkeiten stellen zum einen nur den letzten Ausweg dar, und zum anderen dienen sie auch dem Interesse des Gläubigers.[335] Dass der Schuldner nicht in Schuldnerverzug geraten kann, solange der Gläubiger sich in Verzug der Annahme befindet,[336] stellt einen weiteren Vorteil des fortbestehenden Annahmeverzugs dar.

Der Gesetzgeber sah in seinem ersten Entwurf zum BGB noch vor, dass der Gläubiger zur Beendigung des Annahmeverzugs neben der Erklärung der Annahmebereitschaft und, im Falle des § 298 BGB, der Bereitschaft, die Gegenleistung zu erbringen beziehungsweise neben der Vornahme der erforderlichen Mitwirkungshandlung, sich zugleich auch bereit erklären muss, die Mehrkosten des Schuldners zu übernehmen.[337] Davon jedoch nahm die zweite Kommission später Abstand und begründete dies damit, dass die Notwendigkeit einer solchen Erklärung „dem allgemeinen Rechtsbewusstsein fremd sei."[338] Wenn der Schuld-

---

333 *Soergel/Wiedemann*, § 293 Rdnr. 17; *Staudinger/Löwisch*, § 293 Rdnr. 25. Einer anderen Meinung zufolge endet der Annahmeverzug zwar *ex nunc* mit Zugang der Erklärung. Jedoch sollen die Wirkungen des Annahmeverzug erst nach Ablauf der üblicherweise nach der Verkehrsanschauung für die Erfüllung benötigten Zeitdauer entfallen: MünchKomm-BGB/*Ernst*, § 293 Rdnr. 20, 23; *Bamberger/Roth/Unberath*, § 293 Rdnr. 16. *Huber* dagegen will dem Gläubiger unter Hinweis auf § 242 BGB verwehren, direkt nach Beendigung des Annahmeverzug in dem Zeitraum, den der Schuldner unter normalen Umständen zur Leistungserbringung benötigt, Fälligkeitszinsen zu verlangen. Das Haftungsprivileg nach § 300 I BGB soll aber mit Ende des Annahmeverzugs wegfallen, da dem Schuldner als Ausgleich dafür ein Anspruch auf Ersatz der Mehrkosten nach § 304 BGB zustehe; *Huber*, Leistungsstörungen I, § 7 IV 2 a.

334 *Staudinger/Löwisch*, § 293 Rdnr. 24; a.A.: *Huber*, Leistungsstörungen I, § 7 IV 2 a.

335 *Staudinger/Löwisch*, § 293 Rdnr. 24.

336 *Huber*, Leistungsstörungen I, § 7 I; *Staudinger/Löwisch*, § 286 Rdnr. 56; BGH, NJW 1996, 1745, 1946; BGH, NJW-RR 1988, 1396.

337 *Staudinger/Löwisch*, § 293 Rdnr. 23.

338 Siehe *Mugdan*, Mat. II, S. 541.

ner nach § 304 BGB Anspruch auf Ersatz der Mehrkosten hat, so erwächst ihm aus diesem Anspruch im Hinblick auf die von ihm zu erbringende Leistung ein Zurückbehaltungsrecht nach § 273 BGB.[339] Nach § 298 BGB muss sich der Gläubiger nun auf Verlangen des Schuldners zusätzlich zum Ersatz der nach § 304 BGB geschuldeten Mehrkosten bereit erklären.[340] Tut er dies nicht, so gerät er durch ein Leistungsangebot seitens des Schuldners erneut in Annahmeverzug. Insofern kann der Schuldner mit dem Anspruch auf Ersatz der Mehrkosten zwar nicht die Beendigung des Annahmeverzugs verhindern, wohl aber den Gläubiger durch ein Angebot erneut in Annahmeverzug setzen.[341] Es ist daher festzuhalten, dass sich der Gläubiger zur Beendigung des Annahmeverzugs nicht auch zum Ersatz der Mehrkosten bereit erklären muss. Sofern allerdings der Schuldner gemäß § 298 BGB Ersatz der Mehrkosten verlangt, gerät der Gläubiger erneut in Annahmeverzug, wenn er sich dazu nicht bereit erklärt. [342]

2. Andere Beendigungsgründe

Der Annahmeverzug endet ferner dann, wenn der Schuldner sein Angebot nicht mehr aufrechterhält oder es ausdrücklich zurücknimmt.[343] Genauso wird der Verzug des Gläubigers dadurch beendet, dass der Schuldner gemäß § 267 II BGB der Leistung des Dritten widerspricht.[344]

Der Annahmeverzug wird auch dadurch beendet, dass der Anspruch des Gläubigers erlischt.[345] Dies kann geschehen durch befreiende Hinterlegung (§§ 372, 378, 383 BGB), Selbsthilfeverkauf (§ 373 HGB), Aufrechnung (§ 387 BGB) oder Erlass (§ 397 BGB). Sofern eine Abnahmepflicht besteht, kann der

---

339 *Huber,* Leistungsstörungen I, § 7 IV 2 b; *Staudinger/Löwisch,* § 293 Rdnr. 31; MünchKomm-BGB/*Ernst,* § 293 Rdnr. 20.

340 *Staudinger/Löwisch,* § 293 Rdnr. 31; *Huber,* Leistungsstörungen I, § 7 IV 2 b.

341 *Huber,* Leistungsstörungen I, § 7 IV 2 b; *Löwisch* und *Heinrichs* sprechen dagegen statt von der Neubegründung davon, dass „der Gläubiger in Annahmeverzug bleibt" beziehungsweise davon, dass der Schuldner „die Beendigung des Annahmeverzugs verhindern" kann; *Staudinger/Löwisch,* § 293 Rdnr. 31; *Palandt/Grüneberg,* § 293 Rdnr. 11.

342 *Huber,* Leistungsstörungen I, § 7 IV 2 b); MünchKomm-BGB/*Ernst,* § 293 Rdnr. 20; *Staudinger/Löwisch,* § 293 Rdnr. 31; *Palandt/Grüneberg,* § 293 Rdnr. 11; a.A.: *Enneccerus/Lehmann,* § 59.

343 MünchKomm-BGB/*Ernst,* § 293 Rdnr. 20; *Staudinger/Löwisch,* § 293 Rdnr. 33; *Palandt/Grüneberg,* § 293 Rdnr. 12.

344 MünchKomm-BGB/*Ernst,* § 293 Rdnr. 20.

345 *Staudinger/Löwisch,* § 293 Rdnr. 32; MünchKomm-BGB/*Ernst,* § 293 Rdnr. 22; *Palandt/Grüneberg,* § 293 Rdnr. 12; *Huber,* Leistungsstörungen I, § 7 IV 3.

Schuldner vom Vertrag zurücktreten (§ 323 BGB) oder nach den §§ 280 I, III, 281 BGB Schadensersatz statt der Leistung verlangen und damit den Leistungsanspruch des Gläubigers ausschließen und den Annahmeverzug beenden.[346]

Schließlich endet der Annahmeverzug auch dadurch, dass der Anspruch dauernd unmöglich wird;[347] die Vorschriften über die Unmöglichkeit finden dann Anwendung.[348] Wird es dem Schuldner nach Beginn des Annahmeverzugs lediglich zeitweise unmöglich, die Leistung zu erbringen, so wird der Annahmeverzug dadurch nicht beendet. Im Gegensatz zum Schuldnerverzug erfordert der Annahmeverzug nämlich nur Leistungsvermögen zum Zeitpunkt des Angebots; später eintretendes temporäres Leistungsunvermögen des Schuldners schadet nicht.[349]

II. Wirkung

Der Annahmeverzug endet mit Wirkung ex nunc;[350] Die einmal gemäß § 300 II BGB eingetretene Konkretisierung einer Gattungsschuld bleibt bestehen.[351] Der Übergang der Preisgefahr auf den Gläubiger (§ 326 II BGB) endet dagegen mit Ende des Annahmeverzugs.[352] Auch die übrigen Rechtsfolgen der §§ 300 ff. BGB entfallen mit dem Ende des Annahmeverzugs.[353]

E. Zusammenfassung

Annahmeverzug liegt vor, wenn der Gläubiger die ihm vom Schuldner ordnungsgemäß angebotene Leistung nicht annimmt beziehungsweise der Gläubiger eine für die Leistung notwendige Mitwirkungshandlung nicht vornimmt und

---

346 *Staudinger/Löwisch,* § 293 Rdnr. 32; MünchKomm-BGB/*Ernst,* § 293 Rdnr. 22; *Huber,* Leistungsstörungen I, § 7 IV 3.

347 MünchKomm-BGB/*Ernst,* § 293 Rdnr. 22; *Staudinger/Löwisch,* § 293 Rdnr. 34; *Palandt/Grüneberg,* § 293 Rdnr. 12; *Huber,* Leistungsstörungen I, § 7 IV 3.

348 Siehe oben § 4 C III.

349 *Staudinger/Löwisch,* § 297 Rdnr. 20; *Rosenberg,* JherJb 43, 141, 164 f.

350 *Soergel/Wiedemann,* § 293 Rdnr. 17; MünchKomm-BGB/*Ernst,* § 293 Rdnr. 23; *Staudinger/Löwisch,* § 293 Rdnr. 35; *Palandt/Grüneberg,* § 293 Rdnr. 13.

351 *Soergel/Wiedemann,* § 293 Rdnr. 17; MünchKomm-BGB/*Ernst,* § 293 Rdnr. 23; *Staudinger/Löwisch,* § 293 Rdnr. 35; *Palandt/Grüneberg,* § 293 Rdnr. 13.

352 *Staudinger/Löwisch,* § 293 Rdnr. 35; *Soergel/Wiedemann,* § 293 Rdnr. 17.

353 *Soergel/Wiedemann,* § 293 Rdnr. 17; MünchKomm-BGB/*Ernst,* § 293 Rdnr. 23.

somit der Leistungserfolg verhindert wird. Ist der Schuldner nur zur Leistung Zug um Zug verpflichtet, so gerät der Gläubiger gemäß § 298 BGB auch dann in Annahmeverzug, wenn er zwar zur Annahme der Leistung des Schuldners bereit ist, seinerseits aber die von ihm zu erbringende Gegenleistung dem Schuldner nicht anbietet. Der Gläubiger gerät nicht in Annahmeverzug, wenn der Schuldner im Zeitpunkt des Leistungsangebots beziehungsweise im Fall des § 296 BGB zur Zeit der vom Gläubiger vorzunehmenden Mitwirkungshandlung tatsächlich nicht in der Lage oder nicht willens ist, die geschuldete Leistung zu erbringen. Im Gegensatz zum Schuldnerverzug ist beim Annahmeverzug ein Verschulden nicht Voraussetzung. Die Voraussetzungen des Annahmeverzugs hat der Schuldner zu beweisen. Die Leistungsfähigkeit und der Leistungswillen werden vermutet, so dass ihr Fehlen vom Gläubiger zu beweisen ist.

Der Annahmeverzug endet, wenn eine seiner Voraussetzungen entfällt. Dies ist zum Beispiel der Fall, wenn sich der Gläubiger zur Annahme bereit erklärt oder die erforderliche Mitwirkungshandlung vornimmt. Wenn der Gläubiger in Annahmeverzug geraten ist, weil er sich geweigert hat, die gemäß § 298 BGB erforderliche Gegenleistung anzubieten, muss er sich auch zur Erbringung der Gegenleistung bereit erklären. Der Gläubiger trägt für die Gründe der Beendigung des Annahmeverzugs die Darlegungs- und Beweislast.

§ 5 Das Verfahren nach § 756 ZPO

A. Einleitung

In § 756 ZPO sind drei Verfahrensarten geregelt. Nach § 756 I 1. Alt. ZPO darf der Gerichtsvollzieher mit der Zwangsvollstreckung beginnen, wenn dem Vollstreckungsschuldner die Gegenleistung in einer den Annahmeverzug begründenden Weise angeboten worden ist. Gemäß § 756 I 2. Alt. ZPO erfolgt die Zwangsvollstreckung, wenn die Befriedigung oder der Annahmeverzug des Vollstreckungsschuldners urkundlich nachgewiesen ist. Der zweite Absatz des § 756 ZPO betrifft die Zwangsvollstreckung aufgrund eines wörtlichen Angebots. Im Folgenden werden zunächst die einzelnen Verfahrensarten dargelegt. Danach wird die Prüfungs- und Entscheidungskompetenz des Gerichtsvollziehers im Hinblick auf die dem Vollstreckungsschuldner gebührende Gegenleistung untersucht.

Aufgrund der Ermächtigung des § 154 GVG haben die Länder bundeseinheitlich die Geschäftsanweisung für Gerichtsvollzieher (GVGA) erlassen.[354] Die GVGA hat den Charakter einer Verwaltungsvorschrift ohne Gesetzeskraft.[355] Für den Gerichtsvollzieher ist sie aber verbindlich, so dass ihre Nichtbeachtung unter den Voraussetzungen der Art. 34 GG, § 839 BGB einen Amtshaftungsanspruch des Betroffenen begründen kann.[356] Ein Verstoß gegen die GVGA kann aber nicht im Wege der Erinnerung nach § 766 ZPO geltend gemacht werden.[357] Denn die GVGA stellt keinen „Rechtmäßigkeitsmaßstab" für das Gericht dar; vielmehr ist dieses nur an das Gesetz gebunden.[358] Sofern die GVGA der ZPO widerspricht, hat die ZPO als Gesetz Vorrang.[359] Allerdings kann die GVGA dem besseren Verständnis der einzelnen Abläufe der Zwangsvollstreckung die-

354 *Rosenberg/Gaul/Schilken*, § 25 II 1 b.

355 VG Kassel, DGVZ 1982, 92, 94; LG Limburg, NJW-RR 1988, 704.

356 *Rosenberg/Gaul/Schilken*, § 25 II 1 b.

357 OLG Hamm, DGVZ 1977, 40, 41; *Zöller/Stöber*, § 766 Rdnr. 11.

358 *Rosenberg/Gaul/Schilken*, § 25 II 1 b.

359 *Schilken*, DGVZ 1989, 33; *Rosenberg/Gaul/Schilken*, § 25 II 1 b.

nen.[360] Insbesondere bei der Bestimmung der Prüfungsbefugnisse des Gerichtsvollziehers kann die GVGA hilfreich sein.

B. Anwendungsbereich

I. Titel auf Leistung Zug um Zug

Voraussetzung für die Anwendbarkeit des § 756 ZPO ist eine Verurteilung zur Leistung Zug um Zug. Andere Vollstreckungstitel (§§ 794, 795, 801 ZPO), die auf Leistung Zug um Zug lauten, werden ebenfalls nach § 756 ZPO vollstreckt, sofern die weiteren Voraussetzungen gegeben sind.

Urteile auf Leistung nach Empfang der Gegenleistung werden in gleicher Weise vollstreckt wie Zug-um-Zug-Urteile.[361] § 756 ZPO findet daher auch auf solche Urteile Anwendung.[362]

Von Titeln auf Leistung Zug um Zug zu unterscheiden sind Titel auf Zahlung gegen Aushändigung einer den Gläubiger legitimierenden Urkunde.[363] In diesen Fällen handelt es sich nicht um einen selbständigen Gegenanspruch des Schuldners, sondern lediglich um einen besonderen Fall des Rechts auf Quittung[364]. Die Vollstreckung eines solchen Titels richtet sich nicht nach § 756 ZPO.[365] Sollte der Titel jedoch zu Unrecht auf Leistung Zug um Zug gegen Aushändigung der Urkunde lauten, so hat die Vollstreckung bei Vorliegen der übrigen Voraussetzungen dennoch nach § 756 ZPO zu erfolgen.[366]

II. Zuständigkeit des Gerichtsvollziehers

Der Anwendungsbereich des § 756 ZPO erstreckt sich auf die Vollstreckung von Zug-um-Zug-Urteilen und sonstigen Titeln auf Leistung Zug um Zug unter der Voraussetzung, dass der Gerichtsvollzieher das zuständige Vollstreckungsor-

---

360 *Rosenberg/Gaul/Schilken*, § 25 II 1 b.

361 Siehe dazu die Ausführungen oben in § 2 D.

362 MünchKomm-ZPO/*Heßler*, § 756 Rdnr. 8.

363 Siehe dazu die Ausführungen in § 2 A I 1.

364 MünchKomm-ZPO/*Heßler*, § 756 Rdnr. 9.

365 MünchKomm-ZPO/*Heßler*, § 756 Rdnr. 9.

366 Siehe dazu die Ausführungen oben in § 2 A III.

gan darstellt.[367] Die Zuständigkeit des Gerichtsvollziehers richtet sich dabei nach § 753 ZPO.

III. Leistung des Schuldners besteht nicht in der Abgabe einer Willenserklärung

Sofern die Leistung des Schuldners in der Abgabe einer Willenserklärung besteht, wird die Vollstreckungsklausel nur erteilt, wenn die Befriedigung oder der Annahmeverzug des Schuldners bewiesen ist. In diesen Fällen ist § 756 ZPO nicht anwendbar. § 756 ZPO findet aber dann Anwendung, wenn der Schuldner zur Abgabe einer Willenserklärung verurteilt ist und diese nicht mit Rechtskraft des Titels als erbracht gilt. Dies ist insbesondere bei gerichtlichen Vergleichen der Fall.[368]

IV. Vollstreckung wegen Gerichtskosten

Prozesskosten sind nicht in die Abhängigkeit von Leistung und Gegenleistung miteinbezogen.[369] § 756 ZPO findet daher keine Anwendung bei der Vollstreckung wegen Kosten.[370] Bei der Vollstreckung eines Kostenfeststellungsbeschlusses ist § 756 ZPO auch dann nicht anwendbar, wenn der Beschluss aufgrund eines Titels auf Leistung Zug um Zug ergangen ist.[371]

C. Angebot der Gegenleistung in einer den Annahmeverzug begründenden Weise, § 756 I 1. Alt. ZPO

I. Überblick

Nach § 756 I 1. Alt. ZPO darf der Gerichtsvollzieher erst mit der Vollstreckung beginnen, wenn er dem Schuldner die Gegenleistung in einer den Annahmeverzug begründender Weise angeboten hat. Durch den Verweis hat das

---

367 MünchKomm-ZPO/*Heßler*, § 756 Rdnr. 6.

368 *Wieczorek/Schütze/Salzmann*, § 756 Rdnr. 2.

369 *Fichtner*, DGVZ 2004, 1.

370 MünchKomm-ZPO/*Heßler*, § 756 Rdnr. 10.

371 MünchKomm-ZPO/*Heßler*, § 756 Rdnr. 10.

Gesetz die materiellrechtliche Frage des Annahmeverzugs zur Vollstreckungsvoraussetzung gemacht. Ein ausführlicher Überblick über die Voraussetzungen des Annahmeverzugs und die Möglichkeiten, ihn wieder zu beenden, findet sich in § 4. An dieser Stelle wird die Tätigkeit des Gerichtsvollziehers bei der Abgabe des den Annahmeverzug begründenden Angebots der Gegenleistung erörtert.

II. Rechtsnatur des Angebots

Nach § 756 I 1. Alt. ZPO wird dem Schuldner die ihm gebührende Gegenleistung vom Gerichtsvollzieher angeboten. Um die Vollstreckung durch den Gerichtsvollzieher in die Wege zu leiten, bedarf es gemäß § 753 I ZPO eines Auftrags des Gläubigers. Dort steht geschrieben, dass der Gerichtsvollzieher „im Auftrag" des Gläubigers tätig wird. Es stellt sich die Frage, welche Rechtsnatur das vom Gerichtsvollzieher getätigte Angebot der Gegenleistung hat.

Es ist streitig, ob der Gerichtsvollzieher mit der Abgabe des Angebots hoheitlich tätig wird oder ob er in Ausübung seines Amtes den Gläubiger rechtsgeschäftlich vertritt. Nach überwiegender Ansicht handelt es sich um eine Kombination aus hoheitlichem Handeln des Gerichtsvollziehers und einem privatrechtlichen Rechtsgeschäft zwischen Gläubiger und Schuldner.[372] Nach § 753 I ZPO bedarf es für die Vollstreckung durch den Gerichtsvollzieher eines Antrags seitens des Gläubigers. Wie sich im Umkehrschluss aus § 754 ZPO ergibt, beinhaltet dieser Antrag aber nicht die Berechtigung des Gerichtsvollziehers, dem Schuldner die Gegenleistung anzubieten.[373] Eine solche ergibt sich auch nicht aus § 756 I ZPO, da dieser lediglich die Voraussetzungen der Vollstreckung regelt.[374] Es bedarf daher eines zusätzlichen Antrags seitens des Gläubigers. Dieser ist aber meistens konkludent im Antrag auf Zug-um-Zug-Vollstreckung enthalten.[375] Der Gerichtsvollzieher handelt, bei der Vollstreckung nach § 756 I ZPO ausschließlich hoheitlich. Daraus folgt aber nicht zwangsläufig, dass es sich bei dem Angebot der Gegenleistung um einen Hoheitsakt handelt. Auch schon bei der freiwil-

372 *Rosenberg/Gaul/Schilken*, § 16 V 1 b) cc); *Baur/Stürner/Bruns*, Rdnr. 21.11 m. Fn. 23; *Fahland*, ZZP 92 (1979) 432, 461; MünchKomm-ZPO/*Heßler*, § 756 Rdnr. 15; *Zöller/Stöber*, § 756 Rdnr. 5; *Baumbach/Lauterbach/Albers/Hartmann*, § 753 Rdnr. 3; *Thomas/Putzo*, § 756 Rdnr. 6; a.A. *Stein/Jonas/Münzberg*, § 753 Rdnr. 3; *Wieczorek/Schütze/Salzmann*, § 756 Rdnr. 10.

373 *Fahland*, ZZP 92 (1979) 432, 459 f.

374 *Fahland*, ZZP 92 (1979) 432, 459 f.

375 MünchKomm-ZPO/*Heßler*, § 756 Rdnr. 15.

ligen Leistung des Schuldners vollzieht sich der Eigentumsübergang rechtsgeschäftlich vom Schuldner auf den Gläubiger, da der Staat kein Recht besitzt, das Eigentum auf den Gläubiger zu übertragen.[376] Denn wie bereits dargelegt, ergibt sich aus § 756 I ZPO kein Recht des Staats, dem Schuldner ein Angebot zu machen; die Vorschrift regelt lediglich die Voraussetzung für den Vollstreckungsbeginn.[377] Der Gerichtsvollzieher als Vollstreckungsorgan übermittelt die Willenserklärung des abwesenden Gläubigers und ermöglicht so ein Rechtsgeschäft zwischen Gläubiger und Schuldner.[378] Insofern ist der Gerichtsvollzieher Bote des Gläubigers.[379]

Zu beachten ist aber, dass § 756 ZPO die Voraussetzungen für die Vollstreckung eines Titels auf Leistung Zug um Zug durch den Gerichtsvollzieher regelt. Voraussetzung für die Vollstreckung ist das den Annahmeverzug begründende Angebot der Gegenleistung. Welche Rechtsnatur das Angebot hat, ist dafür irrelevant.[380] § 756 I 1. Alt. ZPO verlangt lediglich ein den Annahmeverzug begründendes Angebot.

III. Angebot der dem Vollstreckungsschuldner gebührenden Leistung

1. Allgemeines

Der Gerichtsvollzieher hat dem Vollstreckungsschuldner die Gegenleistung in einer den Annahmeverzug begründenden Weise anzubieten. Nur ein materiellrechtlich ordnungsgemäßes Angebot nach den §§ 293 ff. BGB vermag den Annahmeverzug zu begründen.[381] Was Inhalt der Gegenleistung ist, bestimmt sich nach materiellem Recht auf der Grundlage des Vollstreckungstitels.[382] Bei einer Gattungsschuld muss die Sache von mittlerer Art und Güte sein (§ 243 II BGB, § 360 HGB). Bei einer Stückschuld wird eine spezielle Sache geschuldet. Es kommt darauf an, ob nach dem Titel eine individuell bestimmte Sache in dem

376 *Rosenberg/Gaul/Schilken*, § 25 IV 1 d; *Fahland*, ZZP 92 (1979) 432, 460 f.; *Guntau*, DGVZ 1984, 17, 20.

377 *Fahland*, ZZP 92 (1979) 432, 461.

378 *Fahland*, ZZP 92 (1979) 432, 461; *Rosenberg/Gaul/Schilken*, § 25 IV 1 d.

379 *Fichtner*, S. 98; nicht ausdrücklich: *Fahland*, ZZP 92 (1979) 432, 461.

380 *Gilleßen/Jakobs*, DGVZ 1981, 49, 54, Fn. 41; *Fichtner*, S. 98 f.

381 MünchKomm-ZPO/*Heßler*, § 756 Rdnr. 11.

382 MünchKomm-ZPO/*Heßler*, § 756 Rdnr. 12.

Zustand, in dem sie sich befindet, herauszugeben ist oder ob ein nach materiellem Recht mangelfreier Gegenstand zu liefern ist.[383] Sofern als Gegenleistung eine Nachbesserung geschuldet ist, sind die im Titel bezeichneten Mängel zu beseitigen.[384]

2. *Aufrechnung*

Wenn der Vollstreckungsgläubiger als Gegenleistung eine Geldzahlung schuldet, kann er materiellrechtlich nach den §§ 387 ff. BGB eine eigene Geldforderung gegen die von ihm geschuldete Gegenleistung aufrechnen; er kann also auch durch Aufrechnung erfüllen.[385] Im Vollstreckungsverfahren kann jedoch der Vollstreckungsgläubiger nicht den Gerichtsvollzieher beauftragen, dem Vollstreckungsschuldner gegenüber mit einer eigenen Forderung zur Bewirkung der Gegenleistung aufzurechnen.[386] Der Grund dafür ist, dass die Erklärung der Aufrechnung nicht die Existenz der nicht selbst vollstreckbar titulierten Gegenforderung beweist.[387]

3. *Abtretung*

Anders als bei der Aufrechnung stellt sich die Situation dar, wenn der Vollstreckungsgläubiger als Gegenleistung die Abtretung einer Forderung schuldet. In diesem Fall kann der Gerichtsvollzieher dem Vollstreckungsschuldner die Abtretungserklärung des Vollstreckungsgläubigers überbringen, weil nur diese Erklärung geschuldet ist.[388] Die Frage, ob die abgetretene Forderung tatsächlich existiert, spielt keine Rolle.[389] Der Vollstreckungsgläubiger schuldet ausschließlich die Abgabe der Abtretungserklärung.[390]

---

383 MünchKomm-ZPO/*Heßler*, § 756 Rdnr. 12.

384 *Wieczorek/Schütze/Salzmann*, § 756 Rdnr. 6.

385 *E. Schneider*, JurBüro 1966, 818, 819.

386 LG Hildesheim, NJW 1959, 537; *Stein/Jonas/Münzberg*, § 753 Rdnr. 4; MünchKomm-ZPO/*Heßler*, § 756 Rdnr. 14; *Schneider*, JurBüro 1966, 818, 819.

387 *Schneider*, JurBüro 1966, 818, 819; *Stein/Jonas/Münzberg*, § 753 Rdnr. 4; MünchKomm-ZPO/*Heßler*, § 756 Rdnr. 14.

388 *Schneider*, JurBüro 1966, 818, 819; MünchKomm-ZPO/*Heßler*, § 756 Rdnr. 14.

389 OLG Hamm, JurBüro 1955, 487; *Schneider*, JurBüro 1966, 818, 819.

390 *E. Schneider*, JurBüro 1966, 818, 819.

IV. Angebot der Gegenleistung durch den Gerichtsvollzieher

1. Allgemeines

Erforderlich ist ein Angebot, das den Vollstreckungsschuldner nach den §§ 293 ff. BGB in Verzug der Annahme setzt. Grundsätzlich muss ein tatsächliches Angebot erfolgen. Ein wörtliches Angebot kann unter den Voraussetzungen des § 295 BGB abgegeben werden. Im Rahmen des § 756 I 1. Alt. ZPO kommt § 296 BGB nicht in Betracht; der Gerichtsvollzieher hat die Gegenleistung ordnungsgemäß anzubieten.[391]

Sofern der Titel eine Leistungszeit nicht bestimmt, gilt § 299 BGB auch in der Vollstreckung mit der Wirkung, dass der Vollstreckungsschuldner trotz einer vorübergehenden Annahmeverhinderung nicht in Annahmeverzug gerät. Daher empfiehlt es sich für den Gerichtsvollzieher, dem Vollstreckungsschuldner das Angebot der Gegenleistung eine angemessene Zeit vorher anzukündigen,[392] es sei denn, dass dadurch der Zweck der Zwangsvollstreckung gefährdet würde.[393]

Die vom Gerichtsvollzieher dem Vollstreckungsschuldner abgegebene Mitteilung des Angebots der Gegenleistung und die Erklärung des Vollstreckungsschuldners ist vom Gerichtsvollzieher nach den §§ 762, 763 ZPO zu protokollieren.[394] In dem Protokoll ist weiter festzuhalten, dass es sich um ein ordnungsgemäßes Angebot der Gegenleistung handelt, welches nach materiellem Recht den Annahmeverzug begründet.[395]

Der Gerichtsvollzieher kann das Angebot der Gegenleistung gegenüber dem Vollstreckungsschuldner oder einem empfangsberechtigten Vertreter abgeben.[396] Ein Angebot gegenüber einer Ersatzperson aus dem Zustellungsrecht ist nicht möglich.[397]

---

391 MünchKomm-ZPO/*Heßler*, § 756 Rdnr. 11.

392 *Gilleßen/Jakobs*, DGVZ 1981, 49, 54; MünchKomm-ZPO/*Heßler*, § 756 Rdnr. 36, 38.

393 MünchKomm-ZPO/*Heßler*, § 756 Rdnr. 38; a.A. *Gilleßen/Jakobs*, DGVZ 1981, 49, 54 m. Fn. 46, nach dem der Überraschungseffekt in der Vollstreckung insoweit zurückzutreten hat.

394 MünchKomm-ZPO/*Heßler*, § 756 Rdnr. 40.

395 MünchKomm-ZPO/*Heßler*, § 756 Rdnr. 40.

396 *Wieczorek/Schütze/Salzmann*, § 756 Rdnr. 10.

397 *Gilleßen/Jakobs*, DGVZ 1981, 49, 54 m. Fn. 44.

Materiellrechtlich kann nach den §§ 267, 268, 1150, 1249 BGB ein den Annahmeverzug begründendes Angebot auch durch Dritte erfolgen.[398] Sollte diese Möglichkeit nicht ausdrücklich im Vollstreckungstitel zugelassen sein, muss ein Angebot durch Dritte als unzulässige Titelergänzung ausscheiden.[399]

2. *Tatsächliches Angebot*

a) Allgemeines

Grundsätzlich hat der Gerichtsvollzieher ein tatsächliches Angebot nach § 294 BGB abzugeben. Es ist auch möglich, dass der Vollstreckungsgläubiger den Gerichtsvollzieher begleitet und selbst die Gegenleistung anbietet.[400] Durch die Aufforderung zur Leistung macht sich der Gerichtsvollzieher ein solches Angebot des Vollstreckungsgläubigers zu Eigen.[401] Vollstreckt werden sämtliche in das Zug-um-Zug-Verhältnis einbezogenen Leistungen.[402] Dazu gehören neben der vom Vollstreckungsschuldner geschuldeten Leistung auch die Vollstreckungskosten und die Kosten des Angebots der Gegenleistung; die Prozesskosten gehören nicht dazu.[403]

Bei dem Angebot nach § 294 BGB ist dem Vollstreckungsschuldner die Gegenleistung so, wie sie zu bewirken ist, tatsächlich anzubieten, so dass der Vollstreckungsschuldner nur noch zuzugreifen braucht.[404] So ist dem Vollstreckungsschuldner die Gegenleistung an dessen Wohnung (§ 269 I BGB) oder geschäftlicher Niederlassung (§ 269 II BGB) anzubieten. Wenn nach dem Titel an einem anderen Ort zu leisten ist, hat der Gerichtsvollzieher die Gegenleistung dort anzubieten, § 269 I BGB. Wenn die Gegenleistung in einer Geldschuld besteht, bestimmt sich der Zahlungsort nach § 270 BGB. Sofern es sich um eine Bringschuld handelt, muss der Gerichtsvollzieher die Gegenleistung an dem relevanten Ort anbieten. Bei einer Schickschuld genügt es nach materiellem Recht, dass der Gerichtsvollzieher die geschuldete Sache an den jeweiligen Erfolgsort versendet

398 *Wieczorek/Schütze/Salzmann*, § 756 Rdnr. 10.
399 *Wieczorek/Schütze/Salzmann*, § 756 Rdnr. 10.
400 LG Berlin, DGVZ 1978, 25.
401 *Stein/Jonas/Münzberg*, § 756 Rdnr. 3.
402 *Wieczorek/Schütze/Salzmann*, § 756 Rdnr. 11.
403 *Wieczorek/Schütze/Salzmann*, § 756 Rdnr. 6.
404 BGHZ 116, 244, 250.

und sich vor der Vollstreckung beim Schuldner vergewissert, dass die Gegenleistung ordnungsgemäß bei dem Vollstreckungsschuldner eingetroffen ist. In der Regel jedoch wird der Gerichtsvollzieher die Gegenleistung nicht versenden, sondern vor Ort dem Vollstreckungsschuldner anbieten.[405] Der Grund für diesen freiwilligen Mehraufwand ist der, dass das Versenden der Gegenleistung einer gefährlichen Vorleistung entspräche.[406] Zwar darf der Gerichtsvollzieher nach § 756 I 1. Alt. ZPO nur mit der Vollstreckung beginnen, wenn er zuvor dem Schuldner die Gegenleistung in einer den Annahmeverzug begründenden Weise angeboten hat. Die Erfüllung der Gegenleistung ist dafür aber nicht erforderlich.[407] Der Vollstreckungsgläubiger ist nicht zur Vorleistung verpflichtet. Der Gerichtsvollzieher kann nämlich ohne Aushändigung der Gegenleistung vollstrecken, wenn der Vollstreckungsschuldner das Angebot der Gegenleistung ablehnt. Genauso gerät der Vollstreckungsschuldner gemäß § 298 BGB in Verzug der Annahme, wenn er die angebotene Gegenleistung zwar annehmen will, seinerseits aber nicht bereit ist, die von ihm geschuldete Leistung zu erbringen.[408] Dafür ist keine aktive Verweigerung erforderlich. Vielmehr genügt ein bloß passives Verhalten.[409] Auch in diesem Fall kann der Gerichtsvollzieher mit der Vollstreckung beginnen, ohne dem Vollstreckungsschuldner die Gegenleistung aushändigen zu müssen.[410] Der Gerichtsvollzieher darf nur an den annahmebereiten Vollstreckungsschuldner leisten, wenn dieser sämtliche in das Zug-um-Zug-Verhältnis einbezogene Leistungen erbringt.[411] Die Erklärung des Vollstreckungsschuldner, die Vollstreckung freiwillig dulden zu wollen, stellt keine titelgemäße Leistung im Sinne des § 298 BGB dar.[412] Da gegen den sich in Annahmeverzug befindenden Vollstreckungsschuldner ohne Angebot der Gegenleistung vollstreckt wird, hat der Gerichtsvollzieher auch nach erfolgreich durchgeführter

---

405 MünchKomm-ZPO/*Heßler*, § 756 Rdnr. 17.

406 *Stein/Jonas/Münzberg*, § 756 Rdnr. 5.

407 *Stein/Jonas/Münzberg*, § 756 Rdnr. 5.

408 MünchKomm-ZPO/*Heßler*, § 756 Rdnr. 17; *Stein/Jonas/Münzberg*, § 756 Rdnr. 6.

409 MünchKomm-ZPO/*Heßler*, § 756 Rdnr. 35.

410 MünchKomm-ZPO/*Heßler*, § 756 Rdnr. 17.

411 *Wieczorek/Schütze/Salzmann*, § 756 Rdnr. 11.

412 *Wieczorek/Schütze/Salzmann*, § 756 Rdnr. 11; *Stein/Jonas/Münzberg*, § 756 Rdnr. 6.

Vollstreckung die von ihm mitgeführte Gegenleistung dem Vollstreckungsgläubiger zurückzugeben.[413]

b) Arten der Gegenleistung

Nach § 294 BGB muss dem Vollstreckungsschuldner die Gegenleistung tatsächlich angeboten werden. Besteht die Gegenleistung in einer Nachbesserung, für deren Durchführung keine Mitwirkungshandlung des Vollstreckungsschuldners erforderlich ist, kann diese nicht vom Gerichtsvollzieher angeboten werden.[414] Der Vollstreckungsgläubiger muss den Gerichtsvollzieher begleiten und die Gegenleistung tatsächlich an Ort und Stelle anbieten, das heißt die Mängelbeseitigung mindestens „anleisten".[415] Anders als beim Austausch von bereits vorhandenen Gegenständen, ist eine Nachbesserung erst noch vom Vollstreckungsgläubiger zu erbringen. Um den Vollstreckungsschuldner in Annahmeverzug zu setzen, muss der Vollstreckungsgläubiger im Fall des Werkvertrages dem Schuldner eine abnahmefähige Werkleistung tatsächlich (§ 294 BGB) anbieten, sofern nicht ausnahmsweise ein wörtliches Angebot (§ 295 BGB) ausreicht. Die bloße Bereitschaft, die Nachbesserung nunmehr durchzuführen, ist nicht ausreichend. Das bedeutet, dass das tatsächliche Angebot nur durch eine vollständige und gleichsam abnahmefähige (§ 641 BGB) Ausführung der geschuldeten Nachbesserungsarbeiten zu bewirken ist.[416] Der Vollstreckungsgläubiger ist daher zur Vorleistung verpflichtet.[417] Der Vollstreckungsgläubiger trägt somit das Risiko, seine Gegenleistung zu erbringen, ohne die Sicherheit zu haben, dass er die geschuldete und titulierte Leistung durch die Vollstreckung erhält. Dies entspricht aber der Risikoverteilung des materiellen Werkvertragsrechts.[418]

Schuldet der Vollstreckungsgläubiger dem Vollstreckungsschuldner als Gegenleistung die Abgabe einer Willenserklärung, so zeigt der Gerichtsvollzieher dem Vollstreckungsschuldner zunächst nur an, dass er die Willenserklärung im Namen des Vollstreckungsgläubigers abgeben werde beziehungsweise eine schrift-

---

413 MünchKomm-ZPO/*Heßler*, § 756 Rdnr. 35; zur Frage nach dem Schicksal der Gegenleistung nach Beendigung der Vollstreckung und zur Frage nach der Möglichkeit der Vollstreckung in die Gegenleistung siehe *Günther*, DGVZ 2008, 177, 181 ff.

414 OLG Hamm, DGVZ 1995, 182, 183.

415 OLG Köln, NJW-RR 1995, 1193.

416 LG Stuttgart, DGVZ 1990, S. 92; BGHZ 90, 354, 360 f.; *Schneider*, DGVZ 1982, 37 f.

417 *Seibel*, ZfBR 2008, 330 f.

418 LG Stuttgart, DGVZ 1990, 92.

liche oder notarielle Willenserklärung aushändigen werde.[419] Abgeben wird er die Willenserklärung erst, wenn der Vollstreckungsschuldner seiner Leistungsverpflichtung nachkommt.[420]

3. *Wörtliches Angebot*

a) Allgemeines

Unter den Voraussetzungen des § 295 BGB kann der Gerichtsvollzieher ein wörtliches Angebot abgeben. Für ein solches Angebot bedarf es einer entsprechenden besonderen Beauftragung durch den Vollstreckungsgläubiger, aus der sich dessen Leistungswille und Leistungsvermögen ergeben.[421] Nach § 295 BGB genügt es, dass der Gerichtsvollzieher dem Vollstreckungsschuldner die Gegenleistung mit Worten anbietet oder ihn auffordert, die ihm als Gläubiger der Gegenleistung obliegende Mitwirkungshandlung vorzunehmen.[422]

Die Mitteilung des Angebots beziehungsweise die Aufforderung, die notwendige Mitwirkungshandlung vorzunehmen, stellt eine geschäftsähnliche Handlung dar.[423] Sie kann mündlich oder schriftlich erfolgen.[424] Die Mitteilung hat dem Vollstreckungsschuldner nach § 130 BGB zuzugehen.[425] Um den Zugang sicherzustellen und nachweisbar zu machen, stellt der Gerichtsvollzieher die Mitteilung zu (§ 132 BGB, § 52 GVGA).[426] Der Gerichtsvollzieher kann aber auch das mündliche oder schriftliche Angebot nach den §§ 762 f. ZPO protokollieren.[427]

Zum Teil wurde von Gerichten ein wörtliches Angebot auch dann als genügend angesehen, wenn für ein tatsächliches Angebot ein kostspieliger Transport

---

419 *Stein/Jonas/Münzberg*, § 753 Rdnr. 5.

420 *Stein/Jonas/Münzberg*, § 753 Rdnr. 5.

421 AG Lampertheim, DGVZ1980, 80; *Gilleßen/Jakobs*, DGVZ 1981, 49, 54; *Stein/Jonas/Münzberg*, § 753 Rdnr. 8; MünchKomm-ZPO/*Heßler*, § 756 Rdnr. 19; *Zöller/Stöber*, § 756 Rdnr. 12, 14; *Rosenberg/Gaul/Schilken*, § 16 V 1 b cc; a.A. LG Augsburg, DGVZ 1995, 8 wonach der Auftrag zur Vollstreckung Zug um Zug die Beauftragung zur Abgabe eines wörtlichen Angebots mit einschließt.

422 MünchKomm-ZPO/*Heßler*, § 756 Rdnr. 19.

423 *Huber*, Leistungsstörungen I, § 9 I 3 b; *Palandt/Grüneberg*, § 295 Rdnr. 1.

424 MünchKomm-ZPO/*Heßler*, § 756 Rdnr. 20.

425 MünchKomm-ZPO/*Heßler*, § 756 Rdnr. 20.

426 MünchKomm-ZPO/*Heßler*, § 756 Rdnr. 20.

427 MünchKomm-ZPO/*Heßler*, § 756 Rdnr. 20, 40.

nötig wäre.[428] Da § 756 I 1. Alt. ZPO für diese Auffassung keine ausreichende gesetzliche Grundlage darstellt, kann dem nicht gefolgt werden.[429]

Wenn sich der Schuldner auf das vom Gerichtsvollzieher getätigte wörtliche Angebot zur Annahme der Leistung bereit erklärt, bedarf es eines tatsächlichen Angebots der Gegenleistung, um den Vollstreckungsschuldner in Verzug der Annahme zu setzen.[430] Ein dann erforderliches tatsächliches Angebot wäre aber reine Formsache und stellt sich daher als überflüssig dar, wenn bereits beim wörtlichen Angebot offenkundig ist, dass der Vollstreckungsschuldner die Gegenleistung ablehnen wird beziehungsweise nicht dazu fähig sein wird, die von ihm geschuldete Leistung zu erbringen, § 298 BGB.[431] Bei fehlender Leistungsbereitschaft, die der Gerichtsvollzieher zu protokollieren hat, kann der Gerichtsvollzieher daher sofort vollstrecken.[432] Der Vollstreckungsschuldner kann mit der Annahme des wörtlichen Angebots nur dann ein tatsächliches erforderlich machen, wenn er seine Bereitschaft und Fähigkeit der Annahme substantiiert vorträgt, also glaubwürdig nachweist.[433]

Wenn der Gerichtsvollzieher die Vollstreckung durchführt, hat er die Gegenleistung dem Vollstreckungsschuldner nicht zu verschaffen.[434] Zum Austausch von Leistung und Gegenleistung kommt es nur, wenn der Schuldner auf das tatsächliche Angebot freiwillig die geschuldete Leistung erbringt.[435]

b) § 295 S. 1 1. Alt. BGB

Nach § 295 S. 1 1. Alt. BGB genügt ein wörtliches Angebot der Gegenleistung, wenn der Vollstreckungsschuldner erklärt, dass er die Gegenleistung nicht annehmen werde beziehungsweise in Verbindung mit § 298 BGB, dass er die dem Vollstreckungsgläubiger geschuldete Leistung nicht erbringen werde. Erforderlich ist aber stets, dass die Ablehnung des Gläubigers dem Leistungsangebot

428 AG Düsseldorf, DGVZ 1953, 75; AG Lampertheim, 1980, 75, 76.

429 *Fichtner*, S. 112; wohl ebenso *E. Schneider*, JurBüro 1966, 818, 819.

430 *Staudinger/Löwisch*, § 295 Rdnr. 9; MünchKomm-ZPO/*Heßler*, § 756 Rdnr. 23; *Wieczorek/Schütze/Salzmann*, § 756 Rdnr. 13.

431 MünchKomm-ZPO/*Heßler*, § 756 Rdnr. 23; *Wieczorek/Schütze/Salzmann*, § 756 Rdnr. 13.

432 MünchKomm-ZPO/*Heßler*, § 756 Rdnr. 23.

433 *Wieczorek/Schütze/Salzmann*, § 756 Rdnr. 13.

434 *Zöller/Stöber*, § 756 Rdnr. 5; MünchKomm-ZPO/*Heßler*, § 756 Rdnr. 23.

435 BGHZ 73, 317, 320; *Zöller/Stöber*, § 756 Rdnr. 5.

des Schuldners zeitlich zuvorkommt.[436] Erklärt der Vollstreckungsschuldner nicht die Ablehnung, so kann der Gerichtsvollzieher den Schuldner mit einem wörtlichen Angebot nach § 756 I 1. Alt. ZPO nicht in Annahmeverzug setzen und daher auch nicht mit der Vollstreckung beginnen. Vielmehr ist er gezwungen, ein tatsächliches Angebot abzugeben. Der Widerruf der Annahmeverweigerung nach Tätigung des wörtlichen Angebots hindert das Zwangsvollstreckungsverfahren nicht; es bedarf keines weiteren Angebots.[437]

Eine zuvor gegenüber dem Vollstreckungsgläubiger erklärte formlose Annahmeverweigerung beziehungsweise Verweigerung der Erbringung der geschuldeten Leistung erlaubt es dem Gerichtsvollzieher nicht, ein wörtliches Angebot der Gegenleistung genügen zu lassen.[438] Vielmehr erfordert die Formalisierung des Vollstreckungsverfahrens, dass die Verweigerung der Annahme urkundlich nachgewiesen wird.[439] Ein solcher Nachweis ist erbracht, wenn sich die erfolgte Verweigerung der Annahme aus dem Tatbestand oder den Entscheidungsgründen des zu vollstreckenden Urteils ergibt.[440] Ansonsten besteht die Möglichkeit, dass sich der Gerichtsvollzieher zum Vollstreckungsschuldner begibt und dort eine entsprechende Erklärung der Verweigerung nach §§ 762 f. ZPO protokolliert.[441] Diese Erklärung dient dann als Nachweis der Verweigerung, so dass der Gerichtsvollzieher daraufhin gemäß § 295 S. 1 1. Alt. BGB ein wörtliches Angebot der Gegenleistung abgeben kann.[442] Kann der Gerichtsvollzieher eine solche Erklärung des Vollstreckungsschuldners nicht erreichen, sei es weil er den Schuldner nicht antrifft oder dieser eine solche Erklärung nicht abgibt, kann der Gerichtsvollzieher nach § 756 I ZPO, § 295 S. 1 1. Alt. BGB kein wörtliches Angebot abgeben.[443]

---

436 MünchKomm-BGB/*Ernst*, § 295 Rdnr. 6; *Staudinger/Löwisch*, § 295 Rdnr. 7; *Palandt/Grüneberg*, § 295 Rdnr. 4.

437 *Zöller/Stöber*, § 756 Rdnr. 13.

438 *Gilleßen/Jakobs*, DGVZ 1981, 49, 55.

439 *E. Schneider*, JurBüro 1966, 818, 820; *Gilleßen/Jakobs*, DGVZ 1981, 49, 55 m. Fn. 49; MünchKomm-ZPO/*Heßler*, § 756 Rdnr. 22; *Stein/Jonas/Münzberg*, § 753 Rdnr. 9, 10.

440 *Schneider*, JurBüro 1966, 818, 819 f.; *Gilleßen/Jakobs*, DGVZ 1981, 49, 55; MünchKomm-ZPO/*Heßler*, § 756 Rdnr. 22.

441 MünchKomm-ZPO/*Heßler*, § 756 Rdnr. 22.

442 *Schneider*, JurBüro 1966, 818, 819 f.; *Gilleßen/Jakobs*, DGVZ 1981, 49, 55; *Fichtner*, S. 112; MünchKomm-ZPO/*Heßler*, § 756 Rdnr. 22.

443 *Gilleßen/Jakobs*, DGVZ 1981, 49, 55.

c) § 295 S. 1 2. Alt. BGB

Ein wörtliches Angebot durch den Gerichtsvollzieher genügt nach § 295 S. 1 2. Alt. BGB ferner dann, wenn zur Bewirkung der Gegenleistung eine Mitwirkungshandlung des Vollstreckungsschuldners erforderlich ist, insbesondere wenn dieser die Gegenleistung abzuholen hat. Ein typischer Fall einer notwendigen Mitwirkungshandlung seitens des Vollstreckungsschuldners ist die Holschuld. Der Gerichtsvollzieher hat den Vollstreckungsschuldner aufzufordern, die Gegenleistung bei sich oder beim Vollstreckungsgläubiger abzuholen.[444] Er hat dem Vollstreckungsschuldner eine angemessene Frist zur Abholung zu setzen.[445]

Auch bei Nachbesserungen oder Werkleistungen, die der Vollstreckungsgläubiger nur durchführen kann, wenn der Vollstreckungsschuldner dabei mitwirkt, darf der Gerichtsvollzieher ein wörtliches Angebot abgeben. Dies ist der Fall, wenn der Vollstreckungsschuldner die Sache zur Nachbesserung in die Werkstatt des Vollstreckungsgläubigers zu bringen hat[446] oder jener sich dort hin zu begeben hat, damit der Vollstreckungsgläubiger zur Erstellung eines Maßanzugs Maß nehmen kann.[447]

V. Ergebnis

Es ist umstritten, welcher Rechtsnatur das vom Gerichtsvollzieher abgegebene Angebot der Gegenleistung ist. Nach überwiegender Ansicht handelt es sich um eine Kombination aus hoheitlichem Handeln des Gerichtsvollziehers und privatrechtlichem Rechtsgeschäft zwischen Vollstreckungsgläubiger und Vollstreckungsschuldner.[448] Es ist jedoch zu beachten, dass die Rechtsnatur des Angebots keine Auswirkungen auf die Voraussetzungen der Zwangsvollstreckung nach § 756 I 1. Alt. ZPO hat.[449]

---

444 *Gilleßen/Jakobs*, DGVZ 1981, 49, 54.

445 MünchKomm-ZPO/*Heßler*, § 756 Rdnr. 39.

446 *Huber*, Leistungsstörungen I, § 8 III 2 d.

447 *Huber*, Leistungsstörungen I, § 9 I 2 b cc; *Gilleßen/Jakobs*, DGVZ 1981, 49, 50.

448 *Rosenberg/Gaul/Schilken*, § 16 V 1 b cc; *Baur/Stürner/Bruns*, Rdnr. 21.11 m. Fn. 23; *Fahland*, ZZP 92 (1979) 432, 461; MünchKomm-ZPO/*Heßler*, § 756 Rdnr. 15; *Zöller/Stöber*, § 756 Rdnr. 5; *Baumbach/Lauterbach/Albers/Hartmann*, § 753 Rdnr. 3; *Thomas/Putzo*, § 756 Rdnr. 6.

449 *Gilleßen/Jakobs*, DGVZ 1981, 49, 54, Fn. 41; *Fichtner*, S. 98 f.

Nach § 756 I 1. Alt. ZPO setzt die Vollstreckung ein den Annahmeverzug begründendes Angebot der Gegenleistung voraus. Wann der Vollstreckungsschuldner durch ein Angebot des Gerichtsvollziehers in Annahmeverzug gerät, richtet sich nach materiellem Recht.[450] Die §§ 293 ff. regeln den Annahmeverzug, insbesondere in welcher Weise die geschuldete Leistung anzubieten ist. Neben dem tatsächlichen Angebot kann unter bestimmten Voraussetzungen auch ein wörtliches Angebot genügen beziehungsweise selbst ein solches nicht erforderlich sein. Zu beachten ist aber, dass § 756 I 1. Alt. ZPO stets ein Angebot voraussetzt und dass § 296 BGB im Rahmen des § 756 I 1. Alt. ZPO nicht anwendbar ist.[451]

Des Weiteren bedarf es zur Begründung des Annahmeverzugs eines materiellrechtlich korrekten Angebots.[452] Wann ein solches vorliegt, richtet sich nach der Art der geschuldeten Gegenleistung. Die Gegenleistung wird durch den Inhalt des Vollstreckungstitels bestimmt.[453]

D. Angebot der Gegenleistung nach § 756 II ZPO

I. Entstehungsgeschichte

Im Rahmen der zweiten Zwangsvollstreckungsnovelle wurde § 756 II ZPO neu in die Zivilprozessordnung eingeführt. Die Regelung des damaligen § 756 ZPO wurde im ersten Absatz zusammengefasst und die neue Bestimmung in Form des zweiten Absatzes der Vorschrift hinzugefügt. Die Reform des Zwangsvollstreckungsrechts fand vor dem Hintergrund langjähriger Diskussionen in Literatur und Schrifttum statt und mündet 1994 in einen ersten Entwurf der Bundesregierung.[454] Nach Änderungen im Rahmen der parlamentarischen Bera-

450 MünchKomm-ZPO/*Heßler*, § 756 Rdnr. 11.
451 MünchKomm-ZPO/*Heßler*, § 756 Rdnr. 11.
452 *Zöller/Stöber*, § 756 Rdnr. 7.
453 MünchKomm-ZPO/*Heßler*, § 756 Rdnr. 25.
454 BT-Drucks. 12/8314.

tungen wurde die Novelle am 17. Dezember 1997 verkündet und trat in ihren Schwerpunkten am 1. Januar 1999 in Kraft.[455]

II. Normzweck

Der Gesetzgeber bezweckte mit der Einführung der Regelung des § 756 II ZPO eine praktische Vereinfachung der Zug-um-Zug-Vollstreckung und die Vermeidung nutzloser Kosten.[456] Dies geschah vor dem Hintergrund, dass aufgrund der damaligen gesetzlichen Regelung, die im heutigen ersten Absatz zu finden ist, die Vollstreckung aus Zug-um-Zug-Titeln in der Praxis häufig zu Schwierigkeiten führen konnte.[457] Der Grund dafür ist, dass nach § 756 I ZPO der Gerichtsvollzieher dem Vollstreckungsschuldner die Gegenleistung in einer den Annahmeverzug begründenden Weise anzubieten hat. In der Regel ist dafür ein tatsächliches Angebot nach § 294 BGB erforderlich. Ein solches Angebot kann je nach Art der geschuldeten Gegenleistung zu erheblichen Angebotskosten führen. Möglich ist dies bei aufwendig zu transportierenden Sachen[458] oder wenn der Vollstreckungsgläubiger Werkleistungen[459] zu erbringen hat. Nicht selten führt aber die anschließende Zwangsvollstreckung nicht zur vollständigen Befriedigung des Gläubigers, so dass sich die Angebotskosten als nutzlose Kosten darstellen, auf denen der Gläubiger sitzen bleibt.[460] Die Abgabe eines wörtlichen Angebots nach § 295 S. 1 1. Alt. BGB ist aber häufig nicht möglich, da es die vorherige Ablehnung der Annahme erfordert. Mit der Einführung des § 756 II ZPO bezweckte der Gesetzgeber die Abgabe eines wörtlichen Angebots zu erleichtern und so nutzlose Angebotskosten des Vollstreckungsgläubigers zu vermeiden.[461]

---

455 BGBl I S. 3039.

456 BT-Drucks. 12/8314 S. 14.

457 BT-Drucks. 12/8314 S. 14.

458 *Behr*, JurBüro 2000, 117, 118; *Gilleßen/Coenen*, DGVZ 1998, 167.

459 *Münzberg*, FS Lüke, S. 525, 530.

460 BT-Drucks. 12/8314 S. 14; *Behr*, JurBüro 2000, 117, 118; *Gilleßen/Coenen*, DGVZ 1998, 167.

461 BT-Drucks. 12/8314 S. 14 f.

III. Voraussetzungen nach § 756 II ZPO

1. Überblick

Ebenso wie der erste Absatz, regelt § 756 II ZPO die Voraussetzungen, unter denen der Gerichtsvollzieher den titulierten Anspruch des Gläubigers vollstrecken darf. Nach der Regelung des § 756 II ZPO darf der Gerichtsvollzieher auch dann mit der Zwangsvollstreckung beginnen, wenn der Vollstreckungsschuldner auf das wörtliche Angebot des Gerichtsvollziehers erklärt, dass er die Gegenleistung nicht annehmen werde.

Bezüglich der genauen Anforderungen, die diese Vorschrift an den Vollstreckungsbeginn stellt, herrscht keine Einigkeit. So ist umstritten, ob für das Angebot nach § 756 II ZPO ein Auftrag seitens des Vollstreckungsgläubigers erforderlich ist beziehungsweise ob der Vollstreckungsschuldner ausdrücklich die Annahme der Gegenleistung abzulehnen hat. Weiterhin besteht keine Einigkeit darüber, ob die angebotene Gegenleistung ordnungsgemäß zu sein hat. Es geht dabei im Kern um die Frage, ob das Angebot des Gerichtsvollziehers den Vollstreckungsschuldner in Annahmeverzug setzen muss beziehungsweise inwieweit sich das wörtliche Angebot nach § 756 II ZPO bezüglich der Voraussetzungen für die Vollstreckung von dem nach § 756 I 1. Alt. ZPO unterscheidet. Im Folgenden werden die Voraussetzungen der Vollstreckung nach § 756 II ZPO geklärt.

2. Angebot der Gegenleistung

a) Meinungsstand

aa) Gilleßen und Coenen

Nach *Gilleßen* und *Coenen* kann nach § 756 II ZPO ein wörtliches Angebot der Gegenleistung erfolgen, wenn mit einem tatsächlichen Angebot erhebliche Kosten verbunden sind und nach der Lebenserfahrung anzunehmen ist, dass der Vollstreckungsschuldner die gegen ihn titulierte Leistung nicht erbringen wird.[462] Die Wirksamkeit sei von der aufschiebenden Bedingung abhängig, dass der Vollstreckungsschuldner die Annahme ablehnt beziehungsweise zur Erbringung der

---

[462] *Gilleßen/Coenen*, DGVZ 1998, 167, 168.

von ihm geschuldeten Leistung nicht bereit ist.[463] Gibt der Vollstreckungsschuldner diese Erklärung nicht ab oder trifft der Gerichtsvollzieher ihn nicht an, könne die Zwangsvollstreckung nur nach § 756 I ZPO durchgeführt werden.[464] Darüber hinaus sehen *Gilleßen* und *Coenen* den eingetretenen Annahmeverzug als notwendige Voraussetzung für den Beginn der Zwangsvollstreckung nach § 756 II ZPO an.[465] Da weiterhin das Verhalten des Vollstreckungsschuldners eine entscheidende Rolle spiele, bezweifeln *Gilleßen* und *Coenen*, dass mit der Einführung des § 756 II ZPO die Erweiterung der Möglichkeit eines wörtlichen Angebots erreicht wird.[466]

Ein wörtliches Angebot gemäß § 756 II ZPO erfordert nach *Gilleßen* und *Coenen*, dass mit einem tatsächlichen Angebot erhebliche Kosten verbunden wären und nach der Lebenserfahrung mit Ablehnung der Annahme zu rechnen ist. Auch im Rahmen von § 756 II ZPO sehen *Gilleßen* und *Coenen* den Annahmeverzug des Vollstreckungsschuldners als Voraussetzung für den Beginn der Zwangsvollstreckung an.

bb) Goebel

Nach *Goebel* kann die Begründung des Gesetzgebers nur so verstanden werden, dass § 756 II ZPO auf die Ordnungsmäßigkeit der angebotenen Gegenleistung verzichtet.[467] Aufgrund systematischer Erwägungen will *Goebel* aber die Vorschrift im Einklang mit der materiellen Rechtslage auslegen.[468] Würde vom Erfordernis einer ordnungsgemäßen Gegenleistung abgesehen, ergäbe sich ein Wertungswiderspruch zu den materiellrechtlichen Regelungen der §§ 274 II und 322 III BGB, die die Zwangsvollstreckung erlauben, wenn sich der Vollstreckungsschuldner in Annahmeverzug befindet.[469] Diese materiellrechtlichen Regelungen wurden aber im Zuge der Reform gerade nicht geändert. Daher sei die Vorschrift des § 756 II ZPO so auszulegen, dass die Ordnungsmäßigkeit der Ge-

463 *Gilleßen/Coenen*, DGVZ 1998, 167, 168.

464 *Gilleßen/Coenen*, DGVZ 1998, 167, 168.

465 *Gilleßen/Coenen*, DGVZ 1998, 167, 168.

466 *Gilleßen/Coenen*, DGVZ 1998, 167, 169.

467 *Goebel*, KTS 1995, 143, 171 f.

468 *Goebel*, KTS 1995, 143, 171.

469 *Goebel*, KTS 1995, 143, 171.

genleistung weiterhin Voraussetzung für den Beginn der Zwangsvollstreckung ist.[470]

Da im Rahmen von § 756 II ZPO die Ordnungsmäßigkeit der angebotenen Gegenleistung ebenso wie bei § 756 I ZPO Voraussetzung für die Vollstreckung sei, führe die Regelung des § 756 I ZPO in der Praxis nicht zu einem erweiterten Anwendungsbereich eines wörtlichen Angebots.[471] *Goebel* begründet dies damit, dass in der Praxis des Vollstreckungsvollzugs kein Unterschied zwischen einem wörtlichen Angebot nach § 756 I 1. Alt. ZPO in Verbindung mit § 295 BGB und einem wörtlichen Angebot nach § 756 II ZPO bestehe.[472] Zwar muss bei einem wörtlichen Angebot nach § 756 I 1. Alt. ZPO, § 295 BGB der Vollstreckungsschuldner die Annahme der Gegenleistung zuerst ablehnen, bevor ein wörtliches Angebot abgegeben werden darf, während es im Rahmen von § 756 II ZPO genügt, wenn der Vollstreckungsschuldner auf das wörtliche Angebot hin die Annahme verweigert. Jedoch ist es nach § 756 I ZPO möglich, dass sich der Gerichtsvollzieher zu dem Vollstreckungsschuldner begibt und dieser dem Gerichtsvollzieher gegenüber die Annahme ablehnt. Diese Erklärung protokolliert der Gerichtsvollzieher, um damit den gehörigen Nachweis der Ablehnung der Annahme zu erbringen.[473] Sodann kann der Gerichtsvollzieher dem Vollstreckungsschuldner die Gegenleistung nach § 295 BGB wörtlich anbieten. Aus diesem Grund erlaube § 756 II ZPO in der Praxis nicht über § 756 I ZPO hinaus die Abgabe eines wörtlichen Angebots.[474]

Die zentrale Aussage *Goebels* in Bezug auf das wörtliche Angebot der Gegenleistung nach § 756 II ZPO ist die, dass mit der Vollstreckung nur begonnen werden darf, wenn die dem Vollstreckungsschuldner angebotene Gegenleistung ordnungsgemäß ist.[475] An die Tätigung eines Angebots nach § 756 II ZPO knüpft *Goebel* keine weiteren Voraussetzungen, wie etwa erhebliche Kosten eines tatsächlichen Angebots.[476] Daher kommt *Goebel* zu dem Schluss, dass im prakti-

---

470 *Goebel*, KTS 1995, 143, 171 f.

471 *Goebel*, KTS 1995, 143, 169 f.

472 *Goebel*, KTS 1995, 143, 169 f.

473 *Goebel*, KTS 1995, 143, 169 f.

474 *Goebel*, KTS 1995, 143, 169, 172.

475 *Goebel*, KTS 1995, 143, 171.

476 *Goebel*, KTS 1995, 143, 170 f.

schen Vollstreckungsvollzug keine Unterschiede zwischen § 756 I 1. Alt. ZPO und § 756 II ZPO bestehen.[477]

cc) Münzberg

Münzberg will § 756 II ZPO im Einklang mit der materiellen Rechtslage auslegen.[478] Er sieht in § 756 II ZPO eine Verlagerung der prozessualen Initiativlast.[479] Die Vorschrift erlässt dem Gerichtsvollzieher die Prüfung der Ordnungsmäßigkeit der angebotenen Gegenleistung beziehungsweise des Annahmeverzugs insgesamt. Dies ändere zwar nichts daran, dass auch im Rahmen von § 756 II ZPO die angebotene Gegenleistung die dem Vollstreckungsschuldner gebührende zu sein hat.[480] Dies zu überprüfen werde dem Gerichtsvollzieher aber erlassen. § 756 II ZPO erlaube daher prozessual den Beginn der Zwangsvollstreckung, ohne dass die nach wie vor geltenden Voraussetzungen des §274 II ZPO nachgewiesen werden müssten.[481] *Münzberg* betont, dass mit der prozessualen Fiktion eine Änderung der Beweislast für den Annahmeverzug aber nicht einhergehe.[482] Will der Vollstreckungsschuldner die Mangelhaftigkeit der Gegenleistung rügen, müsse er dies beziehungsweise das Fehlen des Annahmeverzugs selbst gerichtlich geltend machen, müsse daher einen Rechtsbehelf einlegen.[483]

Nach *Münzberg* bedeuten die in der Gesetzesbegründung genannten Schwierigkeiten, die sich aus dem wörtlichen Angebot ergeben, nicht, dass dem Vollstreckungsschuldner Rechtsbehelfe abgeschnitten wären.[484] Gemeint sei damit vielmehr, dass der Vollstreckungsschuldner die Gegenleistung bei dem wörtlichen Angebot nicht zu Gesicht bekommt und somit prozessuale Risiken eingeht, wenn er die Vollstreckung wegen vermeintlicher Mängel der Gegenleistung verhindern will. Zumal sei der Vollstreckungsschuldner zu eiligem Handeln gezwungen, wenn er gegen die Vollstreckung mit einstweiligen Anordnungen vor-

---

477 *Goebel*, KTS 1995, 143, 171 f.
478 *Münzberg*, FS Lüke, S. 525, 533.
479 *Münzberg*, FS Lüke, S. 525, 533.
480 *Münzberg*, FS Lüke, S. 525, 533.
481 *Münzberg*, FS Lüke, S. 525, 533.
482 *Münzberg*, FS Lüke, S. 525, 533.
483 *Münzberg*, FS Lüke, S. 525, 533.
484 *Münzberg*, FS Lüke, S. 525, 533.

gehen möchte.[485] Dieser sich für den Vollstreckungsschuldner aus § 756 II ZPO ergebende Nachteil sei aber durch die Ablehnung der Annahme gerechtfertigt.[486]

Die beabsichtigte Vermeidung von kostenaufwendigen tatsächlichen Angeboten wird nach *Münzberg* in der Praxis aber nicht erreicht werden, da es bei den Vollstreckungsschuldnern auf Dauer durchsickern werde, dass sie ohne Ablehnung des wörtlichen Angebots ein tatsächliches Angebot erzwingen können.[487] Die mit der vermeintlichen Mangelhaftigkeit der Gegenleistung begründete Ablehnung eines tatsächlichen Angebots erzwingt ihrerseits die Prüfung durch den Gerichtsvollzieher.

Nach *Münzberg* lässt daher die Vorschrift des § 756 II ZPO die in § 274 II BGB geregelte Voraussetzung der Vollstreckung unberührt.[488] Auch im Rahmen von § 756 II ZPO müsse die angebotene Gegenleistung ordnungsgemäß sein.[489] Dem Gerichtsvollzieher werde lediglich die Prüfung des Annahmeverzugs und damit auch der Ordnungsmäßigkeit der angebotenen Gegenleistung erlassen.[490] An das Angebot nach § 756 II ZPO knüpft *Münzberg* keine weiteren Voraussetzungen.

dd) Fichtner

Nach *Fichtner* ergibt die Auslegung von § 756 II ZPO, dass die im Vollstreckungsverfahren nach dieser Vorschrift wörtlich angebotene Gegenleistung nicht notwendigerweise auch die dem Vollstreckungsschuldner materiellrechtlich gebührende Gegenleistung sein muss.[491] Es sei für den Beginn der Zwangsvollstreckung mithin nicht erforderlich, dass der Vollstreckungsschuldner durch das wörtliche Angebot in Annahmeverzug gesetzt wird.[492]

Ziel dieser Vorschrift sei es, dem Gläubiger die Vollstreckung zu vereinfachen, ihm eine weitere Möglichkeit zur Abgabe eines wörtlichen Angebots zu eröffnen, wenn der Vollstreckungsschuldner durch Annahmeverweigerung Anlass

---

485 *Münzberg*, FS Lüke, S. 525, 533.

486 *Münzberg*, FS Lüke, S. 525, 533.

487 *Münzberg*, FS Lüke, S. 525, 535.

488 *Münzberg*, FS Lüke, S. 525, 533.

489 *Münzberg*, FS Lüke, S. 525, 533.

490 *Stein/Jonas/Münzberg*, § 756 Rdnr. 9.

491 *Fichtner*, S. 149.

492 *Fichtner*, S. 151.

zur Verzögerung gegeben hat.[493] Jedoch könne dies nur für den Fall gelten, dass der Vollstreckungsschuldner die Annahme unberechtigterweise ablehnt.[494] Es stellt sich daher die Frage, wann eine berechtigte beziehungsweise wann eine unberechtigte Annahmeverweigerung vorliegt. Nach *Fichtner* hat der Gerichtsvollzieher diese Frage zu beantworten, wobei er dazu die gegenläufigen Interessen der Vollstreckungsparteien gegeneinander abzuwägen habe.[495] Der Vollstreckungsgläubiger habe Interesse an einer schleunigen Durchsetzung seines Titels sowie nutzlose Aufwendungen aufgrund erfolgloser tatsächlicher Angebote zu vermeiden.[496] Auf der anderen Seite stehe der Vollstreckungsschuldner mit seinem schützenswerten Interesse[497] an der ihm gebührenden Gegenleistung. Dies habe im Rahmen einer Verhältnismäßigkeitsprüfung zu geschehen.[498] Nach *Fichtner* entscheidet diese Verhältnismäßigkeitsprüfung darüber, ob der Vollstreckungsschuldner berechtigt oder unberechtigt die Annahme verweigert.[499] Wenn sich nach Abwägung der widerstreitenden Interessen die Vollstreckung nach § 756 II ZPO als unverhältnismäßig darstellen sollte, dürfe der Gerichtsvollzieher nicht nach dieser Vorschrift verfahren.[500]

Erforderlich im Sinne einer Verhältnismäßigkeitsprüfung sei ein Angebot nach § 756 II ZPO nur, wenn die Vollstreckung nach § 756 I ZPO nicht möglich sei, weil dessen Voraussetzungen nicht vorliegen.[501] *Fichtner* geht daher von der Subsidiarität der Regelung des § 756 II ZPO im Verhältnis zum Verfahren nach § 756 I ZPO aus. Sofern ein Angebot nach § 756 II ZPO erforderlich sein sollte, verlangt *Fichtner*, dass ein solches Angebot auch verhältnismäßig im engeren Sinne ist.[502] Diese Verhältnismäßigkeitsprüfung erfordere die Abwägung der widerstreitenden Interessen der Vollstreckungsparteien.[503] Zu beachten seien bei der Abwägung die Kosten eines tatsächlichen Angebots sowie die Wahrschein-

---

493 *Fichtner*, S. 150 f.
494 *Fichtner*, S. 151.
495 *Fichtner*, S. 151.
496 *Fichtner*, S. 159.
497 *Fichtner*, S. 151, 157, 159.
498 *Fichtner*, S. 157 f.
499 *Fichtner*, S. 159.
500 *Fichtner*, S. 159.
501 *Fichtner*, S. 158 f.
502 *Fichtner*, S. 159.
503 *Fichtner*, S. 159 f.

lichkeit der Ablehnung des Angebots der Gegenleistung durch den Vollstreckungsschuldner.[504] Wenn daher ein ordnungsgemäßes Angebot mit erheblichen Kosten verbunden wäre und von vornherein feststehen würde, dass der Vollstreckungsschuldner das Angebot ablehnen werde, seien dessen schutzwürdigen Interessen weniger schützenswert.[505] Bemühe sich dagegen der Vollstreckungsschuldner um den Leistungsaustausch und könne er die Mangelhaftigkeit der angebotenen Gegenleistung substantiiert vortragen, so erscheint die Vollstreckung nach § 756 II ZPO eher unverhältnismäßig.[506]

Nach *Fichtner* ist die Ordnungsmäßigkeit der angebotenen Gegenleistung und damit auch der Annahmeverzug des Vollstreckungsschuldners hinsichtlich der Gegenleistung nicht Voraussetzung für ein Angebot nach § 756 II ZPO.[507] Da der Anwendungsbereich der Norm aber ansonsten zu weit geriete, verlangt *Fichtner* zur Wahrung der Interessen des Vollstreckungsschuldners eine Verhältnismäßigkeitsprüfung.[508] Aufgrund dieser Prüfung habe der Gerichtsvollzieher dann zu entscheiden, ob er ein Angebot nach § 756 II ZPO abgibt.[509]

b) Analyse

aa) Einleitung

Die Ansichten, welche Voraussetzungen an ein wörtliches Angebot der Gegenleistung nach § 756 II ZPO geknüpft sind, gehen auseinander. Insbesondere bei der Frage der Ordnungsmäßigkeit der Gegenleistung und damit zusammenhängend die Frage des Annahmeverzugs werden unterschiedliche Ansätze vertreten. Ein anderer Punkt, über den keine Einigkeit herrscht, ist das Erfordernis weiterer objektiver Voraussetzungen. Zum Teil wird verlangt, dass ein tatsächliches Angebot mit erheblichen Kosten verbunden wäre und dass die Verweigerung der Annahme beziehungsweise der Erbringung der geschuldeten Leistung durch den Vollstreckungsschuldner wahrscheinlich ist. Um zu entscheiden, wel-

504 *Fichtner*, S. 159 f.

505 *Fichtner*, S. 160.

506 *Fichtner*, S. 160.

507 *Fichtner*, S. 149, 151.

508 *Fichtner*, S. 157.

509 *Fichtner*, S. 160.

che Anforderungen an ein Angebot nach § 756 II ZPO zu stellen sind, ist die die Regelung des § 756 II ZPO einer genauen Auslegung zu unterwerfen.

bb) Auslegung

aaa) Grammatikalische Auslegung

Die Regelung des § 756 II ZPO nimmt nicht ausdrücklich zur Ordnungsmäßigkeit der Gegenleistung Stellung. Der Wortlaut der Vorschrift spricht lediglich von einem wörtlichen Angebot der Leistung. Sie setzt weder explizit die materiellrechtliche Korrektheit der Gegenleistung voraus noch erlaubt sie ausdrücklich eine nicht ordnungsgemäße Gegenleistung. Im ersten Absatz des § 756 ZPO wird ausdrücklich vom Angebot der dem Vollstreckungsschuldner gebührenden Gegenleistung gesprochen. Dies bedeutet aber nicht, dass § 756 II ZPO auch eine nicht ordnungsgemäße Gegenleistung erlauben will. Denn wenn § 756 II ZPO von einem wörtlichen Angebot spricht, kann damit auch ein wörtliches Angebot nach § 756 I ZPO gemeint sein. Der Wortlaut der Regelung spricht daher nicht zwingend für oder gegen das Erfordernis einer ordnungsgemäßen Gegenleistung.

Da es in der Regelung heißt, dass mit der Vollstreckung begonnen werden darf, wenn Vollstreckungsschuldner auf das wörtliche Angebot hin die Annahme verweigert, spricht der Wortlaut indirekt gegen das Erfordernis des Annahmeverzugs. Nach § 295 BGB gerät der Vollstreckungsschuldner durch ein wörtliches Angebot nur in Annahmeverzug, wenn er die Annahme der Gegenleistung vor dem danach abzugebenden wörtlichen Angebot erklärt. Es ergibt sich aus dem Wortlaut auch nicht, dass mit der Regelung des § 756 II ZPO in Abweichung zum materiellen Recht eine neue Möglichkeit des Annahmeverzugs geschaffen werden soll.[510]

Auch zu weiteren objektiven Voraussetzungen für die Abgabe eines wörtlichen Angebots nach §§ 756 II ZPO schweigt der Gesetzestext. Die Abgabe des Angebots wird in der Vorschrift weder an erhebliche Kosten eines tatsächlichen Angebots nach § 756 I 1. Alt ZPO, § 295 BGB noch an eine (hohe) Wahrscheinlichkeit der Annahmeverweigerung beziehungsweise der Verweigerung der

510 *Goebel*, KTS 1995, 143, 171; *Münzberg*, FS Lüke, S. 525, 533.

Erfüllung der geschuldeten Leistung geknüpft. Der Wortlaut spricht daher gegen weitere objektive Voraussetzungen für das Angebot nach § 756 II ZPO.

bbb) Historische Auslegung

Bei der historischen Auslegung ist von Interesse, wie der Gesetzgeber, das heißt die am Gesetzgebungsverfahren Beteiligten, die Vorschrift verstehen.[511] Zur Klärung dieser Frage ist auf die Gesetzesmaterialien zurückzugreifen.[512]

Aufgrund der Begründung des Gesetzgebers zu § 756 II ZPO könnte der Anschein entstehen, dass bei einem wörtlichen Angebot nach dieser Vorschrift die materiellrechtliche Ordnungsmäßigkeit der Gegenleistung im Gegensatz zu einem Angebot nach § 756 I 1. Alt. ZPO nicht erforderlich ist.[513] So heißt es in der Begründung: [514] „Zwar erschwert ein lediglich wörtliches Angebot dem Schuldner die Prüfung der Gegenleistung und schneidet ihm in der Regel die Möglichkeit ab, gegen mangelhafte Gegenleistungen ... mit der Erinnerung ... oder auf dem Klageweg vorzugehen. Da das wörtliche Angebot ... aber nur ausreichend sein soll, wenn der Schuldner die Annahmeverweigerung erklärt, ist die insoweit gegebene verfahrensrechtliche Schlechterstellung von ihm selbst veranlasst." Daraus wird zum Teil in der Tat gefolgert, dass der Gesetzgeber im Rahmen von § 756 II ZPO das Angebot einer nicht ordnungsgemäßen Gegenleistung genügen lassen wolle.[515] *Fichtner* beruft sich darauf, dass der Gesetzgeber ausweislich der Gesetzesbegründung eine Erleichterung der Zwangsvollstreckung anstrebt.[516] Da die Probleme der Vollstreckung nach der alten Regelung auf dem Erfordernis eines den Annahmeverzug begründenden Angebots, also des Angebots der dem Schuldner gebührenden Gegenleistung beruhen, argumentiert *Fichtner*, dass der Gesetzgeber zur Vereinfachung der Vollstreckung auf dieses Erfordernis verzichten wolle.[517]

Dem kann jedoch nicht gefolgt werden. Der Gesetzgeber äußert sich nicht direkt zur Ordnungsmäßigkeit der Gegenleistung. Es heißt aber in der Gesetzes-

---

511 *Larenz/Wolf*, § 4 Rdnr. 42.

512 *Larenz/Wolf*, § 4 Rdnr. 42.

513 *Münzberg*, FS Lüke, S. 525, 532.

514 BT-Drucks. 12/8314 S. 15.

515 *Goebel*, KTS 1995, 143, 171; *Fichtner*, S. 146 f.

516 *Fichtner*, S. 146.

517 *Fichtner*, S. 146.

begründung zu § 756 II ZPO, dass dadurch die Möglichkeit zur Abgabe eines wörtlichen Angebots für den Fall erweitert wird, „dass der Vollstreckungsschuldner die Annahme erst während des Vollstreckungsverfahrens verweigert".[518] Der Gesetzgeber sieht daher die Erweiterung der Möglichkeit zur Abgabe eines wörtlichen Angebots darin, dass der Vollstreckungsschuldner nicht vor Abgabe des Angebots die Annahme ablehnen muss, wie das nach § 756 I 1. Alt. ZPO, § 295 BGB der Fall ist, sondern dies erst im Laufe des Vollstreckungsverfahren machen kann. Dass es auf die Ordnungsmäßigkeit der angebotenen Gegenleistung nicht mehr ankommen soll, ist in der Gesetzesbegründung nicht zu lesen. Der von *Fichtner* dem Gesetzgeber zugeschriebene Verzicht auf die Ordnungsmäßigkeit der Gegenleistung lässt sich in der Gesetzesbegründung nicht erkennen. Dafür steht in der Begründung aber geschrieben, dass der Gesetzgeber die Erweiterung durch § 756 II ZPO in dem Zeitpunkt der Annahmeverweigerung sieht. Mit den Schwierigkeiten meint der Gesetzgeber, dass es bei einem wörtlichen Angebot der Gegenleistung Schwierigkeiten macht, die Gegenleistung auf Mängel zu überprüfen.[519] Aus diesem Grund wird es sich für den Vollstreckungsschuldner in der Regel als schwierig erweisen, die vermeintliche Mangelhaftigkeit der Gegenleistung mit der Erinnerung nach § 766 ZPO geltend zu machen.[520] Aus seinen Einlassungen in der Gesetzesbegründung lässt sich daher nicht schließen, dass der Gesetzgeber das Angebot einer nicht ordnungsgemäßen Gegenleistung genügen lassen will.

Zur Frage, ob es nach § 756 II ZPO erforderlich ist, dass der Vollstreckungsschuldner durch das wörtliche Angebot nach dieser Vorschrift in Annahmeverzug gesetzt wird, äußert sich der Gesetzgeber nicht. Allerdings spricht der Gesetzgeber von der Möglichkeit der Abgabe eines wörtlichen Angebots, auch wenn der Vollstreckungsschuldner nicht schon vor Tätigung des Angebots die Annahme verweigert. Dass damit nach materiellem Recht Annahmeverzug nicht begründet wird,[521] muss dem Gesetzgeber bewusst sein. Es ist daher davon auszugehen, dass der Gesetzgeber ein Angebot nach § 756 II ZPO nicht von der Begründung des Annahmeverzugs abhängig machen wollte.

---

518 BT-Drucks. 12/8314 S. 15.

519 *Münzberg*, FS Lüke, S. 525, 533.

520 *Münzberg*, FS Lüke, S. 525, 533.

521 *Wieczorek/Schütze/Salzmann*, § 756 Rdnr. 13.

Im Gegensatz zum Wortlaut der Regelung wird in der Gesetzesbegründung von den mit einem tatsächlichen Angebot möglicherweise verbundenen erheblichen Kosten gesprochen.[522] Die Möglichkeit erheblicher Kosten wird aber nur exemplarisch als eines der sich bei der Vollstreckung von Zug-um-Zug-Titeln ergebenden Probleme genannt.[523] Es erfolgt auch kein Hinweis, ob die Erheblichkeit, abstrakt oder konkret, an dem Wert der Gegenleistung zu bestimmen ist.[524] Der Gesetzgeber lässt daher in der Gesetzesbegründung nicht erkennen, dass er ein Angebot nach § 756 II ZPO von Höhe der mit einem tatsächlichen Angebot nach § 756 I 1. Alt. ZPO, § 294 BGB verbundenen Kosten abhängig machen wollte.

ccc) Systematische Auslegung

Die systematische Auslegung berücksichtigt die Stellung der auszulegenden Vorschrift in einem Gesetzeswerk.[525] Die Stellung im System des Gesetzes kann dabei wichtige Hinweise auf das Verständnis der Vorschrift liefern.[526]

Nach *Fichtner* ergibt die systematische Auslegung der Vorschrift, dass dem Vollstreckungsschuldner nicht notwendigerweise die ihm gebührende Gegenleistung anzubieten sei.[527] Dies begründet er mit der Stellung der Neuregelung im zweiten Absatz. Nach § 756 I 1. Alt. ZPO habe dem Vollstreckungsschuldner die ihm „gebührende Leistung" angeboten zu werden. Dadurch, dass die Neuregelung lediglich von der „Leistung" spreche und diese ihren Platz in einem zweiten Absatz gefunden habe, werde systematisch klargestellt, dass die nach § 756 II ZPO angebotene Gegenleistung nicht ordnungsgemäß zu sein habe.[528] Dafür spricht nach *Fichtner* auch die Einfügung des § 765 Nr. 2 ZPO.[529] Denn wäre nach § 756 II ZPO ein den Annahmeverzug begründendes Angebot erforderlich, so wären Maßnahmen der Vollstreckungsorgane bereits auf Grundlage des § 765

522 BT-Drucks. 12/8314 S. 14.
523 *Fichtner*, S. 142.
524 *Fichtner*, S. 142.
525 *Larenz/Wolf*, § 4 Rdnr. 40.
526 *Larenz/Wolf*, § 4 Rdnr. 40 f.
527 *Fichtner*, S. 147.
528 *Fichtner*, S. 147.
529 *Fichtner*, S. 147.

Nr. 1 ZPO erlaubt; die Einfügung des § 765 Nr. 2 ZPO wäre dann überflüssig.[530]

Dem kann nicht gefolgt werden. Denn ansonsten stünde die Vorschrift des § 756 II ZPO im Widerspruch zur Regelung der §§ 274 II, 322 III BGB.[531] Nach dieser Regelung kann aufgrund eines Zug-um-Zug-Urteils vollstreckt werden, wenn sich der Vollstreckungsschuldner hinsichtlich der Gegenleistung in Annahmeverzug befindet. Würde man von diesem Erfordernis absehen, widerspräche man dem erklärten oder mutmaßlichen privatautonomen Willen der Parteien.[532] Der Reformentwurf hat aber gerade die §§ 274 II, 322 III BGB unverändert gelassen.[533] Dies spricht für eine Auslegung des § 756 II ZPO, die sich zum materiellen Recht nicht in Widerspruch setzt. Dagegen argumentiert *Fichtner*, dass, obwohl die Reform die §§ 274 II, 322 III BGB unverändert gelassen hat, der Verzicht auf die Ordnungsmäßigkeit der Gegenleistung im Rahmen des § 756 II ZPO keinen Widerspruch zum materiellen Recht darstelle.[534] Denn die Regelung des § 274 II BGB sei nicht abschließend; die Norm besage nur, dass vollstreckt werden könne, wenn der Schuldner in Annahmeverzug sei.[535] Sie bedeute nicht, dass eine Vollstreckung ausschließlich dann möglich sei, wenn der Schuldner in Annahmeverzug sei.[536] Dieser Ansicht kann nicht gefolgt werden. Die Regelung des § 274 II BGB bestimmt, dass aufgrund eines Zug-um-Zug-Urteils vollstreckt werden kann, wenn der Gegenanspruch des Vollstreckungsschuldners erfüllt ist oder dieser sich in Annahmeverzug befindet.[537] § 274 II BGB besagt daher, dass eine Vollstreckung ohne Erbringung der Gegenleistung nur möglich ist, wenn der Vollstreckungsschuldner sich in Annahmeverzug befindet.[538] Die Vorschrift regelt abschließend, wann die Vollstreckung eines Zug-um-Zug-Urteils ohne Erbringung der Gegenleistung möglich ist. Die Regelung des § 756 II ZPO fügt sich daher nur widerspruchslos in die vorgefundene Gesetzessystematik ein, wenn die angebotene Gegenleistung ordnungsgemäß zu sein

530 *Fichtner*, S. 147.

531 *Goebel*, KTS 1995, 143, 171; *Münzberg*, FS Lüke, S. 525, 533.

532 *Goebel*, KTS 1995, 143, 171.

533 *Goebel*, KTS 1995, 143, 171.

534 *Fichtner*, S. 147 f.

535 *Fichtner*, S. 147 f.

536 *Fichtner*, S. 147 f.

537 MünchKomm-BGB/*Krüger*, § 274 Rdnr. 10; *Staudinger*/*Bittner*, § 274 Rdnr. 6.

538 MünchKomm-BGB/*Krüger*, § 274 Rdnr. 2.

hat.[539] Dagegen spricht auch nicht, dass es im zweiten Absatz lediglich „Leistung“ heißt, während im ersten Absatz von der dem Schuldner „gebührende(n) Leistung“ gesprochen wird. Denn unabhängig von der Stellung im § 756 ZPO, würde der Verzicht auf die Ordnungsmäßigkeit der Leistung der vorgefundenen Systematik der §§ 274 II, 322 III BGB widersprechen. Zudem würde das Angebot einer nicht ordnungsgemäßen Leistung dem erklärten oder mutmaßlichen privatautonomen Willen der Parteien widersprechen.[540]

Da es bei der Vollstreckung nach § 756 II ZPO reicht, wenn der Vollstreckungsschuldner die Annahmeverweigerung nach Abgabe des wörtlichen Angebots erklärt, kann der Vollstreckungsschuldner durch ein solches Angebot nicht in Annahmeverzug gesetzt werden. Denn nach § 295 BGB wird Annahmeverzug nur begründet, wenn das wörtliche Angebot auf die Ablehnung der Annahme folgt. Durch den Verzicht auf ein den Annahmeverzug begründendes Angebot weicht die Zwangsvollstreckung nach § 756 II ZPO schon von der materiellrechtlichen Regelung der §§ 274 II, 322 III BGB ab. Diese Abweichung ist aber vertretbar vor dem Hintergrund, dass der Vollstreckungsschuldner das Angebot der ihm gebührenden Gegenleistung ablehnt.[541] Da ein Angebot nach § 756 II ZPO den Vollstreckungsschuldner nicht in Annahmeverzug setzt, ist die parallele Einfügung des § 765 Nr. 2 ZPO nicht überflüssig, sondern sinnvoll. Mit dieser Regelung soll sichergestellt werden, dass Anordnungen von Vollstreckungsorganen auch nach einem nicht den Annahmeverzug begründenden Angebot nach § 756 II ZPO möglich sind. Daher spricht die Einfügung von § 765 Nr. 2 ZPO gegen das Erfordernis eines den Annahmeverzug begründenden Angebots, aber nicht gegen das Erfordernis des Angebots der dem Vollstreckungsschuldner gebührenden Gegenleistung.

Für das Erfordernis der Ordnungsmäßigkeit der angebotenen Gegenleistung spricht weiter, dass der Vollstreckungsschuldner die Mangelhaftigkeit der Gegenleistung erfolgreich mit der Erinnerung nach § 766 ZPO geltend machen kann.[542] Sollte man dagegen, wie *Fichtner*, nicht eine ordnungsgemäße Gegenleis-

539 *Goebel*, KTS 1995, 143, 171; *Münzberg*, FS Lüke, S. 525, 533.

540 *Goebel*, KTS 1995, 143, 171.

541 *Münzberg*, FS Lüke, S. 525, 534.

542 *Stein/Jonas/Münzberg*, § 756 Rdnr. 9 m. Fn. 51.

tung verlangen,[543] wäre dem Vollstreckungsschuldner die Möglichkeit der Erinnerung genommen; er müsste dann eigens auf Erfüllung der ihm nach materiellem Recht gebührenden Gegenleistung klagen.

Die gegen das Erfordernis einer ordnungsgemäßen Gegenleistung aufgeführten Argumente vermögen nicht zu überzeugen. Die systematische Auslegung spricht daher dafür, dass auch im Rahmen von § 756 II ZPO die dem Vollstreckungsschuldner gebührende Gegenleistung anzubieten ist.[544]

ddd) Teleologische Auslegung

Im Rahmen der teleologischen Auslegung wird nach dem Zweck der Vorschrift gefragt und diese so ausgelegt, dass sie diesem Zweck in bestmöglicher Weise gerecht wird.[545]

Mit der Einführung des § 756 II ZPO bezweckt der Gesetzgeber ausweislich der Gesetzesbegründung, mit der Erleichterung der Abgabe eines wörtlichen Angebots dem Vollstreckungsgläubiger ein tatsächliches Angebot zu ersparen.[546] Damit soll die Vollstreckung vereinfacht werden.[547]

Nach *Fichtner* bestehen die mit einem tatsächlichen Angebot verbundenen Probleme gerade darin, dass materielles Recht im Vollstreckungsverfahren nach § 756 I ZPO Vollstreckungsvoraussetzung ist.[548] Aus diesem Grund bestehe die Vereinfachung des § 756 II ZPO darin, dass diese Regelung ein wörtliches Angebot unabhängig vom materiellen Recht ermögliche. Daher erfordere die Vollstreckung nach § 756 II ZPO nicht das Angebot der dem Schuldner nach materiellem Recht gebührenden Gegenleistung. [549]

Dem kann nicht gefolgt werden. Die Neuregelung bezweckt eine Vereinfachung der Vollstreckung und die Vermeidung der mit einem tatsächlichen Angebot verbundenen Kosten. Zur Erreichung dieses Ziels soll die Abgabe eines wörtlichen Angebots über die bereits nach § 756 I 1. Alt ZPO, § 295 BGB bestehen-

543 *Fichtner*, S. 149.
544 *Münzberg*, FS Lüke, S. 525, 533; *Goebel*, KTS 1995, 143, 171.
545 *Larenz/Wolf*, § 4 Rdnr. 44.
546 BT-Drucks. 12/8314 S. 14 f.
547 BT-Drucks. 12/8314 S. 10.
548 *Fichtner*, S. 148.
549 *Fichtner*, S. 148.

de Möglichkeit hinaus erweitert werden. Dieses Ziel wird aber nicht dadurch erreicht, dass dem Vollstreckungsschuldner nicht mehr die ihm materiellrechtlich gebührende Gegenleistung angeboten wird. Bereits ein wörtliches Angebot nach § 756 I 1. Alt. ZPO, § 295 BGB vermeidet ein tatsächliches Angebot mit den damit verbundenen Aufwendungen. Zweck der Reform ist es, mit der Erleichterung der Abgabe eines wörtlichen Angebots die Notwendigkeit zur Abgabe eines tatsächlichen Angebots einzuschränken. Wie der Gesetzgeber in der Gesetzesbegründung darlegt, kann nach der Regelung des § 756 II ZPO der Gerichtsvollzieher ein wörtliches Angebot abgeben, ohne dass der Vollstreckungsschuldner zuvor die Annahme ablehnen musste, wie das die Voraussetzung für ein wörtliches Angebot nach § 756 I 1. Alt. ZPO, § 295 BGB der Fall ist. Nach *Fichtner* würde aber der Verzicht auf die Voraussetzung des Angebots der ordnungsgemäßen Gegenleistung die Vollstreckung nach § 756 II ZPO weiter vereinfachen, da der Gerichtsvollzieher die von ihm angebotene Gegenleistung nicht auf ihre Ordnungsmäßigkeit zu überprüfen habe.[550] Wie *Münzberg* erläutert hat, muss sich der Gerichtsvollzieher im Rahmen des § 756 II ZPO in der Tat nicht von der Ordnungsmäßigkeit überzeugen.[551] Diese wird im Verfahren nach § 756 II ZPO unterstellt; dem Gerichtsvollzieher wird die Prüfung der Ordnungsmäßigkeit erlassen.[552] Dass der Gerichtsvollzieher die Gegenleistung nicht auf ihre Ordnungsmäßigkeit zu überprüfen hat, ergibt sich auch aus § 84 Nr. 2 Abs. III S. 2 GVGA. Der nach *Fichtner* erforderliche Verzicht auf das Erfordernis des Angebots der ordnungsgemäßen Gegenleistung ist daher zur Erreichung des Zwecks der Vorschrift unnötig. Nach teleologischer Auslegung muss daher die nach § 756 II ZPO angebotene Gegenleistung ordnungsgemäß sein.

Die Regelung des § 756 II ZPO bezweckt eine Vereinfachung der Vollstreckung und die Vermeidung der mit einem tatsächlichen Angebot verbundenen Kosten. Dazu wird die Abgabe eines wörtlichen Angebots abweichend von § 756 I 1. Alt. ZPO, § 295 BGB schon vor der Ablehnung der Annahme durch den Vollstreckungsschuldner ermöglicht. Dies wäre nicht möglich, wenn das Angebot nach § 756 II ZPO den Vollstreckungsschuldner in Annahmeverzug setzen

550 *Fichtner*, S. 148.

551 *Münzberg*, FS Lüke, S. 525, 533; *Gilleßen/Coenen*, DGVZ 1998, 167, 168.

552 *Münzberg*, FS Lüke, S. 525, 533.

müsste. Daher ergibt die teleologische Auslegung, dass ein Angebot gemäß § 756 II ZPO nicht Annahmeverzug begründen muss.[553]

cc) Bewertung

Der Wortlaut des § 756 II ZPO spricht nicht zwingend für oder gegen das Erfordernis einer ordnungsgemäßen Gegenleistung. Die Einlassungen des Gesetzgebers lassen nicht darauf schließen, dass die im Rahmen des § 756 II ZPO angebotene Gegenleistung eine andere als die dem Vollstreckungsschuldner materiellrechtlich gebührende sein darf. Systematische und teleologische Auslegung sprechen für das Erfordernis einer ordnungsgemäßen Gegenleistung. Daher ergibt die Auslegung der Vorschrift des § 756 II ZPO, dass die nach dieser Vorschrift angebotene Gegenleistung die dem Vollstreckungsschuldner materiellrechtlich gebührende zu sein hat.

Dagegen erfordert die Vorschrift kein den Annahmeverzug begründendes Angebot. Dies ergibt sich schon daraus, dass ein wörtliches Angebot nach § 756 II ZPO aufgrund der Abweichungen von § 295 BGB den Vollstreckungsschuldner nicht immer in Annahmeverzug zu setzen vermag.[554] Die Einführung des § 765 Nr. 2 ZPO zeigt, dass auch der Gesetzgeber davon ausgeht, dass ein Angebot nach § 756 II ZPO den Vollstreckungsschuldner nicht in Annahmeverzug setzt.

Ein Angebot nach dieser Vorschrift wird auch nicht an weitere Bedingungen, wie die mit einem tatsächlichen Angebot verbundenen erheblichen Kosten oder die vorher bestehende Wahrscheinlichkeit einer späteren Ablehnung der Annahme geknüpft. Dies ist schon nach dem Wortlaut der Vorschrift nicht möglich. Die Einlassungen des Gesetzgebers sprechen auch nicht für eine Abhängigkeit der Vollstreckung nach § 756 II ZPO von solchen Bedingungen. Auch die systematische und die teleologische Auslegung legen eine solche Abhängigkeit nicht nahe. Allerdings kann nicht ein Angebot nach § 756 II ZPO abgegeben werden, wenn die Erbringung der Gegenleistung unmöglich geworden ist.[555] Denn dann kann aus dem Titel auf Leistung Zug um Zug nicht mehr vollstreckt werden.

---

553 Im Ergebnis genauso, *Fichtner*, S. 150.

554 *Wieczorek/Schütze/Salzmann*, § 756 Rdnr. 13.

555 *Fichtner*, S. 151.

c) Zusammenfassung

Es bleibt somit festzuhalten, dass die im Rahmen von § 756 II ZPO angebotene Gegenleistung die dem Vollstreckungsschuldner materiellrechtlich gebührende sein muss.[556] Annahmeverzug stellt keine Vollstreckungsvoraussetzung dar.[557] Das Angebot nach § 756 II ZPO ist nicht an die Wahrscheinlichkeit der späteren Annahmeverweigerung oder an die mit einem tatsächlichen Angebot verbundenen Kosten geknüpft.[558]

3. Beauftragung

Nach herrschender Meinung muss der Vollstreckungsgläubiger dem Gerichtsvollzieher zur Abgabe eines wörtlichen Angebots einen Auftrag erteilen.[559] Zum Teil wird aber auch vertreten, dass eine Beauftragung durch den Vollstreckungsgläubiger nicht erforderlich sei.[560]

Es stellt sich daher die Frage, welcher Ansicht zu folgen ist. Zur Abgabe eines wörtlichen Angebots nach § 756 I 1. Alt. ZPO, § 295 BGB ist ein Auftrag zu erteilen, aus dem sich Leistungswille und Leistungsvermögen des Vollstreckungsgläubigers ergeben müssen. Denn nach diesen Vorschriften ist ein den Annahmeverzug begründendes Angebot Vollstreckungsvoraussetzung. Ein solches erfordert Leistungswille und Leistungsvermögen. Da ein Angebot nach § 756 II ZPO den Vollstreckungsschuldner nicht in Annahmeverzug zu setzen hat und nach § 84 Nr. 2 Abs. III S. 2 GVGA der Gerichtsvollzieher die angebotene Gegenleistung

---

556 MünchKomm-ZPO/*Heßler*, § 756 Rdnr. 32; *Stein/Jonas/Münzberg*, § 756 Rdnr. 9; *Putzo/Hüßtege*, § 756 Rdnr. 12; *Musielak/Lackmann*, § 756 Rdnr. 8; *Zöller/Stöber*, § 756 Rdnr. 12; nicht ausdrücklich *Wieczorek/Schütze/Salzmann*, § 756 Rdnr. 13; *Münzberg*, FS Lüke, S. 525, 533; *Goebel*, KTS 1995, 143, 171; *Gilleßen/Coenen*, DGVZ 1998, 167, 168, *Behr*, JurBüro 2000, 117, 119 m. Fn. 20; a.A. *Fichtner*, S. 149.

557 *Fichtner*, S. 151; *Zöller/Stöber*, § 756 Rdnr. 12; *Thomas/Putzo/Hüßtege*, § 756 Rdnr. 12; nicht ausdrücklich *Wieczorek/Schütze/Salzmann*, § 756 Rdnr. 13; *Schuschke/Walker*, § 756 Rdnr. 6; a.A. MünchKomm-ZPO/*Heßler*, § 756 Rdnr. 11, 19; *Gilleßen/Coenen*, DGVZ 1998, 167, 168; *Münzberg*, FS Lüke, S. 525, 533; nicht ausdrücklich; *Goebel*, KTS 1995, 143, 171 f.

558 *Fichtner*, S. 142; *Goebel*, KTS 1995, 143, 170 f.; a.A. *Gilleßen/Coenen*, DGVZ 1998, 167, 168.

559 *Gilleßen/Coenen*, DGVZ 1998, 168; *Behr*, JurBüro 2000, 117, 119; *Goebel*, KTS 1995, 143, 170 f.; *Münzberg*, FS Lüke, S. 525, 531; *Fichtner*, S. 156; MünchKomm-ZPO/*Heßler*, § 756 Rdnr. 19; *Stein/Jonas/Münzberg*, § 753 Rdnr. 8; *Schuschke/Walker*, § 756 Rdnr. 6; *Zöller/Stöber*, § 756 Rdnr. 12, 14; *Thomas/Putzo/Hüßtege*, § 756 Rdnr. 12.

560 *Wieczorek/Schütze/Salzmann*, § 756 Rdnr. 15; *Gottwald*, § 756 Rdnr. 11; LG Augsburg, DGVZ 1995, 8.

nicht auf ihre Ordnungsmäßigkeit zu prüfen hat, könnte daraus geschlossen werden, dass eine Beauftragung des Gerichtsvollziehers nicht erforderlich sei.

Die Gesetzessystematik spricht allerdings für das Erfordernis eines Auftrags seitens des Vollstreckungsgläubigers. Denn besondere Verfahrensweisen bedürfen in der Regel eines besonderen Antrags.[561] So muss der Vollstreckungsgläubiger, wenn er von einem tatsächlichen Angebot absehen will, den Gerichtsvollzieher zu einem wörtlichen Angebot nach § 756 I 1. Alt. ZPO, § 295 BGB beauftragen. Genauso muss der Gläubiger dem Gerichtsvollzieher zu einer alternativen Verwertungsart nach § 825 ZPO einen Auftrag erteilen, wenn er die Verwertung im Wege der öffentlichen Versteigerung (§ 814 ZPO) ablehnt.[562]

Auch die Interessenlage des Vollstreckungsgläubigers spricht für das Antragserfordernis. Da ein Angebot nach § 756 II ZPO den Vollstreckungsschuldner nicht in Annahmeverzug setzt, erfährt der Gläubiger auch nicht die mit dem Annahmeverzug verbundenen Erleichterungen.[563] So haftet er im Hinblick auf die Gegenleistung noch immer für jede Form der Fahrlässigkeit (§ 300 I BGB). Ebenso wenig geht mit dem Angebot die Gefahr des Untergangs nach § 300 II BGB auf den Vollstreckungsschuldner über.[564] Insgesamt kommt der Vollstreckungsgläubiger bei einem Angebot nach § 756 II ZPO im Gegensatz zu einem Angebot nach § 756 I ZPO nicht in den Genuss der §§ 300 ff. BGB.

Darüber hinaus geht der Vollstreckungsgläubiger bei einem Angebot nach § 756 II ZPO ein finanzielles Risiko ein.[565] Wenn der Vollstreckungsschuldner auf das Angebot nach § 756 II ZPO hin seine Bereitschaft zur Annahme erklärt, kann nicht vollstreckt werden; es hat ein tatsächliches Angebot zu erfolgen. Ein Angebot nach § 756 II ZPO beruht daher auf der Erwartung, dass der Vollstreckungsschuldner die Annahme verweigern wird. Ob eine solche Erwartung besteht, wird der Vollstreckungsgläubiger in der Regel selbst am besten wissen. Erklärt der Vollstreckungsschuldner sich daher zur Annahme bereit, ist das Angebot nach § 756 II ZPO erfolglos. Die angefallen Kosten des Vollstreckungsversuchs werden dem Vollstreckungsgläubiger nach § 788 I ZPO nur ersetzt, sofern sie

561 *Fichtner*, S. 155.

562 *Fichtner*, S. 156.

563 *Fichtner*, S. 155.

564 *Fichtner*, S. 155.

565 *Gilleßen/Coenen*, DGVZ 1998, 167, 168 m. Fn. 12.

notwendig waren. Über das damit einhergehende Risiko, die Kosten selbst tragen zu müssen, muss der Vollstreckungsgläubiger selber entscheiden können. Das Erfordernis einer Auftragserteilung ermöglicht dem Vollstreckungsgläubiger daher, eigenständig über die finanziellen Risiken der Vollstreckung zu entscheiden.

Aus diesen Gründen ist der herrschenden Meinung zu folgen. Der Vollstreckungsgläubiger muss den Gerichtsvollzieher zu einem Angebot nach § 756 II ZPO beauftragen.

4. *Annahmeverweigerung*

Im Rahmen des § 756 II ZPO ist die Ablehnung der Annahme durch den Vollstreckungsschuldner Voraussetzung für die Vollstreckung.[566] Auch wenn der Wortlaut der Vorschrift nur von der Ablehnung der Gegenleistung spricht, wird in Anlehnung an ein den Annahmeverzug begründendes wörtliches Angebot nach § 756 I 1.Alt. ZPO, § 295 BGB auch die Verweigerung der Erbringung der titulierten Leistung unter die Regelung des § 756 II ZPO fallen.[567] Das wörtliche Angebot und die Erklärung des Vollstreckungsschuldners, dass er die Annahme ablehne, sind nach § 762 II Nr. 2 ZPO zu protokollieren.

Es stellt sich die Frage, ob die Ablehnung der Annahme ausdrücklich zu erfolgen hat oder ob auch im Schweigen des Vollstreckungsschuldners eine Ablehnung im Sinne des § 756 II ZPO gesehen werden kann. Der Wortlaut der Regelung spricht gegen die Möglichkeit, ein Schweigen als Ablehnung zu verstehen. Denn die Vorschrift verlangt ein Erklärungsmoment; Schweigen wird dem nicht gerecht.[568] Auch der anerkannte Rechtsgrundsatz, dass Schweigen ohne weitere Begleitumstände keinen Erklärungsinhalt besitzt, spricht dagegen, Schweigen als Ablehnung zu werten.[569] Für die Relevanz des Schweigens spricht auch nicht die Tatsache, dass bei einem wörtlichen Angebot nach § 756 I 1. Alt. ZPO, § 295 BGB Schweigen die Bedeutung einer Ablehnung zukommen kann.[570] Denn bei einem wörtlichen Angebot nach § 295 BGB liegen weitere Begleitumstände vor. So hat nämlich der Gläubiger der Leistung die Annahme zuvor bereits ausdrück-

566 *Gilleßen/Coenen*, DGVZ 1998, 167, 168.

567 *Gilleßen/Coenen*, DGVZ 1998, 167, 168 m. Fn. 9; *Fichtner*, S. 156.

568 *Goebel*, KTS 1995, 143, 168.

569 *Goebel*, KTS 1995, 143, 168.

570 Siehe dazu *Staudinger/Löwisch*, § 295 Rdnr. 3.

lich abgelehnt.[571] Bei einem Angebot nach § 756 II ZPO ist dies aber gerade nicht der Fall. Hier existieren keine weiteren Begleitumstände; das Angebot wird vielmehr erst durch die Ablehnung wirksam.[572] Im Rahmen des § 756 II ZPO kann daher dem Schweigen des Vollstreckungsschuldners kein Erklärungswert zukommen.[573] Die Vollstreckung nach § 756 II ZPO setzt somit voraus, dass der Vollstreckungsschuldner vom Gerichtsvollzieher angetroffen wird und die Annahme ausdrücklich ablehnt.[574]

Nach dem Willen des Gesetzgebers erlaubt die Regelung des § 756 II ZPO die Vollstreckung auch in dem Fall, dass „der Vollstreckungsschuldner die Annahme erst während des Vollstreckungsverfahrens verweigert".[575] Dies kollidiert auch nicht mit dem Wortlaut der Regelung. Denn der Wortlaut des § 756 II ZPO gibt keinerlei zeitliche Vorgaben für die Abgabe des wörtlichen Angebots und Erklärung der Verweigerung.[576] Auch aus systematischer Sicht kann die Annahme erst während des Vollstreckungsverfahrens abgelehnt werden. Wie bereits dargelegt, hat ein Angebot nach § 756 II ZPO den Vollstreckungsschuldner im Gegensatz zu einem Angebot nach § 756 I 1. Alt. ZPO, § 295 BGB nicht in Annahmeverzug zu setzen. Folglich unterliegt ein Angebot nach § 756 II ZPO auch nicht den gleichen zeitlichen Beschränkungen wie ein den Annahmeverzug begründendes Angebot nach § 295 BGB.[577] Dies dient auch dem mit der Reform angestrebten Ziel der erleichterten Abgabe eines wörtlichen Angebots[578] und der Vereinfachung[579] der Zwangsvollstreckung.[580] Daher genügt es im Rahmen des § 756 II ZPO, dass der Vollstreckungsschuldner erst während des Vollstreckungsverfahrens die Annahme verweigert.[581]

---

571 *Goebel*, KTS 1995, 143, 168.

572 *Goebel*, KTS 1995, 143, 168.

573 *Goebel*, KTS 1995, 143, 168.

574 *Stein/Jonas/Münzberg*, § 756 Rdnr. 10; *Goebel*, KTS 1995, 143, 168; *Gilleßen/Coenen*, DGVZ 1998, 167, 168; *Fichtner*, S. 156.

575 BT-Drucks. 12/8314 S. 15.

576 *Fichtner*, S. 151 f.

577 *Fichtner*, S. 152.

578 BT-Drucks. 12/8314 S. 14 f.

579 BT-Drucks. 12/8314 S. 10.

580 *Fichtner*, S. 152.

581 *Wieczorek/Schütze/Salzmann*, § 756 Rdnr. 13; *Gottwald*, § 756 Rdnr. 11; *Fichtner*, S. 152.

5. *Subsidiarität*

Ein wörtliches Angebot nach § 756 II ZPO kann nur dann abgegeben werden, wenn die Voraussetzungen für ein wörtliches Angebot nach § 756 I 1. Alt. ZPO, § 295 BGB nicht gegeben sind, weil der Vollstreckungsschuldner nicht zuvor die Gegenleistung beziehungsweise seine Mitwirkungshandlung verweigert hat.[582] Dies ergibt sich zwar nicht zwingend aus dem Wortlaut der Vorschrift. Jedoch spricht dieser auch nicht gegen die Subsidiarität des wörtlichen Angebots nach § 756 II ZPO. Allerdings stellt die systematische Stellung der Regelung im zweiten Absatz nach § 756 I ZPO ein Argument für die Subsidiarität des wörtlichen Angebots nach § 756 II ZPO dar.[583] Auch nach der teleologischen Auslegung ist zu diesem Ergebnis zu gelangen. Denn in der Gesetzesbegründung heißt es, dass die Regelung des § 756 II ZPO die Vollstreckung nach einem wörtlichen Angebot auch für den Fall ermöglicht, dass der Vollstreckungsschuldner die Annahme erst während des Vollstreckungsverfahrens verweigert.[584] Der Zweck der Vorschrift liegt darin, die Abgabe eines wörtlichen Angebots auch dann zu ermöglichen, wenn nach § 756 I 1. Alt. ZPO, § 295 BGB ein solches nicht abgegeben werden kann, weil die Voraussetzungen des § 295 BGB nicht gegeben sind. Daraus ergibt sich, dass ein wörtliches Angebot nach § 756 II ZPO nur abgegeben werden kann, wenn ein solches Angebot nach § 756 I 1. Alt. ZPO, § 295 BGB nicht möglich ist.

6. *Ergebnis*

Das Vollstreckungsverfahren nach § 756 II ZPO unterscheidet sich deutlich von dem Verfahren nach § 756 I 1. Alt. ZPO. Das wörtliche Angebot, welches im Rahmen des § 756 II ZPO abzugeben ist, entspricht nicht dem wörtlichen Angebot nach § 295 S. 1 1. Alt. BGB. Denn nach § 756 II ZPO kann das Angebot abgegeben werden, ohne dass der Vollstreckungsschuldner zuvor die Annahme hätte verweigern müssen. Es muss daher den Vollstreckungsschuldner nicht Annahmeverzug setzen. Gleichwohl muss die angebotene Gegenleistung die dem Vollstreckungsschuldner nach materiellem Recht gebührende Leistung sein. Für

582 Genauso *Fichtner*, S. 159, der allerdings § 756 II ZPO als subsidiär gegenüber allen Regelungen des § 756 I ZPO ansieht.

583 *Fichtner*, S. 159.

584 BT-Drucks. 12/8314 S. 15.

die Durchführung eines Angebots nach § 756 II ZPO ist eine Beauftragung des Gerichtsvollziehers durch den Vollstreckungsgläubiger erforderlich. Der Vollstreckungsschuldner muss die Annahme der Gegenleistung verweigern. Dabei hat die Verweigerung ausdrücklich zu erfolgen und muss während des Vollstreckungsverfahrens vorgenommen werden. Das Angebot nach § 756 II ZPO ist subsidiär zu einem wörtlichen Angebot nach § 756 I 1. Alt. ZPO, § 295 BGB.

IV. Bewertung

Für den Vollstreckungsgläubiger kann sich ein tatsächliches Angebot mitunter als sehr aufwendig erweisen. Mit der Einführung der Regelung des § 756 II ZPO hat der Gesetzgeber bezweckt, dem Vollstreckungsgläubiger die Abgabe eines wörtlichen Angebots zu erleichtern. Die schon zuvor bestehende Möglichkeit, ein wörtliches Angebot nach § 756 I 1. Alt ZPO, § 295 S. 1 1. Alt. BGB abzugeben, spielte in der Praxis keine große Rolle, da der Vollstreckungsschuldner die Annahme bereits vor Abgabe des Angebots verweigern muss.[585] Die praktische Bedeutung der Regelung des § 756 II ZPO besteht darin, dass es genügt, wenn der Vollstreckungsschuldner nach der Abgabe des Angebot dieses ablehnt.[586] Ein den Vollstreckungsschuldner in Annahmeverzug setzendes Angebot ist daher nach § 756 II ZPO nicht erforderlich. Eine weitere Erleichterung besteht darin, dass der Gerichtsvollzieher nicht zu prüfen hat, ob die angebotene Gegenleistung die dem Vollstreckungsschuldner gebührende Leistung ist. Es ist allerdings zu bezweifeln, ob durch diese Regelung dem Vollstreckungsgläubiger in der Tat die Abgabe eines tatsächlichen Angebots erspart bleibt.[587] Denn auch nach § 756 II ist Verweigerung der Annahme seitens des Vollstreckungsschuldners erforderlich. Diese hat ausdrücklich zu erfolgen. Wenn daher der Vollstreckungsschuldner nicht angetroffen wird, sich nicht äußert oder seine Bereitschaft zur Annahme erklärt, ist der Vollstreckungsgläubiger zur Abgabe eines tatsächlichen, den Vollstreckungsschuldner in Annahmeverzug setzenden Angebots gezwungen. Insgesamt führt daher die Regelung des § 756 II ZPO in der Praxis zu keiner deutlichen Erleichterung der Abgabe eines wörtlichen Angebots.

---

585 *Wieczorek/Schütze/Salzmann*, § 756 Rdnr. 13.

586 *Wieczorek/Schütze/Salzmann*, § 756 Rdnr. 13.

587 *Schuschke/Walker*, § 756 Rdnr. 6; *Münzberg*, FS Lüke, S. 525, 535.

E. Nachweis der Befriedigung oder des Annahmeverzugs, § 756 I 2. Alt. ZPO

I. Einleitung

Nach § 756 I 2. Alt. ZPO darf der Gerichtsvollzieher mit der Vollstreckung beginnen, wenn durch öffentliche oder öffentlich beglaubigte Urkunde nachgewiesen wird, dass der Vollstreckungsschuldner befriedigt ist oder sich in Verzug der Annahme befindet. Eine Abschrift dieser Urkunde muss dem Vollstreckungsschuldner bereits zugestellt worden sein beziehungsweise ihm gleichzeitig zugestellt werden. Aufgrund dieser formalisierten Vollstreckungsvoraussetzung wird der Gerichtsvollzieher weitgehend von der Prüfung materiellrechtlicher Vorfragen befreit.[588] Diese Regelung ist die Konsequenz der Bestimmung des § 726 II ZPO.[589] Entgegen der strengen Auffassung des Reichsgerichts,[590] wurde von der Reichtagskommission die Erleichterung der Beweisführung mit dem Zusatz „oder öffentlich beglaubigte Urkunden" eingeführt.[591] Begründet wurde dies damit, dass „öffentlich beglaubigte Privaturkunden" für die in ihnen enthaltenen Erklärungen gemäß § 416 ZPO „denselben Beweis wie eine notariell aufgenommene" Urkunde nach § 415 ZPO erbringen.[592] Sollte der Schuldner ohne Angebot gemäß § 296 BGB in Annahmeverzug geraten, sind die den Annahmeverzug begründenden Tatsachen urkundlich nachzuweisen.[593] Jedoch wird der Gläubiger den Nachweis, dass der Schuldner die erforderliche Mitwirkung unterlassen hat, kaum erbringen können, so dass sich ein Angebot des Gläubigers nach § 756 I 1. Alt. ZPO zumeist kaum verhindern lassen wird.[594] Sofern der Vollstreckungsschuldner gegenüber dem Vollstreckungsgläubiger ausdrücklich erklärt, dass er die ihm gebührende Gegenleistung bereits erhalten hat, bedarf es keines urkundlichen Nachweises.[595] Ein Nachweis ist auch dann nicht erforderlich, wenn die

---

588 *Schilken*, AcP 181 (1981), 355, 370.

589 *Schneider*, JurBüro 1966, 911, 914.

590 RGZ 13, 330 f.

591 Hahn/Mugdan, Mat. VIII, S. 396.

592 Hahn/Mugdan, Mat. VIII, S. 396.

593 *Stein/Jonas/Münzberg*, § 756 Rdnr. 11; *Wieczorek/Schütze/Salzmann*, § 756 Rdnr. 16; MünchKomm-ZPO/*Heßler*, § 756 Rdnr. 42.

594 MünchKomm-ZPO/*Heßler*, § 756 Rdnr. 42.

595 LG Düsseldorf, DGVZ 1991, 39; *Schuschke/Walker*, § 756 Rdnr. 12; MünchKomm-ZPO/*Heßler*, § 756 Rdnr. 52.

Befriedigung des Vollstreckungsschuldners für den Gerichtsvollzieher erkennbar unstreitig ist.[596] Diese formalisierte Voraussetzung der Vollstreckung bewirkt, dass der Gerichtsvollzieher der Prüfung materiellrechtlicher Fragen weitgehend enthoben wird.[597]

II. Beweiswirkung der Urkunden

Die Beweiskraft der Urkunden sowie die Zulässigkeit und Voraussetzungen des Gegenbeweises bestimmen sich nach den allgemeinen Regelungen der §§ 415 ff. ZPO.[598] Eine Urkunde ist eine durch übliche oder vereinbarte Schriftzeichen verkörperte Gedankenerklärung.[599] Voraussetzung für die Beweiskraft der Urkunde ist ihre Echtheit.[600] Dies ist der Fall, wenn sie aufgrund ihrer Erscheinungsform und ihres Inhalts von derjenigen Person herrührt, die der Beweisführer beziehungsweise die ihrem Inhalt nach begünstigte Person als den Aussteller bezeichnet.[601] Für inländische öffentliche Urkunden besteht nach § 437 I ZPO die Vermutung der Echtheit.[602] Auch bei öffentlich beglaubigten Urkunden (§ 129 BGB) wird nach § 440 II ZPO die Echtheit vermutet.[603] In beiden Fällen ist der Beweis des Gegenteils zulässig.[604]

Öffentliche Urkunden haben äußere, formelle Beweiskraft hinsichtlich der beurkundeten Umstände.[605] Innere, materielle Beweiskraft, das heißt der Beweis der inhaltlichen Richtigkeit, worauf es für den Nachweis der Befriedigung oder des Annahmeverzugs ankommt,[606] haben nur Zeugnisurkunden im Sinne von § 418 ZPO.[607] Unter diese fällt das Gerichtsvollzieherprotokoll über einen früheren Pfändungsversuch.[608] Ein solches Pfändungsprotokoll genügt daher den An-

---

596 LG Düsseldorf, DGVZ 1991, 39; *Wieczorek/Schütze/Salzmann*, § 756 Rdnr. 16; *Schuschke/Walker*, § 756 Rdnr. 12.

597 *Schilken*, AcP 181 (1981), 355, 370.

598 MünchKomm-ZPO/*Heßler*, § 756 Rdnr. 45; *Schilken*, AcP 181 (1981), 355, 373.

599 *Rosenberg/Schwab/Gottwald*, ZPR, § 118 Rdnr. 1.

600 *Rosenberg/Schwab/Gottwald*, ZPR, § 118 Rdnr. 11.

601 *Rosenberg/Schwab/Gottwald*, ZPR, § 118 Rdnr. 11.

602 *Thomas/Putzo/Reichold*, § 437 Rdnr. 2.

603 *Thomas/Putzo/Reichold*, § 440 Rdnr. 2.

604 MünchKomm-ZPO/*Schreiber*, § 437 Rdnr. 4; MünchKomm-ZPO/*Schreiber*, § 440 Rdnr. 3.

605 MünchKomm-ZPO/*Schreiber*, § 415 Rdnr. 26; *Schilken*, AcP 181 (1981), 355, 373.

606 *Schilken*, AcP 181 (1981), 355, 373.

607 *Thomas/Putzo/Reichold*, § 418 Rdnr. 4.

608 *Schilken*, AcP 181 (1981), 355, 373.

forderungen des § 756 I 2. Alt. ZPO, sofern die den Annahmeverzug begründenden Tatsachen darin aufgeführt sind.[609] Der Gegenbeweis ist möglich.[610] Dafür ist erforderlich, zu beweisen, dass das durch die Urkunde bezeugte nicht mit dem tatsächlich Geschehenen übereinstimmt.[611] Allerdings genügt bloßes Bestreiten der beurkundeten Tatsachen nicht; der Beweisantrag hat substantiiert zu sein. Durch Parteivernehmung kann der Gegenbeweis nicht angetreten werden, § 445 II ZPO.[612] Ein Gegenbeweis ist grundsätzlich erst dann geführt, wenn das Gericht voll überzeugt ist.[613] Daher ist es nicht ausreichend, dass die bloße Möglichkeit der Unrichtigkeit dargetan wird.[614] Vielmehr ist der Beweis erforderlich, dass die Möglichkeit der Richtigkeit ausgeschlossen ist.[615]

Bei einem gerichtlichen Urteil handelt es sich hingegen um eine Urkunde im Sinne von §§ 415, 417 ZPO.[616] Eine solche beweist daher lediglich, dass ein Urteil mit entsprechendem Inhalt ergangen ist; dagegen stellt es keinen Beweis für die inhaltliche Richtigkeit des Urteils dar.[617] Allerdings kann ein solches Urteil im Rahmen der freien Beweiswürdigung (§ 286 ZPO) ein Indiz für die Richtigkeit des Inhalts darstellen.[618] Soweit die formelle Beweiskraft reicht, ist der Gegenbeweis nicht zulässig.[619]

III. Zeitpunkt des Annahmeverzugs

Es stellt sich die Frage, wann der durch Urkunden nachgewiesene Annahmeverzug des Vollstreckungsschuldners einzutreten hat. Vereinzelt wird vertreten, dass der Verzug erst nach Erlass des Urteils auf Leistung Zug um Zug eintreten

---

609 *Schilken*, AcP 181 (1981), 355, 373.
610 *Thomas/Putzo/Reichold*, § 418 Rdnr. 5.
611 MünchKomm-ZPO/*Schreiber*, § 418 Rdnr. 8.
612 *Thomas/Putzo/Reichold*, § 418 Rdnr. 5.
613 *Baumbach/Lauterbach/Albers/Hartmann*, § 418 Rdnr. 9.
614 OLG Köln, DGVZ 1986, 117, 118.
615 OLG Köln, DGVZ 1986, 117, 118; *Stein/Jonas/Münzberg*, § 418 Rdnr. 6.
616 *Zöller/Geimer*, § 417 Rdnr. 1.
617 MünchKomm-ZPO/*Schreiber*, § 417 Rdnr. 6; *Schilken*, AcP 181 (1981), 355, 373 f.
618 *Schilken*, AcP 181 (1981), 355, 373.
619 MünchKomm-ZPO/*Schreiber*, § 417 Rdnr. 7.

darf.[620] Dem gegenüber kann nach herrschender Ansicht der Vollstreckungsschuldner bereits vor Urteilserlass in Annahmeverzug geraten sein.[621]

Aus dem Wortlaut der relevanten Vorschriften ergibt sich keine Beschränkung dahingehend, dass der Annahmeverzug erst nach Urteilserlass eintreten darf. Der Wortlaut spricht vielmehr dafür, dass keine zeitliche Unterscheidung vorzunehmen ist.[622] Daher erlaubt der Wortlaut des § 756 I 2. Alt. ZPO auch nicht den Einwand,[623] dass nicht der Nachweis des Annahmeverzugs, sondern der eines Angebots der Gegenleistung, „um dem Schuldner eine urteilsgemäße Erfüllung seiner Verpflichtung zu ermöglichen", Voraussetzung der Vollstreckung sei.[624]

Die Berücksichtigung des vor Urteilserlass eintretenden Annahmeverzugs entspricht auch der Auffassung des historischen Gesetzgebers. Denn so heißt es in der Gesetzesbegründung zu § 726 ZPO, dass die Zwangsvollstreckung auch ohne Bewirkung der Gegenleistung erfolgen kann, wenn sich der Schuldner „fortdauernd" in Annahmeverzug befindet.[625] Diese Tatsache werde „in der Regel schon aufgrund der in dem Urteil enthaltenen Feststellung als nachgewiesen" angesehen.[626] Diese Ansicht des Gesetzgebers zeigt sich auch in den Begründungen zu § 274 II BGB. Danach kann der Gläubiger auch ohne Erbringung der Gegenleistung vollstrecken lassen, „wenn und *solange*" der Vollstreckungsschuldner sich in Verzug der Annahme befindet.[627] Der historische Gesetzgeber geht daher davon aus, dass der Annahmeverzug schon vor Urteilerlass eintreten kann.[628]

---

620 *Hellwig*, S. 375 ff.; *Rieß*, GruchB 51, 584 ff; *Wieczorek/Schütze/Paulus*, § 726 Rdnr. 20.

621 RG, JW 1909, 463; KG, NJW 1972, 2052; MünchKomm-ZPO/*Heßler*, § 756 Rdnr. 42; *Wieczorek/Schütze/Salzmann*, § 756 Rdnr. 17; *Stein/Jonas/Münzberg*, § 756 Rdnr. 11; *Zöller/Stöber*, § 756 Rdnr. 9; MünchKomm-BGB/*Emmerich*, § 322 Rdnr. 22; *Rosenberg/Gaul/Schilken*, § 16 V I 1 b dd; *E. Schneider*, JurBüro 1966, 817, 820; *Schilken*, AcP 181 (1981), 355, 371; *Christmann*, DGVZ 1990, 1, 2; *Doms*, NJW 1984, 1340; *Fichtner*, S. 117.

622 *Schilken*, AcP 181 (1981), 355, 370.

623 *Reuter*, S. 78 ff., 85 ff.

624 *Schilken*, AcP 181 (1981), 355, 371.

625 *Hahn/Mugdan*, Mat. VIII, S. 137.

626 *Hahn/Mugdan*, Mat. VIII, S. 137.

627 Motive, S. 203 = *Mugdan*, Mat. II, S. 112.

628 *Stein/Jonas/Münzberg*, § 756 Rdnr. 11; *Schilken*, AcP 181 (1981), 355, 371.

Dem widerspricht auch nicht, dass mit dem Nachweis des Annahmeverzugs durch das Urteil eine Tatsache bewiesen werden soll, die für eine Verurteilung zur Leistung schlechthin nicht ausgereicht hat.[629] Es stellt keinen Widerspruch dar, bei bestehendem Annahmeverzug den Schuldner zur Leistung Zug um Zug gegen Erbringung der Gegenleistung zu verurteilen,[630] die Vollstreckung aber ohne Bewirkung der Gegenleistung zu erlauben. Es entspricht der gesetzlichen Systematik der § 274 II BGB, § 756 I ZPO, die materiellrechtliche Verknüpfung von Leistung und Gegenleistung erst auf der Ebene der Zwangsvollstreckung zu lösen.[631]

Daher genügt es im Vollstreckungsverfahren des § 756 ZPO, dass der Vollstreckungsschuldner hinsichtlich der Gegenleistung bereits vor Urteilserlass in Annahmeverzug geraten ist, sofern der Nachweis in gehöriger Form erbracht wird. Der herrschenden Ansicht ist somit zu folgen.

IV. Zum Nachweis geeignete Urkunden

1. Urteil

a) Einleitung

Als Nachweisurkunde im Sinne des § 756 I 2. Alt. ZPO kommen Gerichtsurteile in Betracht.[632] Es kann sich dabei um das zu vollstreckende oder auch ein weiteres Urteil handeln. Besonders hervorzuheben ist das Feststellungsurteil.[633] Der Gläubiger kann seinen Klageantrag auf Leistung Zug um Zug mit einem Antrag nach § 256 I ZPO auf Feststellung des Annahmeverzugs des Schuldners in Bezug auf die diesem gebührende Gegenleistung verbinden.[634] Das rechtliche Interesse an der alsbaldigen Feststellung ergibt sich für den Gläubiger aus seinem Interesse an der baldigen Klärung der materiellrechtlichen Voraussetzungen des

629 *Hellwig*, S. 377 f.; *Reuter*, S. 85 ff.

630 Eine unbedingte Verurteilung bei bestehendem Annahmeverzug ist nicht möglich. Der Schuldner ist vielmehr auch in diesem Fall zur Leistung Zug um Zug zu verurteilen (§ 2 B).

631 *Schilken*, AcP 181 (1981), 355, 371.

632 MünchKomm-ZPO/*Heßler*, § 756 Rdnr. 47.

633 *Stein/Jonas/Münzberg*, § 756 Rdnr. 12.

634 RG, JW 1909, 463 Nr. 23; MünchKomm-ZPO/*Heßler*, § 756 Rdnr. 47.

Annahmeverzugs beziehungsweise der Befriedigung des Schuldners, um so zügig mit der Vollstreckung beginnen zu können.[635]

b) Anforderungen an den Nachweis durch Urteil

aa) Meinungsstand

Es stellt sich die Frage, welche Anforderungen an den Nachweis durch ein Gerichtsurteil zu stellen sind. Nach allgemeiner Auffassung ist die Feststellung des Annahmeverzugs im Tenor des Urteils ausreichend. Dies kann durch ein Feststellungsurteil nach § 256 I ZPO erreicht werden.[636] Darüber hinaus ist jedoch umstritten, ob sich der Annahmeverzug des Vollstreckungsschuldners auch aus dem gesamten Urteil, unter Heranziehung von Tatbestand und Entscheidungsgründen, ergeben kann.

aaa) Tenor als Nachweis

Dies wird zum Teil abgelehnt.[637] Annahmeverzug des Vollstreckungsschuldners muss im Tenor festgestellt werden.[638] Die Beschränkung auf den Tenor wird damit begründet, dass den Vollstreckungsorganen, insbesondere dem Gerichtsvollzieher, bei der Prüfung des urkundlichen Nachweises besondere materiellrechtliche Erwägungen nicht zugemutet werden dürften.[639]

Darüber hinaus wird mit der Beweiswirkung der Gerichtsurteile argumentiert.[640] Bei einem gerichtlichen Urteil handelt es sich um eine Urkunde im Sinne der §§ 415, 417 ZPO.[641] Als solche beweist das Urteil lediglich, dass eine Entscheidung mit dem entsprechenden Inhalt ergangen ist, nicht aber deren inhaltliche Richtigkeit.[642] Da der Annahmeverzug keine Voraussetzung für den Erlass eines Urteils auf Leistung Zug um Zug gegen Erbringung der Gegenleistung darstellt, handelt es sich bei der Feststellung des Annahmeverzugs in den Entschei-

---

635 Siehe dazu oben § 2 C.

636 *Schilken*, AcP 181 (1981), 355, 372.

637 *Schilken*, AcP 181 (1981), 355, 372 ff.

638 *Schilken*, AcP 181 (1981), 355, 373 f.

639 KG, NJW 1972, 2052; OLG Frankfurt, Rpfleger 1979, 432; *Schilken*, AcP 181 (1981), 355, 372.

640 *Schilken*, AcP 181 (1981), 355, 373 f.

641 *Zöller/Geimer*, § 417 Rdnr. 1.

642 MünchKomm-ZPO/*Schreiber*, § 417 Rdnr. 6; *Schilken*, AcP 181 (1981), 355, 373 f.

dungsgründen nicht um eine das Urteil tragende Feststellung.[643] Aus diesem Grund können dementsprechende Ausführungen im gerichtlichen Urteil keine den Nachweisanforderungen des § 756 I ZPO genügende Beweiswirkung zukommen.[644] Auch könne die Erwähnung des Annahmeverzugs im Tatbestand des Urteils nicht den Anforderungen des § 756 I ZPO genügen, weil diese nach §§ 314, 415, 417 ZPO lediglich das diesbezügliche Parteivorbringen beweist.[645] Weil es für das Erkenntnisverfahren unerheblich ist, könne der Vollstreckungsschuldner die Erwähnung des Annahmeverzugs im Tatbestand aber für unwesentlich halten.[646] Annahmeverzug des Vollstreckungsschuldners könnten daher nur durch den Urteilstenor nachgewiesen werden.[647]

Durch diese Beschränkung auf den Urteilstenor werde der Vollstreckungsgläubiger auch nicht in unangemessener Weise benachteiligt.[648] Denn er könne den Annahmeverzug immer noch durch ein den Verzug begründendes Angebot gemäß § 756 I 1. Alt. ZPO herbeiführen.[649] Aus diesen Gründen könne sich der nach § 756 I ZPO erforderliche Nachweis des Annahmeverzugs nicht aus dem gesamten Urteil, sondern nur aus dem Tenor ergeben.[650]

bbb) Gesamtes Urteil als Nachweis

Nach herrschender Ansicht aber könne sich der Annahmeverzug des Vollstreckungsschuldners aus dem gesamten Urteil einschließlich des Tatbestandes und der Entscheidungsgründe ergeben.[651] Das zu vollstreckende Urteil könne daher als Nachweis dienen, sofern sich Annahmeverzug beziehungsweise Befriedigung des Vollstreckungsschuldners „liquide“, das heißt ohne schwierige materiellrechtliche Überlegungen anstellen zu müssen, aus dem Urteil ergeben.[652] Da es

---

643 *Schilken*, AcP 181 (1981), 355, 374.

644 *Schilken*, AcP 181 (1981), 355, 374.

645 *Schilken*, AcP 181 (1981), 355, 374.

646 *Schilken*, AcP 181 (1981), 355, 374.

647 *Schilken*, AcP 181 (1981), 355, 374.

648 *Schilken*, AcP 181 (1981), 355, 375.

649 *Schilken*, AcP 181 (1981), 355, 375.

650 *Schilken*, AcP 181 (1981), 355, 374.

651 KG, NJW 1972, 2052; MünchKomm-ZPO/*Heßler*, § 756 Rdnr. 47; *Stein/Jonas/Münzberg*, § 756 Rdnr. 12; *Rosenberg/Gaul/Schilken*, § 16 V I 1 b dd.

652 BGH, NJW 1982, 1048, 1049; KG, MDR 1975, 149; MünchKomm-ZPO/*Heßler*, § 756 Rdnr. 47; *Stein/Jonas/Münzberg*, § 756 Rdnr. 12; *Wieczorek/Schütze/Salzmann*, § 756

dafür nicht auf das Ausmaß der Rechtskraftwirkung,[653] sondern auf die Beweiswirkung des Urteils ankomme, genüge es, wenn sich Annahmeverzug des Vollstreckungsschuldners für jedermann klar ergebe.[654]

Zum Teil wird innerhalb der herrschenden Meinung, nach der sich Annahmeverzug des Vollstreckungsschuldners aus dem gesamten Urteil ergeben könne, noch danach differenziert, ob es sich um lediglich beiläufige oder um die Verurteilung tragende Entscheidungsgründe handelt. Für den Nachweis werden in diesem Fall nur die den Urteilsspruch mittragenden Entscheidungsgründe als ausreichend angesehen.[655]

Vereinzelt wird vertreten, dass es als Nachweis des Annahmeverzugs auch genügt, wenn nach dem Tatbestand der Gläubiger den Antrag auf Verurteilung zur Leistung Zug um Zug gegen Bewirkung der Gegenleistung gestellt hat und der Schuldner beantragt hat, die Klage abzuweisen.[656] Denn mit dem Antrag auf Verurteilung Zug um Zug habe der Kläger die Gegenleistung angeboten.[657] Durch den Abweisungsantrag wiederum habe der Vollstreckungsschuldner seinerseits die Annahme der Gegenleistung abgelehnt.[658] Dies sei als Nachweis des Annahmeverzugs anzusehen.[659] Diesem wird von einer Mehrheit widersprochen. Allein der Tatbestand könne nicht immer als Nachweis dienen. So sei es nicht als liquider Nachweis des Annahmeverzugs anzusehen, wenn der Vollstreckungsschuldner nach dem Tatbestand dem Antrag des Gläubigers auf Verurteilung zur Leistung Zug um Zug gegen Erbringung der Gegenleistung mit der Beantragung der Klageabweisung entgegengetreten ist.[660] Denn um zu beurteilen, ob der sich der Vollstreckungsschuldner in Annahmeverzug befindet wäre der Gerichtsvoll-

---

Rdnr. 16; *Rosenberg/Gaul/Schilken*, § 16 V I 1 b dd; *Gilleßen/Jakobs*, DGVZ 1981, 49, 56; a.A. *Fichtner*, S. 124.

653 OLG Köln, DGVZ 1989, 151, 152; *Stein/Jonas/Münzberg*, § 756 Rdnr. 12 m. Fn. 72 a.E.; *Rosenberg/Gaul/Schilken*, § 16 V I 1 b dd.

654 *Rosenberg/Gaul/Schilken*, § 16 V I 1 b dd.

655 AG Mönchengladbach, DGVZ 1992, 124; *Wieczorek/Schütze/Salzmann*, § 756 Rdnr. 16.

656 OLG Hamm, Rpfleger 1992, 315; LG Bonn, NJW 1963, 721; *Schneider*, JurBüro 1966, 911, 915 f.

657 OLG Hamm, Rpfleger 1992, 315.

658 OLG Hamm, Rpfleger 1992, 315.

659 OLG Hamm, Rpfleger 1992, 315.

660 OLG Frankfurt, Rpfleger 1979, 432; *Wieczorek/Schütze/Salzmann*, § 756 Rdnr. 16; MünchKomm-ZPO/*Heßler*, § 756 Rdnr. 47; *Stein/Jonas/Münzberg*, § 756 Rdnr. 12; *Rosenberg/Gaul/Schilken*, § 16 V I 1 b dd.

zieher gezwungen, schwierige materiellrechtliche Überlegungen anzustellen, die ihm nach dem Zweck des § 756 ZPO nicht zuzumuten seien.[661] Ebenso wenig genügt als Nachweis des Annahmeverzugs ein bloßer Hinweis im Tatbestand, dass der Gläubiger dem Schuldner die Gegenleistung zur Abholung bereit gestellt hat.[662]

Nach herrschender Ansicht kann somit durch das gesamte Urteil, auch unter Heranziehung von Tatbestand und Entscheidungsgründen, Annahmeverzug des Vollstreckungsschuldners nachgewiesen werden. Dieser haben sich aber liquide aus dem Urteil zu ergeben. Die Beantragung der Klageabweisung weist nicht den Annahmeverzug nach.

bb) Bewertung

Der ersten Ansicht, nach der sich Annahmeverzug des Vollstreckungsschuldners nur aus dem Urteilstenor ergeben kann, kann nicht gefolgt werden. In der Regelung des § 756 I 2. Alt. ZPO heißt es, dass der Beweis des Annahmeverzugs beziehungsweise der Befriedigung durch „öffentliche Urkunde" erfolgen kann. Aus dem Wortlaut der Vorschrift ergibt sich daher keine Beschränkung auf bestimmte Teile der Nachweisurkunde. Auch spricht die Gesetzesbegründung nicht dafür, dass nur eine Feststellung im Urteilstenor als Nachweis für Annahmeverzug beziehungsweise Befriedigung dienen kann.[663] So heißt es in der Begründung der Novelle zur CPO zu § 664 CPO (= § 726 ZPO), dass Annahmeverzug „in der Regel schon aufgrund der in dem Urteil enthaltenen Feststellung als nachgewiesen angesehen werde".[664] Es ist davon auszugehen, dass der historische Gesetzgeber damit meint, dass sich der Annahmeverzug aus dem gesamten Gerichtsurteil und damit nicht nur aus dem Tenor ergeben kann.[665]Auch wenn ein Gerichtsurteil gemäß §§ 415, 417 ZPO lediglich beweist, dass eine Entscheidung mit dem entsprechenden Inhalt ergangen ist, so kann sich aus der Erwähnung des Annahmeverzugs im Tatbestand beziehungsweise in den Entscheidungsgründen durchaus ein Indiz für das Vorliegen desselben ergeben.[666] Dies ist insbesondere

---

661 OLG Frankfurt, Rpfleger 1979, 432.

662 *Schuschke/Walker*, § 756 Rdnr.15 m. Fn. 57.

663 *Fichtner*, S. 123 f.

664 Hahn/Mugdan, Mat. VIII, S. 137.

665 *Fichtner*, S. 123 f.

666 *Stein/Jonas/Münzberg*, § 756 Rdnr. 12 m. Fn. 72 a.E.; *Schilken*, AcP 181 (1981), 355, 374.

der Fall, wenn die den Annahmeverzug begründen Tatsachen laut Tatbestand unstreitig sind.[667] Der Gegenstand des Beweises bei Gerichtsurteilen kann somit nicht auf den Urteilstenor beschränkt werden. Der ersten Ansicht kann daher nicht gefolgt werden.

Der Ansicht, nach der sich Annahmeverzug des Schuldners aus dem gesamten Gerichtsurteil auch unter Heranziehung von Tatbestand und Entscheidungsgründen ergeben kann, ist zuzustimmen. Weder der Wortlaut der Vorschrift des § 756 I 2. Alt. ZPO noch die Einlassungen des historischen Gesetzgebers lassen auf eine Beschränkung der Nachweisurkunde des Gerichtsurteils auf den Urteilstenor schließen.[668]

Allerdings kann der Annahmeverzug entgegen der Ansicht *Fichtners*[669] nur als bewiesen gelten, wenn sich dieser „liquide", das heißt, so klar aus dem Urteil ergibt, dass dem Gerichtsvollzieher keine schwierigen materiellrechtlichen Überlegungen abverlangt werden.[670] Denn dem Gerichtsvollzieher sind komplizierte materiellrechtliche Überlegungen nach dem Sinn und Zweck des § 756 ZPO nicht zumutbar.[671] Durch dieses einfach feststellbare Formalerfordernis soll die Zwangsvollstreckung erleichtert werden.[672] Aus diesem Grund kann der Annahmeverzug auch nicht dadurch nachgewiesen werden, dass der Schuldner ausweislich des Tatbestands dem Antrag des Gläubigers auf Verurteilung Zug um Zug mit dem Klageabweisungsantrag entgegengetreten ist.[673] Die Prüfung, ob auch die Voraussetzungen für ein wörtliches Angebot seitens des Gläubigers vorlagen und ob der Schuldner das Angebot der Gegenleistung zu Recht oder zu Unrecht abgelehnt hat, also durch die Ablehnung in Annahmeverzug geraten ist, erfordern schwierige materiellrechtliche Überlegungen, die dem Gerichtsvollzieher nicht zuzumuten sind.[674]

---

667 *Stein/Jonas/Münzberg*, § 756 Rdnr. 12 m. Fn. 71.

668 *Fichtner*, S. 123 f.

669 *Fichtner*, S. 124.

670 *Wieczorek/Schütze/Salzmann*, § 756 Rdnr. 16; MünchKomm-ZPO/*Heßler*, § 756 Rdnr. 47; *Stein/Jonas/Münzberg*, § 756 Rdnr. 12; *Rosenberg/Gaul/Schilken*, § 16 V I 1 b dd.

671 OLG Frankfurt, Rpfleger 1979, 432; KG, NJW 1972, 2052 f.

672 KG, NJW 1972, 2052 f.; *Schilken*, AcP 181 (1981), 355, 372; *Wieczorek/Schütze/Salzmann*, § 756 Rdnr. 16.

673 OLG Frankfurt, Rpfleger 1979, 432.

674 Dies wird verkannt von *Fichtner*, S. 124.

Eine Differenzierung zwischen Entscheidungsgründen, die das Urteil tragen und solchen, die dies nicht tun, ist allerdings nicht sinnvoll.[675] Denn für die Verurteilung zur Leistung Zug um Zug gegen Erbringung der Gegenleistung spielt das Bestehen oder Nichtbestehen des Annahmeverzugs keine Rolle. So ergeht ein Zug-um-Zug-Urteil unabhängig davon, ob sich der Schuldner in Annahmeverzug befindet oder nicht. Wie bereits dargelegt, ergeht auch bei bestehendem Annahmeverzug aufgrund der Regelung des 274 BGB zwingend ein Zug-um-Zug-Urteil. Lediglich im Fall der Vorleistungspflicht stellt der Annahmeverzug nach § 322 II BGB eine Voraussetzung für die Verurteilung zur Leistung Zug um Zug dar. Mit der Ausnahme im Fall der Vorleistungspflicht handelt es sich bei Erklärungen zum Annahmeverzug im Zug-um-Zug-Urteil nicht um dieses Urteil tragende Entscheidungsgründe. Eine Differenzierung kann daher nicht vorgenommen werden.

c) Ergebnis

Ein Gerichtsurteil kann als Nachweisurkunde im Sinne des § 756 I 2. Alt. ZPO dienen. Dabei kann der Nachweis des Annahmeverzugs des Schuldners durch das gesamte Urteil, auch unter Heranziehung des Tatbestandes und der Entscheidungsgründe, erbracht werden. Nach dem Sinn der Vorschrift sollen dem Gerichtsvollzieher bei der Prüfung des Nachweises keine schwierigen materiellrechtlichen Überlegungen zugemutet werden. Daher müssen sich Annahmeverzug beziehungsweise Befriedigung des Schuldners liquide, das heißt für jeden klar erkennbar, ergeben. Aus diesem Grund ist es nicht als liquider Nachweis anzusehen, wenn ausweislich des Tatbestands der Schuldner dem Antrag des Gläubigers auf Zug-um-Zug-Verurteilung mit dem Antrag auf Klageabweisung entgegengetreten ist. Es empfiehlt sich aber für den Gläubiger, den Annahmeverzug nach § 256 I ZPO feststellen zu lassen, so dass dieser durch den Tenor des Urteils nachgewiesen wird.[676]

2. Gerichtsvollzieherprotokoll

Mit einem Gerichtsvollzieherprotokoll über ein den §§ 293 ff. BGB entsprechendes Angebot der Gegenleistung kann der Annahmeverzug nachgewiesen

675 *Schilken*, AcP 181 (1981), 355, 374.

676 *Doms*, NJW 1984, 1340.

werden.[677] Dabei muss in dem Protokoll die Gegenleistung genau bezeichnet und die Ablehnung der Annahme der Gegenleistung beziehungsweise die Verweigerung der Erfüllung der geschuldeten Leistung beurkundet sein.[678] Aus dem Protokoll haben sich auch die Zulässigkeit und Ordnungsmäßigkeit des Angebots zu ergeben.[679] Ebenso als Nachweis dienen kann ein Gerichtsvollzieherprotokoll über einen früheren erfolglosen Vollstreckungsversuch nach Abgabe eines tatsächlichen oder wörtlichen Angebots der Gegenleistung.[680]

3. Hinterlegungsschein

Einer Meinung zufolge kann der Nachweis des Annahmeverzugs beziehungsweise der Befriedigung auch durch einen Hinterlegungsschein erbracht werden.[681] Erforderlich ist danach allerdings, dass der Vollstreckungsgläubiger die Rücknahme der hinterlegten Gegenleistung nach § 378 BGB ausgeschlossen hat.[682] Bei dem Hinterlegungsschein handelt es sich um eine öffentliche Urkunde nach § 418 ZPO. Nach einer anderen Meinung hingegen ist der Nachweis der Befriedigung nicht möglich, da über die Person des Gläubigers der Gegenleistung nie Unsicherheit herrschen könne.[683] Diese sei durch den Titel genau individualisiert.[684]

Nach § 372 BGB ist Voraussetzung für die Hinterlegung entweder die Unsicherheit über die Person des Gläubigers oder die Tatsache, dass sich der Gläubiger in Annahmeverzug befindet oder ein anderes in der Person des Gläubigers liegendes Leistungshindernis. Die letzte Ansicht, die den Nachweis durch einen Hinterlegungsschein ablehnt, verkennt jedoch, dass der Vollstreckungsgläubiger

---

677 *Schuschke/Walker*, § 756 Rdnr. 14; MünchKomm-ZPO/*Heßler*, § 756 Rdnr. 48; *Zöller/Stöber*, § 756 Rdnr. 9; *Thomas/Putzo*, § 756 Rdnr. 10.

678 MünchKomm-ZPO/*Heßler*, § 756 Rdnr. 48.

679 *Gilleßen/Jakobs*, DGVZ 1981, 49, 56.

680 MünchKomm-ZPO/*Heßler*, § 756 Rdnr. 49.

681 *Stein/Jonas/Münzberg*, § 756 Rdnr. 13; *Musielak/Lackmann*, § 756 Rdnr. 10; *Wieczorek/Schütze/Salzmann*, § 756 Rdnr. 16; MünchKomm-ZPO/*Heßler*, § 756 Rdnr. 50; *Schilken*, AcP 181 (1981), 355, 375; a.A. *Schneider*, JurBüro 1966, 818, 819.

682 *Stein/Jonas/Münzberg*, § 756 Rdnr. 13; *Musielak/Lackmann*, § 756 Rdnr. 10; *Wieczorek/Schütze/Salzmann*, § 756 Rdnr. 16; MünchKomm-ZPO/*Heßler*, § 756 Rdnr. 50; *Schilken*, AcP 181 (1981), 355, 375.

683 KG, DGVZ 1964, 151; *Schneider*, JurBüro 1966, 818, 819; *Zöller/Stöber*, § 756 Rdnr. 9.

684 *Schneider*, JurBüro 1966, 818, 819.

in dem vom Kammergericht entschiedenen Fall[685] die Gegenleistung nicht wegen Annahmeverzugs, sondern wegen Unsicherheit über die Person des Gläubigers der Gegenleistung hinterlegt hat.

Der Hinterlegungsschein kann nur dann den Annahmeverzug beweisen, wenn die Hinterlegung aufgrund des Annahmeverzugs des Gläubigers (= Vollstreckungsschuldner) erfolgt ist. Dies wäre allerdings durch öffentliche oder öffentlich beglaubigte Urkunde zu beweisen.[686] Das bedeutet, dass der Hinterlegungsschein allein nicht als Nachweis des Annahmeverzugs im Sinne des § 756 I 2. Alt. ZPO dienen kann. Daher hat der Hinterlegungsschein als Nachweisurkunde praktisch keine Bedeutung.[687]

4. Quittung

Mit einer öffentlich beglaubigten Quittung des Schuldners über die Erbringung der Gegenleistung kann die Befriedigung des Vollstreckungsschuldners nachgewiesen werden.[688] Durch ihre Beurkundung begründet die Quittung, der zunächst nach § 416 ZPO nur formelle Beweiskraft zukommt, nach § 418 ZPO vollen Beweis der Erfüllung der Gegenleistung.[689] Nach § 368 S. 2 BGB hat der Vollstreckungsgläubiger einen Anspruch auf die notarielle Beurkundung; die Kosten hat nach 369 BGB der Vollstreckungsschuldner zu tragen.[690]

5. Zugestelltes Aufforderungsschreiben

Verschiedentlich wird vertreten, dass ein zugestelltes Aufforderungsschreiben den Annahmeverzug nachzuweisen vermag.[691] Dies sei der Fall, wenn zur Begründung des Annahmeverzugs ein wörtliches Angebot nach § 295 S. 2 BGB genügt, weil zur Bewirkung der geschuldeten Gegenleistung eine Handlung des

---

685 KG, DGVZ 1964, 151.

686 *Fichtner*, S. 126.

687 *Fichtner*, S. 126.

688 *Wieczorek/Schütze/Salzmann*, § 756 Rdnr. 16; MünchKomm-ZPO/*Heßler*, § 756 Rdnr. 50; *Stein/Jonas/Münzberg*, § 756 Rdnr. 14; *Schuschke/Walker*, § 756 Rdnr. 12; *Schilken*, AcP 181 (1981), 355, 375.

689 *Schilken*, AcP 181 (1981), 355, 375.

690 *Schuschke/Walker*, § 756 Rdnr. 12.

691 *Gilleßen/Jakobs*, DGVZ 1981, 49, 56; AG Köln, DGVZ 1981, 41, 42; LG Köln, DGVZ 1981, 41, 42.

Vollstreckungsschuldners erforderlich ist.[692] Nach § 295 BGB sei es irrelevant, ob und auf welche Weise der Vollstreckungsschuldner auf die Aufforderung zur Vornahme der Mitwirkungshandlung reagiert.[693] Bei der Zustellungsurkunde des Gerichtsvollziehers beziehungsweise bei der Postzustellungsurkunde, im Falle einer Zustellung durch die Post, handele es sich um eine öffentliche Urkunde nach § 756 I 2. Alt ZPO. Daher werde durch die Zustellung der relevanten Urkunde der Annahmeverzug nachgewiesen.[694]

Dieser Meinung kann nicht gefolgt werden. Die Zustellung einer Aufforderung zur Vornahme der nach § 295 S. 1 BGB erforderlichen Mitwirkungshandlung vermag nicht den Annahmeverzug zu begründen. Durch die Zustellungsurkunde wird lediglich nach § 415, 418 ZPO der Zugang des Aufforderungsschreiben, mithin die Abgabe des wörtlichen Angebots nach § 295 S. 1 BGB bewiesen. Der Nachweis des Annahmeverzugs wird dadurch aber nicht erbracht.[695] Denn der Vollstreckungsschuldner gerät nur in Annahmeverzug, wenn er die erforderliche Mitwirkungshandlung unterlässt.[696] Die Beweislast für die anschließende Nichtvornahme der Mitwirkungshandlung hat der Schuldner (= Vollstreckungsgläubiger) zu tragen.[697] Dies hingegen wird durch das Aufforderungsschreiben gerade nicht nachgewiesen.[698] Dafür wäre erforderlich, dass der Gerichtsvollzieher die Vornahme der Mitwirkungshandlung überprüft und deren Unterlassung nach § 762 ZPO protokolliert.[699] Daher vermag ein zugestelltes Aufforderungsschreiben den Annahmeverzug nicht nach § 756 I 2. Alt. ZPO nachzuweisen. Eine mündliche Aufforderung zur Vornahme der Mitwirkungshandlung durch den Gerichtsvollzieher wird daher in der Praxis unumgänglich sein.[700]

---

692 AG Köln, DGVZ 1981, 41; LG Köln, DGVZ 1981, 41.

693 AG Köln, DGVZ 1981, 41, 42; LG Köln, DGVZ 1981, 41, 42.

694 AG Köln, DGVZ 1981, 41, 42; LG Köln, DGVZ 1981, 41, 42.

695 MünchKomm-ZPO/*Heßler*, § 756 Rdnr. 42; *Fichtner*, S. 129.

696 *Staudinger/Löwisch*, § 298 Rdnr. 5.

697 *Staudinger/Löwisch*, § 295 Rdnr. 27, § 293 Rdnr. 36; *Soergel/Wiedemann*, § 295 Rdnr. 18.

698 MünchKomm-ZPO/*Heßler*, § 756 Rdnr. 42.

699 *Fichtner*, S. 129.

700 MünchKomm-ZPO/*Heßler*, § 756 Rdnr. 42.

6. Eidesstattliche Versicherung

Einer Ansicht zufolge kann durch eine notariell beurkundete eidesstattliche Versicherung des Vollstreckungsgläubigers, die Tatsache seines Angebots nachgewiesen werden.[701] Diese beweise als öffentlich beglaubigte Urkunde den Zugang des Angebots und somit das Vorliegen des Annahmeverzugs.[702]

Dieser Ansicht kann nicht zugestimmt werden. Die notarielle Urkunde beweist lediglich den vom Notar beurkundeten Vorgang, nämlich die Abgabe der Erklärung der eidesstattlichen Versicherung.[703] Hingegen wird nicht der Inhalt der Erklärung von der Beglaubigung erfasst; die Abgabe und der Zugang des Angebots der Gegenleistung wird daher nicht nachgewiesen.[704] Darüber hinaus wird durch die eidesstattliche Versicherung auch nicht der Nachweis der für den Annahmeverzug erforderlichen Ablehnung der Annahme seitens des Vollstreckungsschuldners erbracht. Denn dafür trägt der Vollstreckungsgläubiger die Beweislast.[705] Aus diesen Gründen kann eine eidesstattliche Versicherung der Abgabe eines Angebots nicht als Nachweis des Annahmeverzugs gemäß § 756 I 2. Alt. ZPO dienen.

7. Befriedigungsnachweis durch Sachverständigengutachten

Dem Vollstreckungsgläubiger wird es häufig misslingen, die Erbringung einer Nacherfüllung durch öffentliche oder öffentlich beglaubigte Urkunde nachzuweisen. Insbesondere wenn die Ordnungsmäßigkeit der Nacherfüllung vom Vollstreckungsschuldner bestritten ist, wird dieser nicht zur Erteilung einer öffentlich beglaubigten Quittung bereit sein. Nach einem Vorschlag des Bundesrates hätte für den Fall, dass die Zug um Zug zu erbringende Gegenleistung des Vollstreckungsgläubigers in einer Nacherfüllung besteht, der Nachweis der Befriedigung des Vollstreckungsschuldners durch die Bescheinigung eines Gutachters erbracht werden können. Dazu hätte § 756 ZPO ein weiterer Absatz hinzu-

---

701 *Garbe*, DGVZ 1951, 5, 6.

702 *Garbe*, DGVZ 1951, 5, 6.

703 AG Rees, DGVZ 1950, 43; *Sebode*, DGVZ 1958, 34, 39; *Münzberg*, Betriebs-Berater 1990, 1011; *Fichtner*, S. 126 f.

704 AG Rees, DGVZ 1950, 43; *Sebode*, DGVZ 1958, 34, 39; *Münzberg*, Betriebs-Berater 1990, 1011; *Fichtner*, S. 126 f.

705 *Staudinger/Löwisch*, § 295 Rdnr. 27, § 293 Rdnr. 36; *Soergel/Wiedemann*, § 293 Rdnr. 18, 8; *Soergel/Wiedemann*, § 295 Rdnr. 18.

gefügt werden sollen.[706] Das Verfahren hätte dem der Fertigstellungsbescheinigung des § 641a BGB a.F. geähnelt. Dieses Verfahren hat sich aber nach Ansicht des Bundestages und des Bundesrates in der Praxis nicht bewährt,[707] so dass diese Vorschrift mit Wirkung zum 01.01.2009 durch Art. 1 Nr. 4 FoSiG[708] aufgehoben wurde. Aus dem gleichen Grund hat der Bundestag auch die vom Bundesrat vorgeschlagene Änderung des § 756 ZPO abgelehnt.[709] Es bleibt damit für den Vollstreckungsgläubiger bei den Schwierigkeiten, die Erbringung der Nacherfüllung durch öffentliche oder öffentlich beglaubigte Urkunde nachzuweisen. Allerdings ist zu beachten, dass im Verfahren nach § 756 I 1. Alt. ZPO der Gerichtsvollzieher bei der Beurteilung, ob der Vollstreckungsgläubiger die Gegenleistung ordnungsgemäß angeboten, d.h. die im Urteil benannten Mängel ordnungsgemäß beseitigt hat, die Sachkunde eines Sachverständigen hinzuziehen kann.

8. *Zusammenfassung*

Als Nachweisurkunde im Sinne des § 756 I 2. Alt. ZPO kommt insbesondere das Gerichtsurteil in Betracht. Der Annahmeverzug des Vollstreckungsschuldners kann durch das gesamte Urteil, auch unter Heranziehung des Tatbestands und der Entscheidungsgründe nachgewiesen werden. Auch ein Gerichtsvollzieherprotokoll und eine beglaubigte Quittung des Vollstreckungsschuldners können als Nachweisurkunde dienen. Ein zugestelltes Aufforderungsschreiben oder eine eidesstattliche Versicherung der Zustellung eines Angebots vermögen hingegen nicht den Annahmeverzug nachweisen. Auch ein Hinterlegungsschein ist in der Praxis zum Beweis der Befriedigung wenig geeignet, da es dafür des Nachweises des Annahmeverzugs bedarf.

V. Zustellung der Urkunde

Die Nachweisurkunden sind dem Vollstreckungsschuldner spätestens bis zu Beginn der Zwangsvollstreckung in beglaubigter Abschrift zuzustellen; denn der Vollstreckungsschuldner soll den Nachweis der Vollstreckungsvoraussetzung des Annahmeverzugs beziehungsweise der Befriedigung zügig prüfen können.[710] So-

---

706 BTDr. 16/511 S. 7.

707 BTDr. 16/9787 S. 28 f.; BTDr. 16/511 S. 12.

708 Forderungssicherungsgesetz vom 23.10.2008 (BGBl. I, S. 2022).

709 BTDr. 16/511 S. 29; BTDr. 16/9787 S. 19.

710 MünchKomm-ZPO/*Heßler*, § 756 Rdnr. 4.

fern ein Prozessbevollmächtigter erster Instanz bestellt ist, sind diesem die Urkunden zuzustellen.[711]

VI. Zusammenfassung und Bewertung

Nach § 756 I 2. Alt ZPO bedarf es keines Angebots der Gegenleistung, wenn der Vollstreckungsgläubiger durch öffentliche oder öffentlich beglaubigte Urkunde den Annahmeverzug beziehungsweise die Befriedigung des Vollstreckungsschuldners nachweist. Eine beglaubigte Abschrift der Urkunde ist dem Vollstreckungsschuldner bis spätestens zum Beginn der Vollstreckung zuzustellen. Als Nachweis in Betracht kommen neben dem Gerichtsurteil das Gerichtsvollzieherprotokoll, die notariell beurkundete Quittung und der Hinterlegungsschein. Letzterer ist allerdings von geringem praktischem Nutzen, da der urkundliche Nachweis des Annahmeverzugs erforderlich ist. Eines solchen Nachweises bedarf es allerdings nicht, wenn die Befriedigung des Vollstreckungsschuldners für den Gerichtsvollzieher offenkundig ist beziehungsweise dieser seine Befriedigung zugesteht.

Die durch diese formalisierte Vollstreckungsvoraussetzung bezweckte Befreiung des Gerichtsvollziehers von der Prüfung materiellrechtlicher Vorfragen gelingt nur zum Teil. So hat der Gerichtsvollzieher in dem Fall, dass der Annahmeverzug beziehungsweise die Befriedigung des Vollstreckungsschuldners nicht im Tenor des Gerichtsurteils festgestellt ist, zu beurteilen, ob sich diese liquide aus dem Tatbestand und den Entscheidungsgründen des Urteils ergeben.

F. Prüfungs- und Entscheidungskompetenzen des Gerichtsvollziehers in Bezug auf die Gegenleistung

I. Gerichtliche Kontrolle des Gerichtsvollziehers

Der Gerichtsvollzieher wird den Vollstreckungsparteien gegenüber in eigener Verantwortung tätig.[712] Ihm steht aber bei seiner amtlichen Tätigkeit keinerlei

711 MünchKomm-ZPO/*Heßler*, § 756 Rdnr. 51.

712 *Gaul*, ZZP 87, 241, 262.

Ermessen im Sinne einer lediglich beschränkt überprüfbaren Ermessensbefugnis zu.[713] Der Gerichtsvollzieher untersteht einer vollumfänglichen Kontrolle durch das Vollstreckungsgericht sowohl im Hinblick auf die Rechtmäßigkeit als auch auf die Zweckmäßigkeit seines Handelns.[714] Auch wenn es sich bei dieser Kontrolle in Form des Verfahrens nach § 766 ZPO nur um potentielle, nachgeschaltete Kontrolle handelt, hat der Gerichtsvollzieher bereits zum Zeitpunkt seines Handelns die Vorschriften über die „Art und Weise“ und das „bei ihr zu beachtende Verfahren“ zu beachten.[715] Bei der Beurteilung der materiellrechtlichen Voraussetzungen des Annahmeverzugs steht dem Gerichtsvollzieher daher kein Ermessen zu, das nicht der gerichtlichen Kontrolle unterliegt.[716] Denn andernfalls würde die dem Richter verfassungsrechtlich (Art. 92 GG) übertragene und reservierte Rechtsfindung durch ein anderes Organ ausgeübt, welches aufgrund seiner Stellung und Ausbildung nicht den grundgesetzlichen Anforderungen der Art. 20 III, 97 II GG gerecht würde.[717]

II. Bestimmung der titulierten Gegenleistung

1. Einleitung

Zunächst muss der Gerichtsvollzieher feststellen, ob es sich um den Fall eines Titels auf Leistung Zug um Zug gegen Erbringung der Gegenleistung handelt.[718] Aus dem Titel muss sich daher die Verknüpfung von Leistung und Gegenleistung ergeben.[719] Weiter muss der Gerichtsvollzieher anhand der Beschreibung im Titel die Identität der Gegenleistung bestimmen können. Dazu hat er den Vollstreckungstitel auszulegen. Maßgeblich dafür ist der gesamte Titel. Daher kann der Gerichtsvollzieher bei der Auslegung des Titels zusätzlich zum Tenor auch auf den Tatbestand und die Entscheidungsgründe zurückgreifen.[720]

---

713 MünchKomm-ZPO/*Heßler*, § 756 Rdnr. 30; *Stein/Jonas/Münzberg*, § 756 Rdnr. 4; *Gaul*, ZZP 87, 241, 259 ff.; *Schilken*, AcP 181 (1981), 355, 364; a.A. *Schneider*, DGVZ 1978, 65.

714 *Gaul*, ZZP 87, 241, 259 ff.; *Strehlau-Weise*, S. 155.

715 *Schilken*, AcP 181 (1981), 355, 364.

716 MünchKomm-ZPO/*Heßler*, § 756 Rdnr. 53.

717 *Schilken*, AcP 181 (1981), 355, 364.

718 *Schilken*, AcP 181 (1981), 355, 359.

719 Siehe dazu oben § 2 A II 1.

720 Siehe dazu oben § 2 A II 2.

Der Gerichtsvollzieher muss dem Vollstreckungsschuldner die diesem gebührende Gegenleistung in einer den Annahmeverzug begründenden Weise anbieten. Die Voraussetzungen dazu bestimmen sich nach dem materiellen Recht.[721] Für die Beurteilung des Annahmeverzugs bedarf es aber nicht nur der Feststellung der Identität der Gegenleistung, sondern auch des Leistungsorts und der Art der Schuld und der des abzugebenden Angebots. So hat der Gerichtsvollzieher zu entscheiden, ob es sich um eine Hol- oder Bringschuld handelt und ob die Gegenleistung tatsächlich anzubieten ist oder ob auch ein wörtliches Angebot genügt.[722] Es besteht aber keine Einigkeit über den genauen Umfang der dem Gerichtsvollzieher zukommenden Entscheidungsbefugnis. So ist umstritten, ob der Gerichtsvollzieher diese Entscheidungen nur auf Grundlage des Vollstreckungstitels treffen darf oder ob er auch eigene rechtliche Wertungen anhand der zugrunde liegenden materiellen Rechtslage anstellen kann.

2. *Meinungsstand*

Einer Ansicht zufolge kann der Gerichtsvollzieher keine eigenen materiellrechtlichen Wertungen anhand des dem Vollstreckungstitel zugrunde liegenden Schuldverhältnisses anstellen.[723] Vielmehr müsse aus dem Vollstreckungstitel einwandfrei und eindeutig hervorgehen, dass es sich bei der vom Vollstreckungsgläubiger zu erbringenden Gegenleistung um eine Holschuld handelt. Die rechtliche Natur der Gegenleistung müsse sich für den Gerichtsvollzieher zweifelsfrei aus dem Vollstreckungstitel ergeben.[724] Die Tatsachen, die den Annahmeverzug begründen, müssen daher im Vollstreckungstitel bereits rechtlich gewürdigt sein. Ist dies nicht der Fall, so habe der Gerichtsvollzieher beziehungsweise der Vollstreckungsgläubiger die Gegenleistung tatsächlich anzubieten.[725] Von dem Vollstreckungsorgan dürfe keine Wertung des Titels vorgenommen werden, die über den klaren Wortlaut des Tenors und der Entscheidungsgründe hinausgeht.[726] Eine Auslegung des Urteils durch den Gerichtsvollzieher mithilfe der materiell-

---

721 *Schilken*, AcP 181 (1981), 355, 360.

722 Für die Tätigung eines wörtlichen Angebots bedarf es aber zusätzlich der Beauftragung durch den Vollstreckungsgläubiger, § 5 C IV 3 a.

723 LG Aachen, DGVZ 1977, 88; LG Berlin, DGVZ 1978, 25, 26; LG Gießen, DGVZ 1986, 76, 77.

724 LG Aachen, DGVZ 1977, 88; *Schilken*, AcP 181 (1981), 355, 359 f.

725 LG Berlin, DGVZ 1978, 25, 26.

726 LG Aachen, DGVZ 1977, 88.

rechtlichen Bestimmungen über den Leistungsort (§ 269 BGB) wird daher als unzulässig erachtet.[727] Innerhalb dieser Ansicht ist aber wiederum umstritten, wann sich der Holschuldcharakter eindeutig aus dem Urteil ergibt. So soll ein Fall der Holschuld vorliegen, wenn der Titel auf Leistung Zug um Zug gegen „Abholung“ lautet oder wenn im Tatbestand oder den in den Entscheidungsgründen ausgeführt wird, dass die Gegenleistung abzuholen sei.[728] Von einer Bringschuld dagegen könne der Gerichtsvollzieher ausgehen, wenn der Titel auf Leistung Zug um Zug gegen „Übergabe“ lautet.[729] Dagegen wird aber argumentiert, dass Ausdrücke wie „Übergabe“ und „Rückgabe“ neutral, nicht aussagekräftig seien.[730] Denn diese Ausdrücke würden lediglich besagen, dass etwas an eine andere Person auszuhändigen sei. Zu dem Ort, an dem dies zu geschehen habe, werde aber gerade keine Aussage getroffen.[731] Einer besonders strengen Meinung zufolge muss sich aus dem Tenor eines Urteils oder aus den Entscheidungsgründen ausdrücklich die Möglichkeit eines wörtlichen Angebots ergeben.[732] Demgegenüber ist nach einem Urteil des LG Ravensburg[733] in einfach gelagerten, eindeutigen Fällen eine Anwendung materiellrechtlicher Vorschriften dann möglich, wenn sich der Leistungsort eindeutig aus dem Titel ergibt und auch der rechtliche Grund für den Anspruch des Vollstreckungsschuldners auf die Gegenleistung im Titel genannt ist.

Nach einer anderen Ansicht kann der Gerichtsvollzieher auch eigene rechtliche Wertungen anhand der dem Urteil zugrunde liegenden Rechtslage anstellen.[734] Danach darf der Gerichtsvollzieher bei der Entscheidung, ob ein mündliches Angebot nach § 295 S. 1 BGB genügt, das dem Gerichtsurteil zugrunde liegende Rechtsverhältnis auslegen und bewerten. Bei der Beantwortung der Frage nach der Art der Schuld dürfe der Gerichtsvollzieher auch materiellrechtliche

---

727 LG Aachen, DGVZ 1977, 88; LG Berlin, DGVZ 1978, 25, 26; LG Gießen, DGVZ 1986, 76, 77.

728 *Gilleßen/Jakobs*, DGVZ 1981, 49, 53; LG Aachen, DGVZ 1977, 88; LG Düsseldorf, DGVZ 1980, 187.

729 LG Aachen, DGVZ 1977, 88; LG Düsseldorf, DGVZ 1980.

730 AG Hamburg-Wandsbek, DGVZ 1980, 189, 190

731 AG Hamburg-Wandsbek, DGVZ 1980, 189, 190.

732 LG Berlin, DGVZ 1993, 28.

733 LG Ravensburg, DGVZ 1986, 88, 89.

734 LG Bochum, DGVZ 1979, 123, 124 f.; wohl auch LG Freiburg, DGVZ 1979, 182 f.; LG Bonn, DGVZ 1981, 188; AG Hamburg-Wandsbek, DGVZ 1980, 189, 190.

Vorschriften, wie zum Beispiel § 269 BGB zum Leistungsort, anwenden.[735] Zum Teil wird allerdings gefordert, dass sich das Rechtsverhältnis aus dem Urteil, gegebenenfalls auch unter Heranziehung von Tatbestand und Entscheidungsgründen, ergibt.[736]

3. Bewertung

Die Ansicht, die für die Abgabe eines wörtlichen Angebots die Verwendung von eindeutigen Begriffen im Tenor oder den Entscheidungsgründen des Titels verlangt, kann mit der daraus resultierenden Rechtssicherheit argumentieren.[737] Es ist jedoch zu bedenken, dass auch die Gerichte den Begriff der „Rückgabe" im Tenor verwenden, obwohl es sich um einen Fall der Holschuld handelt.[738] Die Verwendung solcher Begriffe ist daher mitnichten eindeutig und sollte somit auch nicht entscheidend für die Bestimmung des Leistungsorts und damit für Qualifizierung der Art der Schuld sein. Nach § 756 I 1. Alt. ZPO hat der Gerichtsvollzieher dem Vollstreckungsschuldner die Gegenleistung in einer den Annahmeverzug begründenden Weise anzubieten. Daher erscheint es nicht gerechtfertigt, aufgrund der Verwendung des Begriffs der „Rückgabe" den Gläubiger entgegen dem materiellen Recht zu einem tatsächlichen Angebot zu verpflichten.[739]

Nach § 756 I 2. Alt. ZPO hat das Angebot der Gegenleistung in einer den Annahmeverzug begründenden Weise zu erfolgen, das heißt nach Maßgabe der §§ 293 ff. BGB. Der Gerichtsvollzieher hat sich als Vollstreckungsorgan von Amts wegen von der Einhaltung der Vollstreckungsvoraussetzungen zu vergewissern. Aufgrund dieses Verweises auf das Recht des Annahmeverzugs ist der Gerichtsvollzieher zur Prüfung materiellrechtlicher Bestimmungen gezwungen.[740] Für die Bestimmung des Inhalts der Gegenleistung und damit der Art des zu erbringenden Angebots ist der Vollstreckungstitel maßgeblich.[741] Der Gerichtsvollzieher ist aber befugt und verpflichtet, den Titel auszulegen und rechtliche Be-

---

735 LG Bonn, DGVZ 1981, 188.

736 AG Hamburg-Wandsbek, DGVZ 1980, 189, 190; OLG Schleswig, DGVZ 1992, 56, 57.

737 *Strehlau-Weise*, S. 116.

738 OLG Schleswig, DGVZ 1992, 56, 57; AG Hamburg-Wandsbek, DGVZ 1980, 189, 190.

739 *Strehlau-Weise*, S. 116.

740 *Wieczorek/Schütze/Salzmann*, § 756 Rdnr. 9.

741 *Stein/Jonas/Münzberg*, § 756 Rdnr. 4; *Rosenberg/Gaul/Schilken*, § 16 V I 1 b cc.

wertungen anzustellen. Dies ist die Konsequenz aus der Erhebung materiellen Rechts zur Voraussetzung der Zwangsvollstreckung. Allerdings darf dies nicht zu einer Ergänzung oder sogar Korrektur des Erkenntnisverfahrens im Zuge des Vollstreckungsverfahrens führen.[742] Daher darf der Gerichtsvollzieher auch nicht unabhängig von dem Inhalt des Vollstreckungstitels mithilfe von materiellrechtlichen Vorschriften die Rechtsnatur des dem Titel zugrundeliegenden Schuldverhältnisses ermitteln.[743] Vielmehr hat der Gerichtsvollzieher den gesamten Vollstreckungstitel zur Auslegung heranzuziehen. Im Falle eines Gerichtsurteils kann er daher auch auf den Tatbestand und die Entscheidungsgründe zurückgreifen.[744]

Sofern der gesamte Titel keine Aussage bezüglich des Leistungsorts oder des dem Titel zugrunde liegenden Schuldverhältnisses trifft, darf der Gerichtsvollzieher daher nicht versuchen, auf anderem Wege Kenntnis von dem zugrunde liegenden Schuldverhältnis zu erlangen.[745] Aus diesem Grund kann er nicht etwaige Urkunden oder Behauptungen, die im Titel nicht ihren Niederschlag gefunden haben, heranziehen, selbst wenn das Prozessgericht diese berücksichtigt haben sollte.[746] Auch darf er nicht aus Mangel an Informationen unter Anwendung von § 269 BGB von einer Holschuld ausgehen.[747] In solchen Fällen hat er vielmehr nach dem Prinzip von Regel und Ausnahme zu entscheiden und somit nach § 294 BGB ein tatsächliches Angebot zu machen.[748] Allerdings darf der Gerichtsvollzieher, gestützt auf Ausführungen in dem Urteil, sehr wohl materiellrechtliche Vorschriften wie etwa § 269 BGB oder § 604 BGB anwenden. Wenn daher der Titel eine Aussage zu dem den gegenseitigen Ansprüchen zugrunde liegendem Schuldverhältnis trifft, kann der Gerichtsvollzieher davon ausgehend den Leistungsort für die Gegenleistung und somit auch die Art der Schuld ermitteln und so entscheiden, ob ein tatsächliches oder ein wörtliches Angebot zu tätigen ist.[749] Das zugrunde liegende Schuldverhältnis ist daher für die Bestimmung des Leistungsorts und somit auch der Art der Schuld entscheidend. So stellt die Rückga-

---

742 OLG Stuttgart, DGVZ 1991, 8, 9; *Wieczorek/Schütze/Salzmann*, § 756 Rdnr. 9.

743 AG Lampertheim, DGVZ 1980, 188, 190; OLG Schleswig, DGVZ 1992, 56, 57.

744 AG Lampertheim, DGVZ 1980, 188, 190; OLG Schleswig, DGVZ 1992, 56, 57.

745 LG Berlin, DGVZ 1978, 25, 26.

746 LG Berlin, DGVZ 1978, 25, 26.

747 So aber LG Bonn, DGVZ 1981, 188.

748 *Wieczorek/Schütze/Salzmann*, § 756 Rdnr. 10; *Strehlau-Weise*, S. 118.

749 AG Lampertheim, DGVZ 1980, 188, 190; OLG Schleswig, DGVZ 1992, 56, 57.

be bei der Leihe (§ 604 BGB) eine Bringschuld, bei der Verwahrung (§ 697 BGB) hingegen eine Holschuld dar.[750] Bei der Rückabwicklung eines Vertrages, welche häufig einem Urteil auf Leistung Zug um Zug gegen Rückgabe der Gegenleistung zugrunde liegt, ist der Leistungsort für die Rückgabe der Gegenleistung dort, wo sie sich vertragsgemäß befindet.[751] Dies ergibt sich nach § 269 I 2. Alt. BGB aus der Natur des Schuldverhältnisses.[752] Bei der Rückgabe der Gegenleistung handelt es sich daher um eine Holschuld; ein wörtliches Angebot nach § 295 BGB ist somit ausreichend. Diese Bewertung des Titels unter Anwendung der relevanten materiellrechtlichen Vorschrift des § 269 BGB gehört zum Aufgabenbereich des Gerichtsvollziehers.[753] Denn nach § 756 I 1. Alt. ZPO wird dem Gerichtsvollzieher die Prüfung des materiellen Rechts als Vollstreckungsvoraussetzung übertragen.

4. Ergebnis

Maßgeblich für die Bestimmung der Gegenleistung ist der Vollstreckungstitel. Sofern der Titel nicht ausdrücklich die Art der Schuld nennt, hat der Gerichtsvollzieher den Titel auszulegen. Handelt es sich dabei um ein Gerichtsurteil, so ist der gesamte Titel, also auch Tatbestand und Entscheidungsgründe, Gegenstand der Auslegung. Zur Entscheidung wo der Leistungsort für die vom Vollstreckungsgläubiger geschuldete Gegenleistung ist und damit welches Angebot abzugeben ist, darf der Gerichtsvollzieher den Titel auslegen und unter Anwendung materiellrechtlicher Vorschriften bewerten. Allerdings ist es ihm nicht erlaubt, zur Bestimmung des dem Anspruch auf die Gegenleistung zugrunde liegende Schuldverhältnisses Behauptungen oder Urkunden heranzuziehen, die nicht im Vollstreckungstitel wiedergegeben sind. Kann der Gerichtsvollzieher nach der Auslegung des Titels keine Entscheidung zur Art der Schuld und damit des abzugebenden Angebots der Gegenleistung treffen, so hat gemäß § 294 BGB die Gegenleistung tatsächlich anzubieten.

---

750 AG Lampertheim, DGVZ 1980, 188, 190.

751 Der Fall des Rücktritts wird der Sache nach nicht anders behandelt als die Wandlung nach altem Schuldrecht; MünchKomm-BGB/*Krüger*, § 269 Rdnr. 41; *Döhmel*, S. 134 ff.

752 MünchKomm-BGB/*Krüger*, § 269 Rdnr. 41.

753 OLG Schleswig, DGVZ 1992, 56, 57; LG Freiburg, DGVZ 1979, 182 f.; LG Bochum, DGVZ 1979, 123, 124; LG Bonn, DGVZ 1980, 188; AG Lampertheim, DGVZ 1980, 188, 190; *Alisch*, DGVZ 1984, 85, 86 f.; *Fichtner*, S. 175.

III. Vollstreckungsverfahren nach § 756 I 1. Alt. ZPO

1. Einleitung

Wenn als Voraussetzung für die Zwangsvollstreckung nach § 756 I 1. Alt. ZPO dem Vollstreckungsschuldner die Gegenleistung in einer den Annahmeverzug begründenden Weise angeboten wird, stellt sich die Frage, in welchem Umfang der Gerichtsvollzieher die Ordnungsmäßigkeit der Gegenleistung zu prüfen hat. Nach § 84 Nr. 2 Abs. II GVGA „überprüft" der Gerichtsvollzieher, ob die angebotene Gegenleistung „richtig und vollständig" ist, ob sie die „im Schuldtitel bezeichnete" ist. Insofern ist für die Beurteilung der Ordnungsmäßigkeit der Gegenleistung durch den Gerichtsvollzieher der Vollstreckungstitel maßgeblich.

2. Prüfung der Identität

Die Befugnis des Gerichtsvollziehers zur Identitätsprüfung ist unumstritten.[754] Der Gerichtsvollzieher hat von Amts wegen anhand der Angaben im Vollstreckungstitel die angebotene Gegenleistung auf ihre Identität mit der nach dem Vollstreckungstitel zu erbringenden Gegenleistung hin zu prüfen.[755] Aus diesem Grund muss die im Titel bezeichnete Gegenleistung in Art und Umfang ebenso genau bestimmt sein wie die Leistung, zu der der Vollstreckungsschuldner verurteilt wird.[756] Insbesondere muss es dem Gerichtsvollzieher möglich sein, anhand des Titels die Identität der angebotenen Gegenleistung mit der im Titel genannten zu überprüfen. Je nach Art der geschuldeten Gegenleistung sind dafür verschiedene Angaben im Vollstreckungstitel erforderlich.[757]

---

754 MünchKomm-ZPO/*Heßler*, § 756 Rdnr. 29; *Wieczorek/Schütze/Salzmann*, § 756 Rdnr. 7; *Thomas/Putzo*, § 756 Rdnr. 7; *Baumbach/Lauterbach/Albers/Hartmann*, § 756 Rdnr. 7 f.; *Zöller/Stöber*, § 756 Rdnr. 7; *Schilken*, AcP 181 (1981), 355, 363; OLG Frankfurt, Rpfleger 1979, 432; *Baur/Stürner/Bruns*, Rdnr. 21.11; *Rosenberg/Gaul/Schilken*, § 16 V I 1 b cc.

755 *Wieczorek/Schütze/Salzmann*, § 756 Rdnr. 9; MünchKomm-ZPO/*Heßler*, § 756 Rdnr. 27; *Zöller/Stöber*, § 756 Rdnr. 7.

756 *Münzberg*, in: *Stein/Jonas*, § 756 Rdnr. 1.

757 Siehe § 2 A II 2 b.

3. Prüfung der Mangelfreiheit

a) Möglichkeit der Prüfung der Mangelfreiheit

Es ist in Literatur und Rechtsprechung umstritten, ob der Gerichtsvollzieher die angebotene Gegenleistung lediglich auf ihre Identität mit der titulierten Gegenleistung zu überprüfen hat beziehungsweise ob und in welchem Umfang der Gerichtsvollzieher die Gegenleistung auch auf ihre Mangelfreiheit zu untersuchen hat. Nach einer Ansicht hat der Gerichtsvollzieher nur zu prüfen, ob der angebotene Gegenstand mit der im Vollstreckungstitel bestimmten Gegenleistung identisch ist.[758] Er habe in keiner Weise die Befugnis, die materiellrechtlichen Voraussetzungen des Annahmeverzugs zu prüfen.[759] So sei auch der Zustand beziehungsweise die Qualität der anzubietenden Sache unerheblich.[760]

Stojek sieht diese auf die bloße Identitätsprüfung beschränkte Prüfungsbefugnis mit der Konstruktion des § 756 ZPO und der organisationsrechtlichen Ausgestaltung des Vollstreckungsorgans Gerichtsvollzieher begründet.[761] So stellt sich nach *Stojek* die Konstruktion des § 756 ZPO als ein Verbot mit Erlaubnisvorbehalt dar.[762] Grundsätzlich dürfe der Gerichtsvollzieher nicht vollstrecken, wenn die titulierte Leistung von einer Zug um Zug zu bewirkenden Gegenleistung abhängt. Eine Vollstreckung sei aber möglich, wenn die Befriedigung oder der Annahmeverzug des Vollstreckungsschuldners urkundlich nachgewiesen wird oder die Gegenleistung in einer den Annahmeverzug begründenden Weise angeboten wird. Daraus sei zu folgern, dass bei Zweifeln, ob das Angebot geeignet war, den Annahmeverzug zu begründen, nicht vollstreckt werden dürfe.[763] Aus diesem Grund könne der § 756 I 1. Alt. ZPO nicht als Kompetenznorm verstanden werden, die den Gerichtsvollzieher befugt, zu entscheiden, ob der Vollstreckungsschuldner materiellrechtlich in Annahmeverzug gesetzt wurde.[764]

Auch aufgrund der organisationsrechtlichen Ausgestaltung könne der Gerichtsvollzieher nicht befugt sein, die Gegenleistung auf ihre Mangelfreiheit hin

---

[758] *Stojek*, MDR 1977, 456; *Thomas/Putzo*, § 756 Rdnr. 7.

[759] *Stojek*, MDR 1977, 456 f.

[760] *Stojek*, MDR 1977, 456 f.

[761] *Stojek*, MDR 1977, 456 ff.

[762] *Stojek*, MDR 1977, 456.

[763] *Stojek*, MDR 1977, 456.

[764] *Stojek*, MDR 1977, 456.

zu überprüfen.[765] Wegen der in der Regel unzureichenden juristischen Vorbildung des Gerichtsvollziehers sei der Gesetzgeber darauf bedacht gewesen, die Prüfungskompetenz des Gerichtsvollziehers auf das rein Formale zu reduzieren.[766] Im Gegensatz zum französischen „Huissier" sei dem Gerichtsvollzieher die Prüfung der materiellrechtlichen Voraussetzungen der Vollstreckung entzogen.[767] Zwar seien entgegen dieser gesetzlichen Intention dem Gerichtsvollzieher nach einigen Vorschriften Befugnisse übertragen worden, die über eine bloße Formalienprüfung hinausgingen. Da es sich bei diesen Normen aber nur um Ausnahmen von der Grundregel der formellen Prüfung handele, dürften diese nicht für die Charakterisierung der organisationsrechtlichen Ausgestaltung des Gerichtsvollziehers herhalten.[768] Aus diesem Grund könne dem Gerichtsvollzieher nicht die Befugnis zukommen, die materiellrechtliche Ordnungsmäßigkeit der Gegenleistung als Voraussetzung für die Begründung des Annahmeverzugs zu überprüfen.[769]

Vielmehr schaffe das Gesetz Vermutungstatbestände, die auf das Vorliegen der materiellrechtlichen Voraussetzungen schließen lassen könnten.[770] So trete aus Gründen der Effektivität und der Beschleunigung des Vollstreckungsverfahrens der „materiellrechtliche Schein an die Stelle des materiellrechtlichen Seins".[771] Im Fall des Titels auf Leistung Zug um Zug seien neben dem Bestehen des Anspruchs auf Leistung und der diesbezüglichen Kenntnis des Schuldners die Gleichzeitigkeit der Gegenleistung materiellrechtliche Vollstreckungsvoraussetzung.[772] Die diesen entsprechenden Vermutungstatbestände seien zunächst Titel, Klausel sowie deren Zustellung. Der Vermutungstatbestand für das materiellrechtliche Erfordernis der Gleichzeitigkeit der Gegenleistung bestehe in dem Nachweis der Befriedigung oder des Annahmeverzuges beziehungsweise in dem den Annahmeverzug begründenden Angebot der Gegenleistung.[773] Dieses Erfordernis sei als erfüllt anzusehen, wenn der Gerichtsvollzieher die Gegenleistung

---

765 *Stojek*, MDR 1977, 456.
766 *Stojek*, MDR 1977, 456.
767 *Stojek*, MDR 1977, 456.
768 *Stojek*, MDR 1977, 457.
769 *Stojek*, MDR 1977, 457.
770 *Stojek*, MDR 1977, 457.
771 *Blomeyer*, Rpfleger 1969, 280, 281; *Stojek*, MDR 1977, 457.
772 *Stojek*, MDR 1977, 457.
773 *Stojek*, MDR 1977, 457.

zur rechten Zeit am rechten Ort angeboten hat. Durch die Rüge der Mangelhaftigkeit der Gegenleistung werde der Schein des begründeten Annahmeverzugs zerstört.[774] Damit liege der den Gerichtsvollzieher zur Zwangsvollstreckung ermächtigende Vermutungstatbestand des § 756 I 1. Alt. ZPO nicht mehr vor.[775] Dies führe zu dem Ergebnis, dass entsprechend der Grundregel des § 756 I ZPO ohne Vorliegen einer der drei Vermutungstatbestände eine Vollstreckung nicht möglich sei.[776] Der Gerichtsvollzieher habe daher von der Vollstreckung abzusehen. Dem Vollstreckungsgläubiger bleibe nur die Möglichkeit, analog zu § 731 ZPO auf Feststellung der Ordnungsmäßigkeit der von ihm geschuldeten Gegenleistung zu klagen.[777]

Dieser Ansicht kann nicht gefolgt werden. Die Vorschrift des § 756 I ZPO stellt keinen Vermutungstatbestand im Sinne *Stojeks* dar. Im Gegensatz zu den beispielhaft genannten Vermutungstatbeständen der §§ 750, 808 ZPO, die eben die Rechtsfolge nicht von der vermuteten materiellen Rechtslage abhängig machen, verlangt § 756 I 1. Alt. ZPO durch den Verweis auf das materielle Recht ausdrücklich ein den Annahmeverzug begründendes Angebot der Gegenleistung. Der klare Wortlaut steht daher der Ansicht einer bloßen Identitätsprüfung im Wege. Weiter sprechen gegen die Ansicht *Stojeks* auch praktische Gesichtspunkte.[778] Wäre der Gerichtsvollzieher nicht befugt, die Gegenleistung auf ihre Ordnungsmäßigkeit hin zu untersuchen und hätte der Vollstreckungsgläubiger stattdessen auf Feststellung der Ordnungsmäßigkeit der angebotenen Gegenleistung zu klagen, würden sich dem unredlichen Schuldner in unvertretbarem Maße Möglichkeiten zur Verschleppung der Zwangsvollstreckung eröffnen.[779]

b) Heranziehung eines Sachverständigen

Bei einer Speziesschuld mag sich die Identitätsprüfung in der Regel noch als relativ unproblematisch erweisen. Wenn aber nach dem Vollstreckungstitel der Gegenstand sich in einem bestimmten Zustand befinden muss, wird eine diesbezügliche Prüfung durch den Gerichtsvollzier erforderlich. Eine Gattungsschuld

---

774 *Stojek*, MDR 1977, 457.

775 *Stojek*, MDR 1977, 457.

776 *Stojek*, MDR 1977, 457.

777 *Stojek*, MDR 1977, 458.

778 OLG Stuttgart, MDR 1982, 416.

779 OLG Stuttgart, MDR 1982, 416.

verpflichtet den Vollstreckungsgläubiger nach § 243 I BGB, § 360 HGB zu einer Leistung mittlerer Art und Güte. Sofern als Gegenleistung eine Nachbesserung geschuldet ist, hat der Vollstreckungsgläubiger diese ordnungsgemäß zu erbringen. Je nach Charakter der Gegenleistung wird daher die Beurteilung der angebotenen Gegenleistung besondere Sachkunde erfordern, über die der Gerichtsvollzieher jedoch nicht immer verfügen wird. Bei einer solchen Beurteilung handelt sich aber nicht mehr um eine in der Regel unproblematische Identitätsprüfung, sondern um eine Überprüfung von im Vollstreckungstitel vorgeschriebenen materiellrechtlichen Verpflichtungen.[780]

Zur Begründung der Beschränkung der Prüfungskompetenz des Gerichtsvollziehers auf eine rein formelle Identitätsprüfung ohne die Möglichkeit zur Heranziehung eines Sachverständigen wird vor allem dahingehend argumentiert, dass die Ausbildung des Gerichtsvollziehers nicht darauf ausgerichtet sei, ihn auch bei schwer verständlichen Gutachten zu einer eigenständigen Entscheidung zu befähigen.[781] Gegen diese Argumentation spricht jedoch, dass auch der Volljurist in seinem Studium keine Erkenntnisse über andere Wissenschaften gewinnt.[782] Sein Kenntnisstand über andere Wissenschaften entspricht vielmehr dem des Gerichtsvollziehers.[783] Sowohl der Volljurist als auch der Gerichtsvollzieher vertrauen auf den Sachverständigen mit seinem auf das jeweilige Gebiet bezogenen Spezialwissen. Verbleibende Fragen zum Gutachten können beide durch Befragung des Sachverständigen aufklären. Das Argument der fehlenden juristischen Ausbildung des Gerichtsvollziehers greift daher nicht.[784]

Zudem ist dem Gerichtsvollzieher die Entscheidungsfindung unter Heranziehung von Sachverständigen nach der Konzeption der ZPO durchaus nicht fremd. Nach § 813 I, III ZPO kann der Gerichtsvollzieher zur Bewertung von Kostbarkeiten oder noch ungetrennten Früchten das Gutachten eines Sachverständigen einholen.[785] Das gleiche gilt im Fall des § 906 ZPO. Um zu entscheiden, ob die für einen Haftaufschub erforderliche „nahe und erhebliche Gesund-

---

780 *Schilken*, AcP 181 (1981), 355, 363.

781 *Stojek*, MDR 1977, 456; *Schneider*, DGVZ 1978, 65, 66.

782 *Schneider*, DGVZ 1978, 65, 66

783 *Schneider*, DGVZ 1978, 65, 66.

784 *Schneider*, DGVZ 1978, 65, 66.

785 OLG Stuttgart, MDR 1982, 416.

heitsgefahr" gegeben ist, muss der Gerichtsvollzieher ärztliche Atteste, Gutachten und Krankenberichte prüfen.[786]

Dementsprechend hat der Gerichtsvollzieher nach überwiegender Ansicht, sofern ihm zur Prüfung der Gegenleistung die eigene Sachkunde fehlt, ein Sachverständigengutachten einzuholen.[787] Dabei handelt es sich aber nicht um eine Befugnis für eine formelle Beweiserhebung. Dies zeigt § 355 I 1 ZPO, wenn auch ausdrücklich nur für das Erkenntnisverfahren, sehr deutlich, indem er die Beweisaufnahme dem Richter vorbehält. Daher handelt es sich bei der Befugnis zur Einholung von Sachverständigengutachten nur um eine besondere Sachaufklärungsbefugnis außerhalb des formellen Beweiserhebungsverfahrens der §§ 355 ff. ZPO.[788]

c) Umfang der Prüfung der Mangelfreiheit

aa) Allgemeines

Eine allgemeine Aussage zum Umfang der Prüfungskompetenz des Gerichtsvollziehers kann nicht getroffen werden. Vielmehr ist nach der Art der geschuldeten Gegenleistung und dem Inhalt des Vollstreckungstitels zu differenzieren. Dementsprechend unterscheiden auch die in Literatur und Rechtsprechung geäußerten Ansichten danach, ob es sich bei der Gegenleistung um eine Stückschuld, Gattungsschuld oder eine Nachbesserung handelt.

bb) Stückschuld

Wenn im Falle einer Stückschuld der Vollstreckungsschuldner die angebotene Gegenleistung als nicht ordnungsgemäß rügt, stellt sich die Frage nach dem weiteren Vorgehen des Gerichtsvollziehers. Es ist sehr umstritten, ob der Gerichtsvollzieher in dieser Situation die angebotene Sache auf ihre Mangelfreiheit

---

786 *Schneider*, DGVZ 1978, 65, 66.

787 *Wieczorek/Schütze/Salzmann*, ZPO IV, § 756 Rdnr. 7; MünchKomm-ZPO/*Heßler* , § 756 Rdnr. 30; *Zöller/Stöber*, § 756 Rdnr. 7; *Baumbach/Lauterbach/Albers/Hartmann*, § 756 Rdnr. 7; *Musielak/Lackmann*, § 756 Rdnr. 8; *Baur/Stürner/Bruns*, Zwangsvollstreckungsrecht, § 21.11; *Rosenberg/Gaul/Schilken*, § 16 V 1 b cc; *Schneider*, DGVZ 1978, 65, 67; OLG Stuttgart, MDR 1982, 416; *Seibel*, ZfBR 2008, 330, 331 f.; *Pauly*, DGVZ 2007, 177, 178; OLG Hamm, DGVZ 1995, 182, 184; OLG Celle, NJW-RR 2000, 828; LG Heidelberg, DGVZ 1977, 91; LG Stuttgart, DGVZ 1990, 92.

788 *Schilken*, AcP 181 (1981), 355, 364 f.; *Rosenberg/Gaul/Schilken*, ZVR, § 16 V 1 b bb.

zu überprüfen hat.[789] Grundsätzlich ist von einer solchen Prüfungspflicht des Gerichtsvollziehers auszugehen, da auch insoweit ein nach materiellem Recht korrektes Angebot notwendige Voraussetzung für den Annahmeverzug (§§ 293 ff. BGB) und somit nach § 756 I 1. Alt. ZPO für den Vollstreckungsbeginn ist.[790] Daher ist der Vollstreckungstitel für das weitere Vorgehen des Gerichtsvollziehers von entscheidender Bedeutung. Es kommt darauf an, ob nach dem Titel als Gegenleistung ein individueller Gegenstand in dem Zustand, in dem er sich befindet, herauszugeben ist, oder ob nach dem Titel ein neuer oder jedenfalls mangelfreier Gegenstand zu liefern ist.

Ist daher nach dem Vollstreckungstitel ein bestimmter Zustand oder eine bestimmte Beschaffenheit der Gegenleistung vorgeschrieben, so hat der Gerichtsvollzieher die Gegenleistung auf diese Beschaffenheit hin zu überprüfen.[791] Sollte sich der Gegenstand nicht in dem geschuldeten Zustand befinden, so setzt das Angebot des Vollstreckungsgläubigers den Schuldner nach den §§ 293 ff. BGB nicht in Annahmeverzug. Daher darf der Gerichtsvollzieher nach § 756 I 1. Alt. ZPO nicht mit der Vollstreckung beginnen.

Soweit hingegen der Tenor auch in Verbindung mit den Entscheidungsgründen keine besonderen Angaben zum Zustand und zur Beschaffenheit der von dem Vollstreckungsgläubiger zu erbringenden Gegenleistung macht, darf der Gerichtsvollzieher die Gegenleistung nicht auf ihre Mangelfreiheit untersuchen.[792] Nach dem Grundsatz der Formalisierung des Vollstreckungsverfahrens wird die Prüfungskompetenz durch den Titel begrenzt. Daher ist der Gerichtsvollzieher in solch einem Fall nur dazu befugt, die Identität des angebotenen Gegenstandes mit dem im Titel bezeichneten zu überprüfen.[793] Eine weitergehende Prüfung des Gerichtsvollziehers liefe auf eine Umgehung beziehungsweise auf eine Korrektur des vorangegangenen Erkenntnisverfahrens hinaus.[794]

---

789 MünchKomm-ZPO/*Heßler*, § 756 Rdnr. 29, Fn. 44 mit vielen weiteren Nachweisen.

790 MünchKomm-ZPO/*Heßler*, § 756, Rdnr. 29.

791 *Zöller/Stöber*, § 756 Rdnr. 7; MünchKomm-ZPO/*Heßler*, § 756 Rdnr. 29; *Baumbach/Lauterbach/Albers/Hartmann*, § 756 Rdnr. 7; LG Rottweil, DGVZ 1990, 171 f.; LG Karlsruhe, DGVZ 1998, 27.

792 MünchKomm-ZPO/*Heßler*, § 756 Rdnr. 29; *Zöller/Stöber*, § 756 Rdnr. 7; BGH, WM 2005, 1954, 1955; LG Rottweil, DGVZ 1990, 171 f.

793 BGH, WM 2005, 1954, 1955; LG Karlsruhe, DGVZ 1998, 27; LG Rottweil, DGVZ 1990, 171 f.; LG Hamburg, DGVZ 1984, 10, 12; *Stein/Jonas Münzberg*, § 756 Rdnr. 22.

794 OLG Stuttgart, DGVZ 1991, 8, 9; LG Rottweil, DGVZ 1990,, 171, 172.

In der Praxis ergeben sich häufig Streitigkeiten bei Verträgen über Gebrauchtwagen. So wird eine Partei zur Kaufpreiszahlung beziehungsweise zur Rückzahlung Zug um Zug gegen Herausgabe des PKW verurteilt. In vielen Fällen lässt der Titel auch unter Hinzuziehung der Urteilsgründe und des Tatbestandes nicht erkennen, in welchem Zustand sich der herauszugebende PKW befinden muss. Zum Teil wird in Literatur und Rechtsprechung die Ansicht vertreten, dass im Zweifel ein fahrbereites Fahrzeug geschuldet wird.[795] Dem kann jedoch nicht gefolgt werden. Zum einen kann eine grundsätzlich bestehende Überprüfungspflicht des Gerichtsvollziehers nicht dazu führen, dass dieser ein eigenes Erkenntnisverfahren durchführt und jenseits des ergangenen Urteils eigene Prüfungen bezüglich Schäden und deren Verantwortlichkeit anstellt. Es ist nicht Aufgabe des Gerichtsvollziehers, Unklarheiten über die Tragweite von Titeln zu beseitigen.[796] Zum anderen verbietet sich eine solche Vermutung der Mangelfreiheit beziehungsweise der Fahrbereitschaft aufgrund der solchen Prozessen zugrunde liegenden Streitigkeiten. In Prozessen über Gebrauchtwagen wird der Streit häufig gerade über den Zustand und die Beschaffenheit des Fahrzeuges geführt. Darauf aufbauend erfolgt dann der gerichtliche Ausspruch. Dem Gericht kann aber ein einziger Mangel für die Rückabwicklung des Vertrages gereicht haben, ohne dass es über weitere behauptete Mängel noch hätte befinden müssen.[797] Eine über die Identitätsprüfung (anhand der Fahrgestellnummer und mithilfe des Fahrzeugbriefes[798]) hinausgehende Mangelprüfung durch den Gerichtsvollzieher würde auf eine Nachholung oder Korrektur des Erkenntnisverfahrens hinauslaufen.[799]

Zum Teil wird auch vertreten, dass die vom Vollstreckungsschuldner erhobene Mangelrüge dann vom Gerichtsvollzieher zu berücksichtigen ist, wenn die Mängel eine gewisse Schwelle erreichen. Manche Gerichte sehen diese Schwelle bei groben und deutlich zutage tretenden Mängeln[800] beziehungsweise wenn das Fahrzeug einen Totalschaden erlitten hat.[801] Andere wiederum setzen bei der

795 LG Bonn, DGVZ 1983, 187, 188; LG Hannover, DGVZ 1984, 152, 153; LG Neuruppin, NJW-RR 2004, 854, 855; *Schneider*, DGVZ 1978, 65.

796 LG Rottweil, DGVZ 1990, 171; OLG Stuttgart, DGVZ 1991, 8 f.

797 LG Rottweil, DGVZ 1990, 171; OLG Stuttgart, DGVZ 1991, 8 f.

798 LG Hamburg, DGVZ 1984, 10, 12.

799 LG Rottweil, DGVZ 1990, 171 f.; OLG Stuttgart, DGVZ 1991, 8 f.

800 LG Hamburg, DGVZ 1984, 10, 11.

801 Angedeutet von LG Neuruppin, NJW-RR 2004, 854, 855.

Identität an und verneinen den Annahmeverzug, wenn die Mängel zu einer Identitätsänderung führen.[802] Wenn letztere Ansicht von einer Identitätsänderung durch Mängel spricht, stellt sich konsequenterweise die Frage, wann Mängel zu einer Änderung der Identität führen. All diese Auffassungen sind daher insoweit problematisch, als dass sie zu einer nicht unerheblichen Rechtsunsicherheit führen.[803] So könnte diese Schwelle beziehungsweise die Inhaltsänderung bereits mit dem Fehlen der Reifen erreicht sein, oder es bedürfte dafür einer erheblichen Verformung des Fahrzeuges oder aber sogar eines Totalschadens.

Noch gewichtiger spricht die einem Prozess über einen Gebrauchtwagen typischerweise zugrunde liegende Streitsituation gegen eine Berücksichtigung von Mängeln in der einen oder anderen Form durch den Gerichtsvollzieher. Die Parteien streiten in der Regel gerade über Zustand und Mängel des Fahrzeuges. Dabei kann es durchaus vorkommen, dass das Fahrzeug an sehr gravierenden Mängeln leidet beziehungsweise dass sich das Fahrzeug mangelbedingt nach Übergabe noch weiter verschlechtert. So kann beispielsweise der Käufer eines aufgrund mangelhafter Bremsen total zerstörten Fahrzeuges auf Rückabwicklung des Kaufvertrages klagen. Dann davon auszugehen, dass das im Zuge der Gegenleistung angebotene, total zerstörte Fahrzeug nicht mit dem im Titel genannten Fahrzeug identisch sei, ist schlicht falsch. In diesem Fall war das erkennende Gericht gerade der Überzeugung, dass den Vollstreckungsschuldner die Verantwortung für die Verschlechterung beziehungsweise die „Identitätsänderung" trifft, denn ansonsten hätte es den Käufer (Vollstreckungsgläubiger) nach § 346 II BGB zu Wertersatz verpflichtet. In welchem Umfang der Vollstreckungsgläubiger für sich nach der Übergabe ergebende Schäden einzustehen hat, beziehungsweise ob ihm eventuell Haftungserleichterungen (§ 300 BGB) zugute kommen, können von dem erkennenden Gericht berücksichtigt, übersehen oder bewusst ausgespart worden sein.[804] Die Ablehnung der Vollstreckung würde daher zu einer unzulässigen Nachholung oder Korrektur des Erkenntnisverfahrens durch den Gerichtsvollzieher führen.[805] Genauso kann es sein, dass das Fahrzeug erst nach dem Prozess einen Totalschaden erleidet. Dieser kann mangelbedingt

802 BGH, WM 2005, 1954, 1955.

803 Genauso *Körner*, DGVZ 2006, 129, 130.

804 LG Rottweil, DGVZ 1990, 171, 172.

805 LG Rottweil, DGVZ 1990, 171 f.; OLG Stuttgart, DGVZ 1991, 8 f.; *Körner*, DGVZ 2006, 129, 130.

eingetreten sein oder aber schuldhaft vom Vollstreckungsgläubiger verursacht worden sein. Dies zu klären obliegt aber nicht dem Gerichtsvollzieher, sondern dem erkennenden Gericht.[806]

Aus diesen Gründen ist eine Vermutung der Fahrbereitschaft oder Mangelfreiheit sowie eine bei bestimmten Mängeln (grobe Mängel, Totalschaden) über die Identitätsprüfung hinausgehende Prüfungsbefugnis des Gerichtsvollziehers bei Vollstreckungstiteln, die keinen bestimmen Zustand der Gegenleistung vorschreiben, abzulehnen.[807] Sofern es sich aber um Fälle des originären Primärleistungsaustausches handelt, kann die Auslegung eines Vollstreckungstitels, welcher die Gegenleistung nicht näher beschreibt, durchaus den Schluss auf eine gewisse Mindestbeschaffenheit der Gegenleistung zulassen,[808] wenn nach materiellem Recht (beispielsweise § 433 I 2 BGB und § 633 I BGB) eine mangelfreie Leistung geschuldet wird.

Es stellt sich aber noch die Frage, ob die im Zuge der Schuldrechtsreform in § 434 III BGB verwirklichte Gleichstellung von *aliud* und *peius* Auswirkungen auf die Unterscheidung von Identitäts- und Mangelprüfung in der Vollstreckung hat. Der Zweck dieser Gleichstellung liegt nach der gesetzgeberischen Konzeption darin, dass auch die Lieferung einer anderen als der geschuldeten Sache sowie einer nicht der geschuldeten Gattung zugehörigen Sache nach den Vorschriften über die Gewährleistung behandelt werden soll.[809] Diese Gleichstellung von *aliud* mit *peius* im Kaufrecht (§ 434 III BGB) und im Werkvertragsrecht (§ 633 II 2 BGB) ist aber für den Prüfungsumfang des Gerichtsvollziehers in der Vollstreckung nicht von Bedeutung. Die im Vollstreckungsrecht geltende Unterscheidung zwischen Identitäts- und Mangelprüfung leitet sich von dem Grundsatz der Formalisierung der Zwangsvollstreckung und dem Verbot des Gerichtsvollziehers, das Erkenntnisverfahren nachzuholen oder zu ergänzen, ab und berührt in keiner Weise Art und Umfang der Gewährleistungsrechte und Nacherfüllungsansprüche des Empfängers der Gegenleistung.

806 LG Rottweil, DGVZ 1990, 171, 172.

807 BGH, WM 2005, 1954, 1955; OLG Stuttgart, DGVZ 1991, 8 f.; LG Rottweil, DGVZ 1990, 171 f.; *Alpes*, ProzRB 2005, 288, 289; *Gsell*, jurisPR-BGH-ZivilR 2005, 127, 128.

808 *Gsell*, jurisPR-BGH-ZivilR 2005, 127, 128.

809 MünchKomm-BGB/*H. P. Westermann*, § 434 Rdnr. 38 f.

cc) Gattungsschuld

Die bei einer Gattungsschuld nach § 243 I BGB, § 360 HGB geschuldete mittlere Art und Güte der Gegenleistung ist nach den §§ 293 ff. BGB Voraussetzung für den Annahmeverzug und damit nach § 756 I 1. Alt. ZPO notwendige Voraussetzung für den Beginn der Vollstreckung.[810] Die angebotene Sache muss daher sowohl zur Gattung der im Titel bezeichneten Gegenleistung gehören als auch von mittlerer Art und Güte sein. Dies hat der Gerichtsvollzieher zu überprüfen.[811] Sollte ihm dazu die notwendige Sachkunde fehlen, hat der Gerichtsvollzieher einen Sachverständigen hinzuzuziehen.[812]

dd) Nachbesserung

Besteht die Gegenleistung in einer Nachbesserung, so hat der Vollstreckungsgläubiger den Mangel ordnungsgemäß zu beseitigen.[813] Bei einer Zug um Zug zu erbringenden Nachbesserung stellt sich im Gegensatz zur Stückschuld nicht die Frage, in welchem Zustand sich die Gegenleistung zu befinden hat. Die Nachbesserung hat ordnungsgemäß zu erfolgen. Dabei müssen aber nur die im Titel genannten Mängel nachgebessert werden.[814] Rügt der Vollstreckungsschuldner weitere, nicht im Vollstreckungstitel aufgeführte Mängel, so hat der Gerichtsvollzieher gleichwohl mit Zwangsvollstreckung zu beginnen.[815] Der Vollstreckungstitel ist daher für den Prüfungsumfang des Gerichtsvollziehers maßgeblich. Der Gerichtsvollzieher hat die notwendigen Feststellungen zur Beschaffenheit der Gegenleistung selbstständig und in eigener Verantwortung zu treffen.[816] Sofern er selbst zur Beurteilung der Nachbesserung nicht die erforderliche Sachkunde besitzt, hat er allerdings einen Sachverständigen hinzuzuziehen.[817] Der Gerichtsvollzieher darf daher die Zwangsvollstreckung nicht mit dem Argu-

---

810 *Musielak/Lackmann*, § 756 Rdnr. 4; in: *Zöller/Stöber*, § 756 Rdnr. 7; MünchKomm-ZPO/*Heßler*, § 756 Rdnr. 27.

811 *H. Schneider*, DGVZ 1989, 145, 148.

812 OLG Hamm, DGVZ 1995, 182, 184; AG Pirmasens, MDR 1975, 62.

813 *Musielak/Lackmann*, § 756 Rdnr. 4.

814 MünchKomm/*Heßler*, § 756 Rdnr. 27.

815 LG Bonn, DGVZ 1989, 12, 13.

816 OLG Celle, NJW-RR 2000, 828.

817 OLG Stuttgart, MDR 1982, 416; OLG Hamm, DGVZ 1995, 182, 183; OLG Celle, NJW-RR 2000, 828; AG Mainz, DGVZ 1997, 172.

ment ablehnen, dass ihm die zur Prüfung der Ordnungsmäßigkeit der Gegenleistung notwendige Sachkunde fehle.[818]

d) Zusammenfassung

Nach § 756 I 1. Alt. ZPO darf der Gerichtsvollzieher nur mit der Vollstreckung beginnen, wenn dem Vollstreckungsschuldner die Gegenleistung in einer den Annahmeverzug begründenden Weise angeboten wurde. Es bedarf daher eines materiellrechtlich ordnungsgemäßen Angebots der Gegenleistung. Für den Umfang der Prüfungsbefugnis des Gerichtsvollziehers hinsichtlich der Gegenleistung kommt es ganz entscheidend auf den Inhalt des Vollstreckungstitels an. In jedem Fall hat der Gerichtsvollzieher die angebotene Gegenleistung auf ihre Identität mit der im Vollstreckungstitel genannten zu überprüfen. Ob eine darüber hinausgehende Prüfung zu erfolgen hat, hängt von der titulierten Gegenleistung ab. Im Falle einer Stückschuld hat der Gerichtsvollzieher den Gegenstand auf seine Mangelfreiheit hin nur dann zu untersuchen, wenn sich dieser nach dem Vollstreckungstitel in einem bestimmten Zustand befinden muss. Ansonsten bleibt es bei einer Identitätsprüfung. Sofern die Gegenleistung in einer Gattungsschuld besteht, hat der Gerichtsvollzieher zu prüfen, ob der angebotene Gegenstand der im Titel genannten Gattung entspricht und von mittlerer Art und Güte ist (§ 243 I BGB, § 360 HGB). Ist als Gegenleistung eine Nachbesserung geschuldet, so hat der Gerichtsvollzieher zu beurteilen, ob die im Vollstreckungstitel bezeichneten Mängel behoben wurden. Fehlt dem Gerichtsvollzieher zur Prüfung der Gegenleistung die erforderliche Sachkunde, so hat er einen Sachverständigen heranzuziehen.

5. Prüfungsumfang bei wörtlichem Angebot nach § 295 BGB

a) Einleitung

Unter den Voraussetzungen der § 756 I 1. Alt. ZPO, § 295 BGB kann der Gerichtsvollzieher ein wörtliches Angebot der Gegenleistung abgeben. Da der Gerichtsvollzieher in diesem Fall in der Regel nicht im Besitz der Gegenleistung ist, stellt sich die Frage, ob beziehungsweise in welchem Umfang der Gerichtsvollzieher die Gegenleistung auf ihre Ordnungsmäßigkeit hin zu überprüfen hat.

---

818 AG Mainz, DGVZ 1997, 172.

b) Prüfungsumfang

aa) Keine Prüfung

Einer Ansicht zufolge hat der Gerichtsvollzieher bei einem wörtlichen Angebot Vorhandensein und Ordnungsmäßigkeit der angebotenen Gegenleistung nicht zu prüfen.[819] Daher sei auch für das wörtliche Angebot ein entsprechender Antrag des Vollstreckungsgläubigers erforderlich, aus dem sich dessen Leistungsvermögen und Leistungswillen ergeben.[820] Einwendungen des Vollstreckungsschuldners in Bezug auf die Ordnungsmäßigkeit der Gegenleistung habe dieser im Wege der Erinnerung nach § 766 ZPO geltend zu machen.[821] Die sich daraus dem Vollstreckungsschuldner für die Prüfung und Beanstandung der Gegenleistung ergebenden Schwierigkeiten seien bedeutungslos, da der Vollstreckungsschuldner mit der Annahmeverweigerung diese veranlasst und hingenommen habe.[822]

bb) Eingeschränkte Prüfungspflicht

Einer anderen Meinung zufolge kann sich der Gerichtsvollzieher auf eine mehr formelle Prüfung der Ordnungsmäßigkeit der Gegenleistung anhand des Vollstreckungstitels und des ihm erteilten Auftrags beschränken.[823] Von sich aus habe daher der Gerichtsvollzieher die Gegenleistung nicht genauer zu überprüfen.[824] Vielmehr müsse sich der Vollstreckungsschuldner auf das Fehlen der Leistungsbereitschaft des Vollstreckungsgläubigers beziehungsweise auf Mängel der Gegenleistung berufen.[825] Denn nach § 297 BGB obliege dem Gläubiger der Gegenleistung (= Vollstreckungsschuldner) die Beweislast für die fehlende Leistungsfähigkeit des Schuldners der Gegenleistung (= Vollstreckungsgläubiger).[826] In diesem Fall dürfe der Gerichtsvollzieher nach einem wörtlichen Angebot nicht

---

819 *Zöller/Stöber*, § 756 Rdnr. 12; *Gilleßen/Jakobs*, DGVZ 1981, 49, 53; *Gilleßen/Coenen*, DGVZ 1998, 167.

820 *Gilleßen/Coenen*, DGVZ 1998, 167.

821 *Zöller/Stöber*, § 756 Rdnr. 12, 16.

822 *Zöller/Stöber*, § 756 Rdnr. 12.

823 MünchKomm-ZPO/*Heßler*, § 756 Rdnr. 32.

824 *Schilken*, AcP 181 (1981), 355, 360 f.

825 *E. Schneider*, DGVZ 1978, 65, 66; *Schilken*, AcP 181 (1981), 355, 360 f.; MünchKomm-ZPO/*Heßler*, § 756 Rdnr. 32.

826 *Gilleßen/Jakobs*, DGVZ 1981, 49, 51 f.; *Noack*, S. 219.

mit der Zwangsvollstreckung beginnen, ohne zuvor die angebotene Gegenleistung auf ihre Ordnungsmäßigkeit hin zu überprüfen.[827]

cc) Vollumfängliche Prüfungspflicht

Nach anderer Ansicht hat der Gerichtsvollzieher auch bei einem wörtlichen Angebot die Gegenleistung auf ihre Ordnungsmäßigkeit hin zu überprüfen.[828] Denn gemäß § 756 I 1. Alt. ZPO habe der Gerichtsvollzieher dem Vollstreckungsschuldner die Gegenleistung in einer den Annahmeverzug begründenden Weise anzubieten.[829] Der Gerichtsvollzieher habe sich als Vollstreckungsorgan von Amts wegen vom Vorliegen der Vollstreckungsvoraussetzungen zu überzeugen.[830] Zum Teil wird vertreten, dass sich der Gerichtsvollzieher vergewissern muss, dass die Gegenleistung existent ist und sich im ordnungsgemäßen Zustand beim Vollstreckungsgläubiger befindet.[831]

dd) Bewertung

Der ersten Ansicht, nach der der Gerichtsvollzieher bei einem wörtlichen Angebot die Gegenleistung nicht auf ihre Ordnungsmäßigkeit hin zu überprüfen habe, kann nicht gefolgt werden. Es ist vielmehr davon auszugehen, dass sich der Gerichtsvollzieher auch bei einem wörtlichen Angebot nach § 756 I 1. Alt. ZPO, § 295 BGB von der Ordnungsmäßigkeit der Gegenleistung zu überzeugen hat.

Nach § 756 I 1. Alt. ZPO darf der Gerichtsvollzieher nur mit der Zwangsvollstreckung beginnen, wenn er zuvor dem Vollstreckungsschuldner die Gegenleistung in einer den Annahmeverzug begründenden Weise angeboten hat. Durch diesen Verweis werden die materiellrechtlichen Regelungen des Annahmeverzugs (§§ 293 ff. BGB) zur Vollstreckungsvoraussetzung erhoben. Der Gerichtsvollzieher als Vollstreckungsorgan hat sich vom Vorliegen der Vollstreckungsvoraussetzungen von Amts wegen zu überzeugen.[832] Es besteht kein ge-

---

827 *Schilken*, AcP 181 (1981), 355, 360 f.; MünchKomm-ZPO/*Heßler*, § 756 Rdnr. 32.

828 OLG Oldenburg, DGVZ 1991, 172; LG Bonn, DGVZ 1983, 185, 186; *Wieczorek/Schütze/Salzmann*, § 756 Rdnr. 9; *Musielak/Lackmann*, § 756 Rdnr. 8; *Sebode*, DGVZ 1958, 34, 37.

829 *Wieczorek/Schütze/Salzmann*, § 756 Rdnr. 9.

830 *Wieczorek/Schütze/Salzmann*, § 756 Rdnr. 9.

831 *Sebode*, DGVZ 1958, 34, 37.

832 OLG Oldenburg, DGVZ 1991, 172; LG Bonn, DGVZ 1983, 185, 186; MünchKomm-ZPO/*Heßler*, § 756 Rdnr. 25, 27; *Wieczorek/Schütze/Salzmann*, § 756 Rdnr. 9; *Musielak/Lackmann*, § 756 Rdnr. 8; *Zöller/Stöber*, § 756 Rdnr. 7.

setzlicher Anhaltspunkt dafür, dass dies bei einem wörtlichen Angebot nach § 756 I 1. Alt. ZPO, § 295 BGB nicht auch zu gelten hat.

Nach § 297 BGB trägt der Gläubiger der Gegenleistung (= Vollstreckungsschuldner) die Beweislast für die fehlende Leistungsfähigkeit beziehungsweise den fehlenden Leistungswillen des Schuldners der Gegenleistung.[833] Allerdings führt ein wörtliches Angebot dazu, dass der Vollstreckungsschuldner die Gegenleistung nicht selbst in Augenschein nehmen kann. Er kann daher in der Regel nicht selbst beurteilen, ob sich die ihm angebotene Gegenleistung in einem ordnungsgemäßen Zustand befindet. So ist auch eine Beauftragung des Gerichtsvollziehers zur Abgabe eines wörtlichen Angebots erforderlich, aus dem sich Leistungswille und Leistungsfähigkeit des Vollstreckungsgläubigers ergeben.[834] Anhand dieses Angebots kann der Gerichtsvollzieher daher regelmäßig die Ordnungsmäßigkeit der Gegenleistung beurteilen.[835] Sollte er allerdings Zweifel an der Ordnungsmäßigkeit der Gegenleistung haben oder sollte der Vollstreckungsschuldner die Ordnungsmäßigkeit derselben rügen, so hat der Gerichtsvollzieher die Gegenleistung eingehend zu überprüfen.[836]

Für den Fall eines wörtlichen Angebots nach § 756 II ZPO besagt § 84 Nr. 2 Abs. 2 S. 2 GVGA, dass der Gerichtsvollzieher die Ordnungsmäßigkeit der Gegenleistung nicht zu überprüfen hat. Mit dieser Vorschrift wollte der Gesetzgeber dem im Rahmen der zweiten Zwangsvollstreckungsnovelle eingeführten § 756 II ZPO Rechnung tragen. Im Umkehrschluss bedeutet dies, dass der Gesetzgeber davon ausgeht, dass der Gerichtsvollzieher bei einem wörtlichen Angebot nach § 756 I 1. Alt. ZPO, § 295 BGB die Gegenleistung auf ihre Ordnungsmäßigkeit hin zu überprüfen hat.[837]

c) Ergebnis

Auch bei einem wörtlichen Angebot nach § 756 I 1. Alt. ZPO, § 295 BGB hat der Gerichtsvollzieher die anzubietende Gegenleistung zu prüfen. Regelmäßig

833 MünchKomm-BGB/*Ernst*, § 295 Rdnr. 4; MünchKomm-BGB/*Ernst*, § 297 Rdnr. 4.

834 AG Lampertheim, DGVZ1980, 80; *Gilleßen/Jakobs*, DGVZ 1981, 49, 54; *Stein/Jonas/Münzberg*, § 753 Rdnr. 8; MünchKomm-ZPO/*Heßler*, § 756 Rdnr. 19; *Zöller/Stöber*, § 756 Rdnr. 14.

835 MünchKomm-ZPO/*Heßler*, § 756 Rdnr. 32.

836 *Schilken*, AcP 181 (1981), 355, 360 f.; *Münzberg*, FS Lüke, S. 525, 533; *Fichtner*, S. 188; MünchKomm-ZPO/*Heßler*, § 756 Rdnr. 32.

837 *Fichtner*, S. 188 f.

wird er die Gegenleistung anhand des Vollstreckungstitels und des Auftrags überprüfen. Sollte der Gerichtsvollzieher aber Zweifel an der Ordnungsmäßigkeit der Gegenleistung haben beziehungsweise sollte der Vollstreckungsschuldner diese bezweifeln, so hat der Gerichtsvollzieher die Gegenleistung auf ihre Ordnungsmäßigkeit hin eingehend zu überprüfen, bevor er mit der Vollstreckung beginnen darf.

IV. Vollstreckungsverfahren nach § 756 I 2. Alt. ZPO

1. Prüfung des Nachweises der Befriedigung und des Annahmeverzugs

Nach § 756 I 2. Alt. ZPO darf der Gerichtsvollzieher mit der Zwangsvollstreckung beginnen, wenn der Beweis der Befriedigung oder des Annahmeverzugs des Vollstreckungsschuldners durch öffentliche oder öffentlich beglaubigte Urkunde geführt ist. Der Gerichtsvollzieher hat daher anhand des Vollstreckungstitels und der entsprechenden Urkunden zu überprüfen, ob die urkundlich genannte Leistung eine dem Vollstreckungstitel entsprechende Befriedigung darstellt beziehungsweise, ob die Urkunden die den Annahmeverzug begründenden Tatsachen nachweisen.[838] Wenn sich aus der Urkunde die Befriedigung beziehungsweise der Annahmeverzug des Vollstreckungsschuldners ergibt, kann der Gerichtsvollzieher vom Vorliegen dieser Voraussetzungen ausgehen.[839] Allerdings ist der Gegenbeweis zulässig. Die Anforderungen daran richten sich nach den allgemeinen Vorschriften der §§ 415 ff. ZPO.[840]

2. Prüfung des Wegfalls des Annahmeverzugs

Die Vollstreckung eines Urteils auf Leistung Zug um Zug ohne Erbringung der Gegenleistung setzt voraus, dass sich der Schuldner im Zeitpunkt der Vollstreckung in Annahmeverzug befindet beziehungsweise immer noch befindet.[841] Das Erfordernis der Fortdauer ergibt sich auch aus den Motiven zum BGB.[842]

---

838 MünchKomm-ZPO/*Heßler*, § 756 Rdnr. 45; *Stein/Jonas/Münzberg*, § 756 Rdnr. 3.

839 MünchKomm-ZPO/*Heßler*, § 756 Rdnr. 45.

840 Siehe dazu oben § 5 E II.

841 *Stein/Jonas/Münzberg*, § 756 Rdnr. 11; *Rosenberg/Gaul/Schilken*, § 16 V 1 b dd; a.A. *Christmann*, DGVZ 1990, 1, 3.

842 Motive II, S. 203.

Denn dort heißt es, dass eine Vollstreckung ohne Bewirkung der Gegenleistung nur möglich ist, „wenn und solange" der Schuldner in Annahmeverzug ist.

Der aus der Urkunde hervorgehende Annahmeverzug kann jedoch noch nach Erlass des Urteils wegfallen, mit der Folge, dass die Voraussetzungen für die Zwangsvollstreckung nicht mehr gegeben sind. Dies ist der Fall, wenn die Gegenleistung nachträglich unmöglich wird oder wenn der Vollstreckungsschuldner sich zur Annahme der Gegenleistung bereit erklärt beziehungsweise die erforderliche Mitwirkungshandlung nachholt und seinerseits die dem Vollstreckungsgläubiger geschuldete Leistung (§ 298 BGB) anbietet.[843] Allerdings kann die nachträgliche Unmöglichkeit der Gegenleistung nicht im Vollstreckungsverfahren geltend gemacht werden.[844] Denn im Zwangsvollstreckungsverfahren kann nicht geprüft werden, ob ein Fall des § 326 I oder II BGB gegeben ist.[845] Der Wegfall des Annahmeverzugs muss aber noch vor Beginn der Zwangsvollstreckung geltend gemacht werden,[846] denn mit Beginn der Vollstreckung wird die Austauschabhängigkeit von Leistung und Gegenleistung aufgehoben, so dass ohne Rücksicht auf die Gegenleistung vollstreckt werden kann.[847] Auch wenn der Annahmeverzug in dem zu vollstreckenden Urteil selbst festgestellt wurde, kann ein nachträglicher Wegfall des Annahmeverzugs geltend gemacht werden.[848] Denn die Feststellung in einem Urteil stellt lediglich eine durch spätere Tatsachen widerlegbare Vermutung für die Fortdauer des Annahmeverzugs dar.[849] Die Rechtskraft eines solchen Feststellungsurteils erstreckt sich nämlich nicht auch auf neu entstehende Tatsachen.[850]

Es stellt sich daher nun die Frage, wie der Gerichtsvollzieher auf den vom Vollstreckungsschuldner vorgebrachten Einwand, die Voraussetzungen des Annahmeverzugs seien weggefallen, zu reagieren hat. Aus dem urkundlichen Beweis

---

843 *Hüffer*, S. 196; MünchKomm-ZPO/*Heßler*, § 756 Rdnr. 46.

844 *Stein/Jonas/Münzberg*, § 756 Rdnr. 19 m. Fn. 95.

845 *Stein/Jonas/Münzberg*, § 756 Rdnr. 19 m. Fn. 95.

846 *Gabius*, NJW 1971, 866, 870; *Wieczorek/Schütze/Salzmann*, § 756 Rdnr. 17; MünchKomm-ZPO/*Heßler*, § 756 Rdnr. 46; *Musielak/Lackmann*, § 756 Rdnr. 7; *Stein/Jonas/Münzberg*, § 756 Rdnr. 19.

847 MünchKomm-ZPO/*Heßler*, § 756 Rdnr. 46.

848 *Rosenberg/Gaul/Schilken*, § 16 V 1 b) dd; *Wieczorek/Schütze/Salzmann*, § 756 Rdnr. 17; *Fichtner*, S. 191; a.A. MünchKomm-ZPO/*Heßler*, § 756 Rdnr. 46.

849 *Wieczorek/Schütze/Salzmann*, § 756 Rdnr. 17.

850 BGH, NJW 1988, 2524; *Wieczorek/Schütze/Salzmann*, § 756 Rdnr. 17.

des Annahmeverzugs folgt zunächst eine Vermutung für dessen Fortbestand.[851] Der Vollstreckungsschuldner hat daher dem Gerichtsvollzieher den nachträglichen Sachverhalt, aus dem sich der Wegfall des Annahmeverzugs ergibt, darzulegen. [852] Insbesondere muss er die von ihm geschuldete Leistung anbieten (§ 298 BGB) und den Gerichtsvollzieher von der Ernsthaftigkeit des Angebots überzeugen.[853] Ansonsten genügt es auch, wenn der Vollstreckungsgläubiger dem Gerichtsvollzieher gegenüber den Wegfall des Annahmeverzugs zugesteht[854] oder der Vollstreckungsgläubiger für den Gerichtsvollzieher erkennbar das Angebot der Gegenleistung zurücknimmt.[855] Werden die Einwände vom Gerichtsvollzieher nicht berücksichtigt, so hat der Vollstreckungsschuldner noch die Möglichkeit, den Wegfall des Annahmeverzugs im Rahmen eines Rechtsbehelfs zu rügen.[856]

V. Vollstreckungsverfahren nach § 756 II ZPO

Die Vorschrift des § 756 II ZPO wurde eingeführt um die Abgabe eines wörtlichen Angebots zu erleichtern und die Vollstreckung Zug um Zug zu vereinfachen.[857] So muss der Vollstreckungsschuldner nicht vor Abgabe eines Angebots dieses ablehnen, wie das nach § 756 I 1. Alt. ZPO, § 295 BGB der Fall ist, sondern es genügt, wenn dies erst im Laufe des Vollstreckungsverfahrens geschieht.[858] Zwar hat die dem Vollstreckungsschuldner angebotene Gegenleistung die ihm materiellrechtlich gebührende zu sein, das Angebot muss aber nicht Annahmeverzug begründend sein.[859]

Im Verfahren nach § 756 II ZPO wird die Ordnungsmäßigkeit der Gegenleistung unterstellt.[860] Der Gerichtsvollzieher hat somit die Gegenleistung nicht

---

851 *Stein/Jonas/Münzberg*, § 756 Rdnr. 11.

852 *Hüffer*, S. 196; wohl auch *Schilken*, AcP 181 (1981), 355, 369; *Stein/Jonas/Münzberg*, § 756 Rdnr. 19 f.; *Soergel/Gsell*, § 322 Rdnr. 43; a.A. MünchKomm-ZPO/*Heßler*, § 756 Rdnr. 46; *Musielak/Lackmann*, § 756 Rdnr. 7, die ohne gesetzliche Grundlage und ohne Begründung einen urkundlichen Nachweis der Beendigung für erforderlich halten.

853 *Hüffer*, S. 196.

854 MünchKomm-ZPO/*Heßler*, § 756 Rdnr. 46.

855 *Stein/Jonas/Münzberg*, § 756 Rdnr. 19 m. Fn. 95.

856 *Stein/Jonas/Münzberg*, § 756 Rdnr. 19 f.; MünchKomm-ZPO/*Heßler*, § 756 Rdnr. 46.

857 Siehe dazu oben § 5 D II.

858 Siehe dazu oben § 5 D III 2.

859 Siehe dazu oben § 5 D III 2.

860 *Münzberg*, FS Lüke, S. 525, 533.

auf ihre Ordnungsmäßigkeit hin zu überprüfen.[861] Denn es handelt sich bei einem wörtlichen Angebot nach § 756 II ZPO gerade nicht um ein den Annahmeverzug begründendes Angebot nach § 756 I 1. Alt. ZPO, § 295 BGB.[862] Ein solcher Verzicht auf eine Prüfung durch den Gerichtsvollzieher dient auch dem Zweck der zweiten Vollstreckungsnovelle, die Vollstreckung Zug um Zug zu vereinfachen.[863] Dass der Gerichtsvollzieher von der Prüfung der Ordnungsmäßigkeit entbunden ist, ergibt sich auch aus § 84 Nr. 2 Abs. III S. 2 GVGA. Denn dort heißt es, dass der Gerichtsvollzieher bei einem solchem Angebot nach § 756 II ZPO die Ordnungsmäßigkeit der Gegenleistung nicht prüft.

Der Verzicht auf die Prüfung der Gegenleistung führt auch nicht zu einer unangemessenen Belastung des Vollstreckungsschuldners.[864] Denn es wird lediglich auf die Prüfung der Ordnungsmäßigkeit verzichtet. Dies ändert nichts daran, dass die angebotene Gegenleistung ordnungsgemäß zu sein hat. Der Vollstreckungsschuldner kann daher die mangelnde Ordnungsmäßigkeit mit dem Rechtsbehelf der Erinnerung (§ 766 ZPO) erfolgreich geltend machen.[865] Damit kommt es zu einer prozessualen Verlagerung der Initiativlast auf den Vollstreckungsschuldner.[866] Zwar führt dies dazu, dass der die Gegenleistung ablehnende Vollstreckungsschuldner entgegen der *ratio* des § 274 II BGB quasi zur Vorleistung und damit auch zur Übernahme des Insolvenzrisikos des Vollstreckungsgläubigers gezwungen wird, ohne dass der Annahmeverzug sichergestellt ist.[867] Doch ist der Vollstreckungsschuldner nicht verpflichtet, die Annahme der Gegenleistung abzulehnen. Er kann vielmehr das Angebot annehmen und somit den Vollstreckungsgläubiger zu einem tatsächlichen Angebot zwingen, dass ihm die Prüfung der Gegenleistung ermöglicht.[868]

Es bleibt somit festzustellen, dass, obwohl das Erfordernis einer materiellrechtlich ordnungsgemäßen Gegenleistung weiterhin besteht, der Gerichtsvoll-

861 *Münzberg*, FS Lüke, S. 525, 532; *Gilleßen/Coenen*, DGVZ 1998, 168; *Hornung*, Rpfleger 1998, 383, 385; *Behr*, JurBüro 2000, 117, 119; *Stein/Jonas/Münzberg*, § 756 Rdnr. 9; *Zöller/Stöber*, § 756 Rdnr.12; a.A. MünchKomm-ZPO/*Heßler*, § 756 Rdnr. 32.

862 *Münzberg*, FS Lüke, S. 525, 533.

863 Siehe dazu oben § 5 D II.

864 *Münzberg*, FS Lüke, S. 525, 533.

865 *Stein/Jonas/Münzberg*, § 756 Rdnr. 9 m. Fn. 51.

866 *Münzberg*, FS Lüke, S. 525, 533.

867 *Münzberg*, FS Lüke, S. 525, 534.

868 *Münzberg*, FS Lüke, S. 525, 534.

zieher die Gegenleistung nicht auf ihre Ordnungsmäßigkeit hin zu überprüfen hat.

VI. Zusammenfassung

Für den Umfang der dem Gerichtsvollzieher zukommenden Prüfungskompetenz kommt es entscheidend auf den Inhalt des Vollstreckungstitels an. Daher hat der Gerichtsvollzieher zunächst die dem Vollstreckungsschuldner gebührende Gegenleistung zu bestimmen. Dies geschieht auf der Grundlage des Vollstreckungstitels. Sofern erforderlich, ist der Vollstreckungstitel auszulegen. Handelt es sich dabei um ein Gerichtsurteil, so ist der gesamte Titel, unter Heranziehung von Tatbestand und Entscheidungsgründen, Gegenstand der Auslegung.

In jedem Fall hat der Gerichtsvollzieher die angebotene Gegenleistung auf ihre Identität mit der im Vollstreckungstitel bezeichneten zu überprüfen. Ob eine darüber hinausgehende Überprüfung zu erfolgen hat, richtet sich nach der im Vollstreckungstitel bestimmten Gegenleistung. Handelt es sich um eine Stückschuld, so bleibt es bei einer Identitätsprüfung, es sei denn, dass sich der geschuldete Gegenstand in einem bestimmten Zustand befinden muss. Bei einer Gattungsschuld ist zu prüfen, ob der angebotene Gegenstand zu dieser Gattung gehört und, ob er von mittlerer Art und Güte ist. Ist eine Nachbesserung geschuldet, so ist zu prüfen, ob die im Titel bezeichneten Mängel behoben worden sind.

Im Verfahren nach § 756 I 2. Alt. ZPO hat der Gerichtsvollzieher anhand des Vollstreckungstitels und der entsprechenden Urkunden zu prüfen, ob die urkundlich bestätigte Leistung eine dem Vollstreckungstitel entsprechende Befriedigung darstellt beziehungsweise, ob die Urkunden die den Annahmeverzug begründenden Tatsachen nachweisen. Macht der Vollstreckungsschuldner dem Gerichtsvollzieher gegenüber geltend, dass der Annahmeverzug weggefallen sei, so hat er dem Gerichtsvollzieher den nachträglichen Sachverhalt, aus dem sich der Wegfall des Annahmeverzugs ergibt, darzulegen. Der Vollstreckungsschuldner muss daher die von ihm geschuldete Leistung anbieten (§ 298 BGB) und den Gerichtsvollzieher von der Ernsthaftigkeit des Angebots überzeugen.[869]

---

869 *Hüffer*, S. 196.

Im Vollstreckungsverfahren nach § 756 II ZPO hat der Gerichtsvollzieher, obwohl das Erfordernis einer materiellrechtlich ordnungsgemäßen Gegenleistung besteht, die Gegenleistung nicht auf ihre Ordnungsmäßigkeit hin zu überprüfen.

§ 6 Das Verfahren nach § 765 ZPO

A. Einleitung

§ 765 ZPO ist die Parallelvorschrift zu § 756 ZPO. Ebenso wie diese setzt § 765 ZPO die Regelung des § 726 II ZPO um. Durch die zweite Zwangsvollstreckungsnovelle wurde die Regelung des § 765 Nr. 2 ZPO eingeführt. Damit wird auf die ebenfalls durch diese Novelle eingeführte Regelung des § 756 II ZPO Bezug genommen.

B. Anwendungsbereich

Die Vorschrift des § 765 ZPO findet bei allen Zwangsvollstreckungsmaßregeln des Vollstreckungsgerichts Anwendung.[870] Bei bloßen Mitwirkungshandlungen des Vollstreckungsgerichts ist § 765 ZPO hingegen nicht anwendbar.[871] Die Vorschrift gilt entsprechend bei Vollstreckungsmaßnahmen des Prozessgerichts und des Grundbuchamts.[872] Im Übrigen muss der Vollstreckungstitel auf Leistung Zug um Zug beziehungsweise auf Leistung nach Empfang der Gegenleistung lauten. Sollte der Titel zu Unrecht auf Leistung Zug um Zug gegen Aushändigung der Urkunde lauten,[873] so hat die Vollstreckung bei Vorliegen der übrigen Voraussetzungen dennoch nach § 765 ZPO zu erfolgen.[874]

---

870 *Zöller/Stöber*, § 765 Rdnr. 2; MünchKomm-ZPO/*Heßler*, § 765 Rdnr. 2.

871 MünchKomm-ZPO/*Heßler*, § 765 Rdnr. 2; *Wieczorek/Schütze/Salzmann*, § 765 Rdnr. 2.

872 LG Wuppertal, Rpfleger 1988, 153; *Stein/Jonas/Münzberg*, § 765 Rdnr. 3; *Wieczorek/Schütze/Salzmann*, § 765 Rdnr. 2; *Zöller/Stöber*, § 765 Rdnr. 2.

873 Siehe dazu die Ausführungen oben in § 2 A I 1.

874 Siehe dazu die Ausführungen oben in § 2 A III.

I. Überblick

Bei einer Vollstreckung durch das Gericht kann im Unterschied zur Vollstreckung durch den Gerichtsvollzieher weder die Gegenleistung angeboten werden, noch ist die gleichzeitige Zustellung von Urkunden möglich.[875] Aus diesem Grund muss urkundlich bewiesen werden, dass entweder die Gegenleistung bereits erbracht worden ist oder der Vollstreckungsschuldner muss sich in Bezug auf die Gegenleistung bereits in Annahmeverzug befinden.[876] Die Beweisurkunde muss vor der gerichtlichen Vollstreckung zugestellt werden, es sei denn, dass die Ausnahme nach § 765 Nr. 1 2. Hs. ZPO greift. Nach § 765 Nr. 2 ZPO genügt für die Vollstreckung auch der Beweis, dass bereits eine Vollstreckungsmaßnahme nach § 756 II ZPO durchgeführt wurde.

II. Nachweis der Befriedigung bzw. des Annahmeverzugs, § 756 Nr. 1 ZPO

1. Urkundlicher Nachweis

Bei der gerichtlichen Vollstreckung beziehungsweise der Vollstreckung durch das Grundbuchamt muss der Beweis der Befriedigung oder des Annahmeverzugs des Vollstreckungsschuldners urkundlich erbracht werden. Bei den Beweisurkunden muss es sich um öffentliche oder öffentlich beglaubigte Urkunden handeln.[877]

Da der Beweis des Annahmeverzugs in der Regel deutlich schwieriger zu erbringen ist als der Beweis der Befriedigung des Vollstreckungsschuldners, kann der Gläubiger praktisch zur Vorleistung gezwungen werden.[878] Ein gangbarer Weg zur Erbringung des Nachweises des Annahmeverzugs stellt das Gerichtsvollzieherprotokoll über einen Vollstreckungsversuch durch den Gerichtsvollzieher dar.[879] Allerdings muss es sich dabei um einen den Annahmeverzug begründen-

875 *Wieczorek/Schütze/Salzmann*, § 765 Rdnr. 2.

876 *Wieczorek/Schütze/Salzmann*, § 765 Rdnr. 2.

877 Siehe dazu § 5 E IV.

878 *Wieczorek/Schütze/Salzmann*, § 765 Rdnr. 2.

879 MünchKomm-ZPO/*Heßler*, § 765 Rdnr. 7; *Wieczorek/Schütze/Salzmann*, § 765 Rdnr. 3.

den Vollstreckungsversuch nach § 756 I ZPO handeln.[880] Der Vollstreckungsgläubiger hat den Gerichtsvollzieher daher zur Vollstreckung des Leistungsanspruchs zu beauftragen. Das Protokoll darüber hat nach §§ 762, 763 I ZPO das Angebot der Gegenleistung und die Erklärung des Vollstreckungsschuldners zu enthalten.[881] Das Gerichtsvollzieherprotokoll über die teilweise oder insgesamt erfolglose Sachpfändung beweist daher in urkundlicher Form, dass der Vollstreckungsgläubiger in Annahmeverzug geraten ist.

2. Zustellung der Nachweisurkunde

Bei der gerichtlichen Vollstreckung genügt eine gleichzeitige Zustellung der Nachweisurkunde mit Vollstreckungsbeginn, wie bei der Vollstreckung durch den Gerichtsvollzieher, nicht.[882] Vielmehr muss nach § 765 Nr. 1 ZPO eine Abschrift der Urkunde dem Vollstreckungsschuldner beziehungsweise nach § 172 ZPO dem Prozessbevollmächtigten bereits zugestellt sein, wenn das Gericht eine Vollstreckungsmaßnahme trifft.[883]

Einer Zustellung an den Vollstreckungsschuldner bedarf es gemäß § 765 Nr. 1 2. Hs. ZPO hingegen nicht, wenn der Gerichtsvollzieher zuvor nach § 756 I ZPO mit der Vollstreckung des titulierten Leistungsanspruchs begonnen hat, das heißt, den Versuch einer Sachpfändung unternommen hat.[884] Der Vollstreckungsversuch durch den Gerichtsvollzieher ist durch das gemäß §§ 762, 763 ZPO darüber erstellte Gerichtsvollzieherprotokoll zu beweisen.[885] Eine beglaubigte Abschrift dieses Protokolls ist lediglich dem Vollstreckungsgericht vorzulegen.[886] Aus dem Protokoll muss sich das Vorliegen der Vollstreckungsvoraussetzungen nach § 756 I ZPO ergeben.[887] Sofern bei der Vollstreckung durch den Gerichtsvollzieher nach § 756 I 2. Alt. ZPO der Vollstreckungsgläubiger den Annahmeverzug urkundlich nachgewiesen hat, ist diese Urkunde auch dem voll-

---

880 MünchKomm-ZPO/*Heßler*, § 765 Rdnr. 7; *Wieczorek/Schütze/Salzmann*, § 765 Rdnr. 3.

881 *Wieczorek/Schütze/Salzmann*, § 765 Rdnr. 3.

882 *Wieczorek/Schütze/Salzmann*, § 765 Rdnr. 2.

883 MünchKomm-ZPO/*Heßler*, § 765 Rdnr. 5.

884 *Zöller/Stöber*, § 765 Rdnr. 3; MünchKomm-ZPO/*Heßler*, § 765 Rdnr. 7.

885 *Wieczorek/Schütze/Salzmann*, § 765 Rdnr. 3; MünchKomm-ZPO/*Heßler*, § 765 Rdnr. 7.

886 *Zöller/Stöber*, § 765 Rdnr. 3; MünchKomm-ZPO/*Heßler*, § 765 Rdnr. 7.

887 MünchKomm-ZPO/*Heßler*, § 765 Rdnr. 7.

streckenden Gericht vorzulegen.[888] Die Zustellung einer Abschrift des Gerichtsvollzieherprotokolls kann auch dann unterbleiben, wenn der Vollstreckungsschuldner von dem Vollstreckungsversuch des Gerichtsvollziehers keine Kenntnis hat, weil er beispielsweise diesem keinen Einlass gewährte.[889] Sollte es sich bei dem Gerichtsvollzieherprotokoll aber um ein außerhalb der Vollstreckung nach § 756 I ZPO aufgenommenes Protokoll handeln, so ist dieses nicht nur dem Gericht vorzulegen, sondern auch dem Vollstreckungsschuldner zuzustellen.[890]

III. Nachweis einer Vollstreckungsmaßnahme nach § 756 II ZPO, § 765 Nr. 2 ZPO

Da ein wörtliches Angebot nach § 756 II ZPO nicht den Annahmeverzug begründet, ermöglicht ein Vollstreckungsversuch gemäß dieser Vorschrift nicht die gerichtliche Vollstreckung nach § 765 Nr. 1 ZPO. Nach § 765 Nr. 2 ZPO allerdings darf das Gericht auch dann eine Vollstreckungsmaßnahme anordnen, wenn der Gerichtsvollzieher zuvor mit der Vollstreckung nach § 756 II ZPO begonnen hat. Eine Abschrift des Gerichtsvollzieherprotokolls muss dem Vollstreckungsschuldner nicht zugestellt werden.[891]

IV. Prüfung des Vollstreckungsgerichts

1. Vorliegen der Vollstreckungsvoraussetzungen

Das vollstreckende Gericht muss anhand der vorgelegten Urkunden und unter Heranziehung des Vollstreckungstitels selbständig prüfen, ob der Vollstreckungsschuldner befriedigt ist oder sich in Annahmeverzug befindet.[892] Aus dem Titel und vorgelegten Urkunden muss sich schlüssig ergeben, dass die Gegenleistung erbracht ist beziehungsweise der Vollstreckungsschuldner sich in Annahmeverzug befindet.[893]

---

888 MünchKomm-ZPO/*Heßler*, § 765 Rdnr. 7.

889 OLG Köln, Rpfleger 1986, 393, 394; *Wieczorek/Schütze/Salzmann*, § 765 Rdnr. 3.

890 *Stein/Jonas/Münzberg*, § 765 Rdnr. 2 m. Fn. 8.

891 *Zöller/Stöber*, § 765 Rdnr. 5; MünchKomm-ZPO/*Heßler*, § 765 Rdnr. 7; *Wieczorek/Schütze/Salzmann*, § 765 Rdnr. 3.

892 MünchKomm-ZPO/*Heßler*, § 765 Rdnr. 8.

893 MünchKomm-ZPO/*Heßler*, § 765 Rdnr. 8.

Der Vollstreckungsschuldner kann den nachträglichen Wegfall des Annahmeverzugs rügen. Da aber das vollstreckende Gericht den Vollstreckungsschuldner vor Erlass der Maßnahme grundsätzlich nicht anhört, kann dieser den Wegfall erst im Erinnerungsverfahren nach § 766 ZPO geltend machen.[894]

2. Entscheidungskompetenz

Das vollstreckende Gericht prüft die ihm vorgelegten Urkunden selbständig. Auch wenn ein Gerichtsvollzieherprotokoll als Nachweis dient, ist das vollstreckende Gericht nicht an die vom Gerichtsvollzieher getroffene rechtliche Beurteilung gebunden.[895] Dies gilt auch dann, wenn die Beurteilung durch den Gerichtsvollzieher im Rechtsbehelfsverfahren Bestand hatte, also vom Vollstreckungsgericht bestätigt wurde.[896] Denn es erwächst nur die Zulassung der Zwangsvollstreckung durch den Gerichtsvollzieher, nicht aber die Begründung in Rechtskraft.[897]

In tatsächlicher Hinsicht ist vom vollstreckenden Gericht die Beweiskraft der Nachweisurkunde zu beachten.[898] Das Gerichtsvollzieherprotokoll hat als öffentliche Urkunde Beweiskraft gemäß § 418 ZPO und begründet somit den vollen Beweis der im Protokoll beurkundeten Tatsachen.[899] Allerdings kann das Gerichtsvollzieherprotokoll entkräftet werden. Dafür genügt aber nicht, die Möglichkeit der Unrichtigkeit des Protokolls nachzuweisen; vielmehr bedarf es des Beweises, dass die Möglichkeit der Richtigkeit der bezeugten Tatsachen ausgeschlossen ist.[900]

---

894 MünchKomm-ZPO/*Heßler*, § 765 Rdnr. 9.

895 MünchKomm-ZPO/*Heßler*, § 765 Rdnr. 10 m. Fn. 15.

896 LG Oldenburg 1982, 123; *Stein/Jonas/Münzberg*, § 765 Rdnr.2; *Zöller/Stöber*, § 765 Rdnr. 4; *Wieczorek/Schütze/Salzmann*, § 765 Rdnr. 3; a.A. MünchKomm-ZPO/*Heßler*, § 765 Rdnr. 10.

897 *Stein/Jonas/Münzberg*, § 765 Rdnr. 2 m. Fn. 12.

898 *Zöller/Stöber*, § 765 Rdnr. 3; MünchKomm-ZPO/*Heßler*, § 765 Rdnr. 10.

899 OLG Köln, NJW-RR 1986, 863.

900 OLG Köln, NJW-RR 1986, 863; *Zöller/Stöber*, § 765 Rdnr. 3; MünchKomm-ZPO/*Heßler*, § 765 Rdnr. 10.

D. Zusammenfassung

Die Zwangsvollstreckung erfolgt nach § 765 ZPO, wenn das Vollstreckungsgericht das zuständige Vollstreckungsorgan ist. Die Vorschrift gilt entsprechend bei Vollstreckungsmaßnahmen des Prozessgerichts und des Grundbuchamts. Im Verfahren nach § 765 ZPO hat das vollstreckende Gericht anhand der vorgelegten Urkunden und unter Hinzuziehung des Vollstreckungstitels selbständig zu prüfen, ob der Vollstreckungsschuldner ordnungsgemäß befriedigt wurde beziehungsweise, ob er in Annahmeverzug versetzt wurde. Ein zum Nachweis des Annahmeverzugs vorgelegtes Gerichtsvollzieherprotokoll begründet den vollen Beweis der beurkundeten Tatsachen. Jedoch kann das Protokoll entkräftet werden.

§ 7 Das Verfahren nach §§ 726 II, 894 I 2 ZPO

A. Einleitung

Ist der Schuldner zur Abgabe einer Willenserklärung Zug um Zug gegen Erbringung einer Gegenleistung verurteilt, so erfolgt die Vollstreckung nach §§ 726 II, 894 I 2 ZPO. Die vollstreckbare Ausfertigung wird erst erteilt, wenn der Vollstreckungsschuldner urkundlich die Befriedigung beziehungsweise den Annahmeverzug des Vollstreckungsschuldners nachweist. Mit Erteilung der Vollstreckungsklausel wird die Abgabe der Willenserklärung fingiert. Die dadurch angeordnete Vorleistung des Vollstreckungsgläubigers dient dem Schutz des Vollstreckungsschuldners, da dieser sonst selbst ohne entsprechende Absicherung vorleistungspflichtig wäre.[901] Die Vorleistungspflicht ist für den Vollstreckungsgläubiger aber hinnehmbar, da er seinerseits durch die Fiktion der Abgabe der Willenserklärung hinreichend abgesichert ist.[902]

B. Anwendungsbereich

In der Vorschrift des § 726 II ZPO wird eine Ausnahme von dem Grundsatz normiert, dass der Vollstreckungsgläubiger für die Erteilung der vollstreckbaren Ausfertigung den Nachweis der Befriedigung oder des Annahmeverzugs des Vollstreckungsschuldners nicht erbringen muss. Danach hat der Vollstreckungsgläubiger diesen Nachweis zu erbringen, wenn die vom Vollstreckungsschuldner geschuldete Leistung in der Abgabe einer Willenserklärung besteht. Zwar unterscheidet § 726 II ZPO nicht zwischen der Vollstreckung nach § 894 und anderweitiger Vollstreckung von Willenserklärungen. Die Entstehungsgeschichte zeigt aber, dass die Regelung des § 726 II ZPO ganz auf die Vorschrift des § 894 I 2 ZPO zugeschnitten ist.[903] Dies bedeutet, dass nach § 726 II ZPO für die Ertei-

901 *Musielak/Lackmann*, § 894 Rdnr. 13; MünchKomm-ZPO/*Gruber*, § 894 Rdnr. 20; *Zöller/Stöber*, § 894 Rdnr. 8.

902 *Stein/Jonas/Brehm*, § 894 Rdnr. 28; MünchKomm-ZPO/*Gruber*, § 894 Rdnr. 20.

903 Dazu ausführlich *Grau*, § 10 II 1, S. 506 i.V.m. § 8 IV 1, S. 414 ff.

lung der vollstreckbaren Ausfertigung nur dann der Nachweis der Befriedigung beziehungsweise des Annahmeverzugs erforderlich ist, wenn die Abgabe der geschuldeten Willenserklärung nach § 894 ZPO fingiert wird.[904] Wird hingegen die Willenserklärung durch das Prozessgericht nach den §§ 887, 888 ZPO vollstreckt, so ist bei der Abhängigkeit von einer Gegenleistung die Vorschrift des § 765 ZPO entsprechend anwendbar.[905]

Nicht anwendbar ist § 894 auf Vollstreckungstitel, die nicht der Rechtskraft fähig sind, insbesondere nicht auf den Prozessvergleich und auf die vollstreckbare Urkunde.[906] Wenn die Vollstreckung nach §§ 887 f. ZPO erfolgt, ist dafür nach § 765 ZPO das Vollstreckungsgericht zuständig.[907]

C. Vollstreckungsverfahren

I. Erteilung der Vollstreckungsklausel

Zuständig für die Erteilung der vollstreckbaren Ausfertigung ist nicht der Urkundsbeamte, sondern der Rechtspfleger.[908] Denn bei der Erteilung der Vollstreckungsklausel nach § 726 II 2. Hs. ZPO handelt es sich um einen Anwendungsfall des § 726 I ZPO, für den nach § 20 Nr. 12 RPflG[909] der Rechtspfleger zuständig ist.[910]

Wurde die Vollstreckungsklausel vom Urkundsbeamten statt vom sachlich zuständigen Rechtspfleger erteilt, so ist mit der überwiegenden Meinung von der Unwirksamkeit der Vollstreckungsklausel auszugehen.[911] Zum Teil wird danach

---

904 *Grau*, § 10 II 1, S. 506.

905 LG Wuppertal, Rpfleger 1988, 153; *Zöller/Stöber*, § 765 Rdnr. 2; *Schuschke/Walker*, § 726 Rdnr. 16; *Grau*, § 10 II 1, S. 506.

906 *Lüke/Hau*, Zwangsvollstreckungsrecht, S. 258; *Wieczorek/Schütze/Storz*, § 894 Rdnr. 8.

907 *Schuschke/Walker*, § 726 Rdnr. 16.

908 OLG Hamm, Rpfleger 1987, 509; MünchKomm-ZPO/*Gruber*, § 894 Rdnr. 20; *Schuschke/Walker*, § 894 Rdnr. 7; *Stein/Jonas/Münzberg*, § 726 Rdnr. 15; *Zöller/Stöber*, § 724 Rdnr. 9; *Grau*, § 8 IV 2, S. 416; *Brox/Walker*, Zwangsvollstreckungsrecht, § 6 II 1 a bb; *Rosenberg/Gaul/Schilken*, § 16 V I 1 b gg; *Blomeyer*, Prozessrecht, § 16 III; dagegen kritisch zu dessen Zuständigkeit *Stein/Jonas/Brehm*, § 894 Rdnr. 29.

909 Rechtspflegergesetz vom 05.11.1969, BGBl. I S. 2065.

910 *Grau*, § 8 IV 2, S. 416; *Rosenberg/Gaul/Schilken*, § 16 V I 1 b gg.

911 OLG München, JurBüro 2001, 438, 439; KG, InVO 2000, 65, 67; OLG Hamm, NJW-RR 1987, 957 f.; *Zöller/Stöber*, § 726 Rdnr. 7; *Baumbach/Lauterbach/Albers/Hartmann*, § 726

differenziert, ob der Urkundsbeamte bewusst die qualifizierte Klausel anstelle des Rechtspflegers erteilt hat oder lediglich die Situation sachlich falsch beurteilt hat.[912] Eine solche Unterscheidung ist jedoch abzulehnen, da es der erteilten Klausel nicht immer anzusehen ist, ob sie nach § 724, also aufgrund sachlich falscher Beurteilung, oder § 726 ZPO, also bei bewusster Überschreitung der Befugnisse, erteilt wurde.

Der Vollstreckungsgläubiger muss dem Rechtspfleger durch öffentliche oder öffentlich beglaubigte Urkunde nachweisen, dass er die dem Vollstreckungsschuldner geschuldete Gegenleistung erbracht hat oder diesen in Annahmeverzug gesetzt hat.[913] Der urkundliche Nachweis kann dadurch ersetzt werden, dass der Vollstreckungsschuldner in der Anhörung nach § 730 ZPO Befriedigung oder Annahmeverzug eingesteht.[914] Die vollstreckbare Ausfertigung kann auch ohne formgerechten Nachweis erteilt werden, wenn die nachzuweisende Tatsache offenkundig ist.[915] Erbringt der Vollstreckungsgläubiger den Nachweis der Befriedigung beziehungsweise des Annahmeverzugs formgerecht, so hat der Rechtspfleger die vollstreckbare Ausfertigung zu erteilen.[916] Nur wenn in absolut liquider Form feststeht, dass die zu beweisende Tatsache nicht mehr besteht oder weggefallen ist, darf aus Gründen der Prozessökonomie der Rechtspfleger die Klauselerteilung verweigern.[917]

II. Fiktion der Abgabe der Willenserklärung

Nach § 894 I 2 ZPO wird mit der Erteilung der Vollstreckungsklausel die Abgabe der geschuldeten Willenserklärung fingiert. Die Fiktion der Willenserklärung tritt in dem Augenblick ein, in dem die Vollstreckungsklausel nach außen

---

Rdnr. 3; *Brox/Walker*, Zwangsvollstreckungsrecht, § 6 II 1 a bb; a.A.: LG Kassel, JurBüro 1986, 1255; MünchKomm-ZPO/*Wolfsteiner*, § 724 Rdnr. 16.

912 *Musielak/Lackmann*, § 726 Rdnr. 4; *Stein/Jonas/Münzberg*, § 726 Rdnr. 23.

913 *Schuschke/Walker*, § 894 Rdnr. 7.

914 BGH, WM 2005, 1914; KG, DNotZ 1983, 681, 685; *Stein/Jonas/Münzberg*, § 726 Rdnr. 19; *Schuschke/Walker*, § 894 Rdnr. 7.

915 KG, DNotZ 1983, 681, 685; MünchKomm-ZPO/*Wolfsteiner*, § 726 Rdnr. 35; *Musielak/Lackmann*, § 726 Rdnr. 5.

916 *Stein/Jonas/Münzberg*, § 726 Rdnr. 19–21; *Musielak/Lackmann*, § 726 Rdnr. 4–6; *Zöller/Stöber*, § 726 Rdnr. 6 f.; MünchKomm-ZPO/*Wolfsteiner*, § 726 Rdnr. 33.

917 LG Koblenz, DNotZ 1972, 190, 191; MünchKomm-ZPO/*Wolfsteiner*, § 726 Rdnr. 33 i.V.m. § 724 Rdnr. 44; a.A. LG Kleve, 1978, 680 f.

wirksam erteilt ist.[918] Dies ist der Fall, wenn der Rechtspfleger die vollstreckbare Ausfertigung des rechtskräftigen Urteils in den Geschäftsgang zur Absendung oder Aushändigung an den Vollstreckungsgläubiger gegeben hat.[919] Aufgrund des sofortigen Eintritts der Fiktion ist der Vollstreckungsschuldner nach Erteilung der vollstreckbaren Ausfertigung zwingend gemäß § 730 ZPO anzuhören.[920]

Wenn hingegen der Vollstreckungsgläubiger nach § 731 ZPO auf Erteilung der Vollstreckungsklausel klagen muss, so tritt die Fiktion nicht schon mit der Erteilung der vollstreckbaren Ausfertigung ein.[921] Vielmehr wird die Abgabe der Willenserklärung erst mit dem Eintritt der Rechtskraft dieses Urteils fingiert.[922] Handelt es sich bei dem Vollstreckungstitel um ein nur vorläufig vollstreckbares Urteil, so tritt die Fiktion auch erst mit dem Zeitpunkt der Rechtskraft des Urteils ein.[923]

D. Zusammenfassung

Besteht die vom Schuldner Zug um Zug zu erbringende Leistung in der Abgabe einer Willenserklärung, so erfolgt die Durchsetzung des Leistungsanspruchs nach den §§ 726 II, 894 I 2 ZPO. Der Rechtspfleger erteilt die vollstreckbare Ausfertigung erst aufgrund eines urkundlichen Nachweises der Erbringung der Gegenleistung beziehungsweise des Annahmeverzugs des Vollstreckungsschuldners. Mit Erteilung der Vollstreckungsklausel wird die vom Vollstreckungsschuldner geschuldete Abgabe der Willenserklärung fingiert. Der Rechtspfleger darf bei Vorliegen eines formgerechten Nachweises nur dann von der Erteilung der Vollstreckungsklausel absehen, wenn in absolut liquider Form feststeht, dass die zu beweisende Tatsache nicht besteht oder weggefallen ist.

---

918 *Schuschke/Walker*, § 894 Rdnr. 7.

919 *Stein/Jonas/Brehm*, § 894 Rdnr. 20; *Schuschke/Walker*, § 894 Rdnr. 7.

920 *Stein/Jonas/Brehm*, § 894 Rdnr. 29.

921 *Zöller/Stöber*, § 894 Rdnr. 8; MünchKomm-ZPO/*Gruber*, § 894 Rdnr. 19; *Schuschke/Walker*, § 894 Rdnr. 7.

922 *Zöller/Stöber*, § 894 Rdnr. 8; MünchKomm-ZPO/*Gruber*, § 894 Rdnr. 19; *Schuschke/Walker*, § 894 Rdnr. 7.

923 MünchKomm-ZPO/*Gruber*, § 894 Rdnr. 20; *Stein/Jonas/Brehm*, § 894 Rdnr. 28 ff.; *Musielak/Lackmann*, § 894 Rdnr. 13.

§ 8 Rechtsbehelfe

A. Verfahren nach § 756 ZPO

I. Vollumfängliche Kontrolle gerichtsvollzieherischen Handelns

Der Gerichtsvollzieher wird den Vollstreckungsparteien gegenüber in eigener Verantwortung tätig.[924] Ihm steht aber bei seiner amtlichen Tätigkeit kein Ermessen im Sinne einer lediglich beschränkt überprüfbaren Ermessensbefugnis zu.[925] Der Gerichtsvollzieher untersteht einer vollumfänglichen Kontrolle durch das Vollstreckungsgericht sowohl im Hinblick auf die Rechtmäßigkeit als auch Zweckmäßigkeit seines Handelns.[926] Auch wenn es sich bei dieser Kontrolle in Form des Verfahrens nach § 766 ZPO nur um potentielle, nachgeschaltete Kontrolle handelt, hat der Gerichtsvollzieher bereits zum Zeitpunkt seines Handelns die Vorschriften über die „Art und Weise“ und das „bei ihr zu beachtende Verfahren“ zu beachten.[927] Bei der Beurteilung der materiellrechtlichen Voraussetzungen des Annahmeverzugs steht dem Gerichtsvollzieher daher kein nicht der gerichtlichen Kontrolle unterliegendes Ermessen zu.[928] Denn andernfalls würde die dem Richter verfassungsrechtlich (Art. 92 GG) übertragene und reservierte Rechtsfindung durch ein anderes Organ ausgeübt, welches aufgrund seiner Stellung und Ausbildung nicht den grundgesetzlichen Anforderungen der Art. 20 III, 97 II GG gerecht würde.[929] Der Vollstreckungsrichter darf im Verfahren nach § 766 ZPO Erkenntnismittel heranziehen, die dem Gerichtsvollzieher nicht zur

---

924 *Gaul*, ZZP 87, 241, 262.

925 MünchKomm-ZPO/*Heßler*, § 756 Rdnr. 30; *Stein/Jonas/Münzberg*, § 756 Rdnr. 4; *Musielak/Lackmann*, § 756 Rdnr. 8; OLG Stuttgart, Justiz 1982, 129, 130; *Rosenberg/Gaul/Schilken*, § 16 V I 1 b cc; *Gaul*, ZZP 87, 241, 259 ff.; *Schilken*, AcP 181 (1981), 355, 364; *Strehlau-Weise*, S. 177; a.A.: LG Hannover, DGVZ 1984, 152, 153; *Schneider*, DGVZ 1978, 65.

926 *Musielak/Lackmann*, § 756 Rdnr. 11; MünchKomm-ZPO/*Heßler*, § 756 Rdnr. 53; *Rosenberg/Gaul/Schilken*, § 16 V I 1 b cc; *Gaul*, ZZP 87, 241, 259 ff.; *Strehlau-Weise*, S. 155.

927 *Schilken*, AcP 181 (1981), 355, 364.

928 MünchKomm-ZPO/*Heßler*, § 756 Rdnr. 53; *Musielak/Lackmann*, § 756 Rdnr. 11; *Rosenberg/Gaul/Schilken*, § 16 V I 1 b cc; *Schilken*, AcP 181 (1981), 355, 364.

929 *Schilken*, AcP 181 (1981), 355, 364.

Verfügung stehen.[930] Dies ergibt sich aus der kontradiktorischen Ausgestaltung des Erinnerungsverfahrens.[931] Er kann zur Feststellung der Vollstreckungsvoraussetzungen eine Beweisaufnahme nach den §§ 355 ff. ZPO durchführen.[932]

II. Rechtsbehelfe des Vollstreckungsgläubigers

1. Ablehnung der Vollstreckung wegen unbestimmten Titels

Wenn der Gerichtsvollzieher die Zwangsvollstreckung mit der Begründung ablehnt, dass die vom Vollstreckungsgläubiger zu erbringende Gegenleistung im Titel nicht hinreichend bestimmt sei, stehen dem Vollstreckungsgläubiger zwei Rechtsbehelfe zur Verfügung. Im Erinnerungsverfahren nach § 766 ZPO kann der Vollstreckungsgläubiger nur klären lassen, ob auf Grundlage des Titels der Gegenstand der Gegenleistung nicht doch bestimmbar ist.[933] Sollte die Gegenleistung im Titel objektiv nicht hinreichend bestimmt sein und kommt eine Berichtigung oder Ergänzung des Urteils (§§ 319, 321 ZPO) nicht in Betracht, so bleibt dem Vollstreckungsgläubiger nur die Möglichkeit, auf Feststellung des Urteilsinhalts zu klagen.[934] Denn bei einer solchen Streitigkeit über den Umfang der zu erbringenden Gegenleistung wird das Gericht über den materiellen Anspruch selbst entscheiden.[935] Eine solche Entscheidung darf aber eben nicht im Erinnerungsverfahren getroffen werden; vielmehr hat das Prozessgericht über den Umfang des materiellen Anspruchs zu befinden.[936]

2. Ablehnung der Vollstreckung wegen nicht ordnungsgemäßen Angebots der Gegenleistung

Es stellt sich die Frage, welchen Rechtsbehelf der Vollstreckungsgläubiger einlegen muss, wenn der Gerichtsvollzieher die Zwangsvollstreckung wegen nicht

930 *Schilken*, AcP 181 (1981), 355, 368.

931 *Schilken*, AcP 181 (1981), 355, 368.

932 *Schilken*, AcP 181 (1981), 355, 368.

933 LG Bonn, NJW 1963, 56; MünchKomm-ZPO/*Heßler*, § 756 Rdnr. 55.

934 BGH, NJW 1972, 2268; BGH, MDR 1977, 133; LG Frankenthal, MDR 1982, 61; LG Düsseldorf, DGVZ 1986, 139; MünchKomm-ZPO/*Heßler*, § 756 Rdnr. 55; a.A. AG Pirmasens, MDR 1975, 62.

935 BGH, NJW 1972, 2268; BGH, MDR 1977, 133; LG Frankenthal, MDR 1982, 61; MünchKomm-ZPO/*Heßler*, § 756 Rdnr. 54; *Fichtner*, S. 214; *Strehlau-Weise*, S. 178.

936 BGH, NJW 1972, 2268; LG Landau, DGVZ 1995, 87, 88; LG Frankenthal, MDR 1982, 61.

den Annahmeverzug begründenden Angebots ablehnt, insbesondere wegen nicht ordnungsgemäßer Gegenleistung.

Der Ansicht *Stojeks* zufolge hat der Vollstreckungsgläubiger analog §§ 726 I, 731 ZPO Klage auf Feststellung der Ordnungsmäßigkeit der Gegenleistung und des Annahmeverzugs beziehungsweise der Befriedigung des Vollstreckungsschuldners zu erheben.[937] Denn nach *Stojek* darf der Gerichtsvollzieher eine als mangelhaft gerügte Gegenleistung nicht auf ihre Ordnungsmäßigkeit hin untersuchen.[938] Vielmehr müsse der Gerichtsvollzieher dann die Zwangsvollstreckung ablehnen.[939] Mit der Erinnerung könne lediglich überprüft werden, ob der Gerichtsvollzieher die rechtlichen Voraussetzungen für ein Handeln oder Nichthandeln eingehalten hat.[940] Die ZPO sehe daher keine ausdrückliche Regelung für den Fall vor, dass der Gerichtsvollzieher die Vollstreckung wegen mangelnder Ordnungsmäßigkeit der Gegenleistung ablehnt.[941] Diesem Fall liege aber die gleiche Interessenlage zugrunde wie bei der Klage auf Erteilung der Vollstreckungsklausel nach § 731 ZPO.[942] Aus diesem Grund habe der Vollstreckungsgläubiger analog §§ 726 I, 731 ZPO Klage auf Feststellung der Ordnungsmäßigkeit der Gegenleistung zu erheben.[943]

Dieser Ansicht kann nicht gefolgt werden. Eine Feststellungsklage analog §§ 726 I, 731 ZPO ist nicht der richtige Rechtsbehelf. Der Vollstreckungsgläubiger begehrt nämlich nicht die Erteilung einer Vollstreckungsklausel.[944] Denn nach § 726 II ZPO ist die Herstellung des Annahmeverzugs für die Erteilung der vollstreckbaren Ausfertigung gerade nicht erforderlich. Zudem gäbe es im umgekehrten Fall der Vollstreckung trotz Mangelrüge seitens des Vollstreckungsschuldners keinen entsprechenden analogen Rechtsbehelf, so dass durch eine solche Feststellungsklage das Gebot der Waffengleichheit verletzt wäre.[945] Zudem beruht *Stojeks* Ansicht auf der irrigen Auffassung, dass bei der Vollstreckung nach

---

937 *Stojek*, MDR 1977, 456, 458.
938 *Stojek*, MDR 1977, 456, 457.
939 *Stojek*, MDR 1977, 456, 457.
940 *Stojek*, MDR 1977, 456, 457.
941 *Stojek*, MDR 1977, 456, 457 f.
942 *Stojek*, MDR 1977, 456, 458.
943 *Stojek*, MDR 1977, 456, 458.
944 *Strehlau-Weise*, S. 176.
945 *Strehlau-Weise*, S. 176 f.

§ 756 I 1. Alt. ZPO der Gerichtsvollzieher grundsätzlich nicht dazu befugt ist, die Gegenleistung auf ihre Ordnungsmäßigkeit hin zu überprüfen.[946]

Vielmehr hat der Vollstreckungsgläubiger seine Einwände gegen die Ablehnung der Zwangsvollstreckung im Wege der Erinnerung nach § 766 I, II ZPO geltend zu machen.[947] Denn der Gerichtsvollzieher verweigert die Zwangsvollstreckung unter dem Hinweis auf die fehlende Vollstreckungsvoraussetzung des materiellrechtlich geregelten Annahmeverzugs.[948] Im Rahmen des Rechtsbehelfs der Erinnerung wird die Einhaltung der Vollstreckungsvoraussetzungen überprüft. Nur in dem Fall, dass die Parteien über das Ausmaß und den Umfang des materiellrechtlichen Anspruchs auf die Gegenleistung streiten und der Vollstreckungsgläubiger daher im Ergebnis eine Titelkorrektur begehrt, hat das Prozessgericht im Rahmen einer allgemeinen Feststellungsklage nach § 256 ZPO zu entscheiden.[949] In dieser Situation kann der Vollstreckungsgläubiger aus Gründen der Prozessökonomie auch auf Feststellung der Ordnungsmäßigkeit der bisher erbrachten Gegenleistung klagen.[950]

3. *Nicht erbrachter Nachweis des Annahmeverzugs bzw. der Befriedigung*

Wenn der Gerichtsvollzieher die Zwangsvollstreckung nach § 756 I 2. Alt. ZPO wegen nicht formgerechten urkundlichen Nachweises der Befriedigung oder des Annahmeverzugs ablehnt, kann der Vollstreckungsgläubiger dagegen Erinnerung nach § 766 II ZPO einlegen.[951] Hat der Vollstreckungsgläubiger damit keinen Erfolg, bleibt ihm nur die Möglichkeit, auf Feststellung des Vorlie-

---

946 Siehe dazu § 5 F III 3 a.

947 KG, NJW-RR 1989, 638; MünchKomm-ZPO/*Heßler*, § 756 Rdnr. 53; *Zöller/Stöber*, § 756 Rdnr. 16; *Stein/Jonas/Münzberg*, § 756 Rdnr. 4; *Baumbach/Lauterbach/Albers/Hartmann*, § 756 Rdnr. 14; *Schilken*, AcP 181 (1981), 355, 367 f.; *Strehlau-Weise*, S. 177 f.

948 *Wieczorek/Schütze/Salzmann*, § 756 Rdnr. 20.

949 BGH, NJW 1972, 2268; BGH, MDR 1977, 133; LG Bonn, NJW 1963, 56; LG Frankenthal, MDR 1982, 61; MünchKomm-ZPO/*Heßler*, § 756 Rdnr. 54; *Fichtner*, S. 214; *Strehlau-Weise*, S. 178.

950 BGH, NJW 1972, 2268; BGH, MDR 1977, 133; MünchKomm-ZPO/*Heßler*, § 756 Rdnr. 54.

951 *Stein/Jonas/Münzberg*, § 756 Rdnr. 14; *Wieczorek/Schütze/Salzmann*, § 756 Rdnr. 19; MünchKomm-ZPO/*Heßler*, § 756 Rdnr. 53.

gens der Vollstreckungsvoraussetzungen zu klagen.[952] Der Vollstreckungsgläubiger kann auch dann die Erinnerung einlegen, wenn der Gerichtsvollzieher die Zwangsvollstreckung ablehnt, weil der Vollstreckungsschuldner die Beweiskraft der Urkunde im Vollstreckungsverfahren erschüttern konnte.[953]

Kann der Vollstreckungsgläubiger die Befriedigung des Vollstreckungsschuldners nicht durch Urkunden nachweisen, hat er den Vollstreckungsschuldner auf Erteilung einer formgerechten Quittung (§ 368 S. 2 BGB)[954] oder auf Feststellung der Befriedigung nach § 256 ZPO zu verklagen.[955] Der Vollstreckungsgläubiger kann gemäß § 256 ZPO auch auf Feststellung des Annahmeverzugs klagen.[956] Der Klage auf Feststellung der Vollstreckungsvoraussetzungen steht nicht die Rechtskraft des vorangegangenen Urteils auf Leistung Zug um Zug entgegen, da der dort geltend gemachte Gegenleistungsanspruch nicht in Rechtskraft erwachsen ist.[957] Im Falle des Obsiegens ersetzt das Urteil den nicht anders zu erbringenden Nachweis der Befriedigung des Vollstreckungsschuldners.[958]

4. Ablehnung eines wörtlichen Angebots nach § 756 II ZPO

Nach § 756 II ZPO kann ein wörtliches Angebot auch abgegeben werden, wenn der Vollstreckungsschuldner die Annahme erst während des Vollstreckungsverfahrens verweigert und so die Voraussetzungen für ein wörtliches Angebot nach § 756 I 1. Alt. ZPO, § 295 BGB nicht gegeben sind. Lehnt der Gerichtsvollzieher den Antrag auf Zwangsvollstreckung nach § 756 II ZPO ab, kann der Vollstreckungsgläubiger dagegen mit der Erinnerung nach § 766 II ZPO vorgehen.

---

952 *Stein/Jonas/Münzberg*, § 756 Rdnr. 14; *Wieczorek/Schütze/Salzmann*, § 756 Rdnr. 19, 8; LG Koblenz, Rpfleger 1993, 28; nach *Schuschke/Walker*, § 756 Rdnr. 12; *Zöller/Stöber*, § 756 Rdnr. 9 ist auf Zulässigkeit unbedingter Vollstreckung zu klagen.

953 *Fichtner*, S. 222.

954 MünchKomm-ZPO/*Heßler*, § 756 Rdnr. 54; *Wieczorek/Schütze/Salzmann*, § 756 Rdnr. 19.

955 *Schuschke/Walker*, § 756 Rdnr. 12; MünchKomm-ZPO/*Heßler*, § 756 Rdnr. 54.

956 KG Berlin, KGR Berlin 2009, 24 f.; *Stein/Jonas/Münzberg*, § 756 Rdnr. 12; MünchKomm-ZPO/*Heßler*, § 756 Rdnr. 47; siehe dazu auch § 2 C.

957 BGH, BauR 1973, 321, 322 f.; BGH, MDR 1977, 133.

958 KG, MDR 1975, 149; *Schuschke/Walker*, § 756 Rdnr. 12.

5. Unmöglichkeit der Erbringung der Gegenleistung

Wird dem Vollstreckungsgläubiger die Erbringung der Gegenleistung unmöglich, kann er aus dem Titel auf Leistung Zug um Zug nicht mehr vollstrecken.[959] Bei unverschuldeter Unmöglichkeit behält der Vollstreckungsgläubiger aber nach § 326 II BGB den Anspruch auf die Leistung.[960] Es stellt sich daher die Frage, wie der Vollstreckungsgläubiger in diesem Fall vorgehen muss, wenn er den zu vollstreckenden Anspruch weiterhin geltend machen will.

Wenn der Vollstreckungsgläubiger den Leistungsanspruch behält, kann er erneut, auf Leistung ohne Gegenleistung klagen.[961] Der Antrag, die Zwangsvollstreckung aus dem Urteil ohne Gegenleistung für zulässig zu erklären[962] schadet nicht.[963] Sachlich laufen beide Klagen auf dasselbe hinaus.[964] Es ist daher im Ergebnis erneut, auf Leistung ohne Gegenleistung zu klagen.

Allerdings ist die Rechtskraftwirkung des vorangegangenen Urteils zu beachten. Sofern der Vollstreckungsgläubiger ursprünglich auf Leistung Zug um Zug gegen Erbringung der Gegenleistung geklagt hat, steht einer Klage auf unbedingte Leistung nicht die Rechtskraft des vorangegangenen Urteils entgegen.[965] Anders stellt sich die Situation dar, wenn ein Urteil auf Leistung Zug um Zug erlassen wurde, nachdem der Vollstreckungsgläubiger zuvor aber die unbedingte Leistung beantragt hatte. In diesem Fall steht einer Klage auf die Leistung schlechthin die Rechtskraft des vorangegangenen Urteils entgegen.[966] Der Vollstreckungsgläubiger kann daher die Verurteilung zur unbedingten Leistung nur erfolgreich beantragen, wenn die Gegenleistung nach Ende der letzten mündlichen Verhandlung unmöglich wurde.[967]

---

959 MünchKomm-ZPO/*Heßler*, § 756 Rdnr. 44.

960 MünchKomm-ZPO/*Heßler*, § 756 Rdnr. 44.

961 RGZ 100, 197, 198 f.; BGHZ 117, 1, 3; OLG Celle, DGVZ 1958, 185 f.; *Schmidt*, JurBüro 1964, 414, 415; MünchKomm-ZPO/*Heßler*, § 756 Rdnr. 44; *Wieczorek/Schütze/Salzmann*, § 756 Rdnr.12.

962 RGZ 96, 184 f.; *Zöller/Stöber*, § 756 Rdnr. 16.

963 *Stein/Jonas/Münzberg*, § 756 Rdnr. 14 m. Fn. 81.

964 RGZ 100, 197, 199; *Fichtner*, S. 224.

965 Siehe dazu § 2 A IV.

966 Siehe dazu § 2 A IV.

967 BGH, NJW 1992, 1172, 1173; *Zöller/Stöber*, § 756 Rdnr. 16.

III. Rechtsbehelfe des Vollstreckungsschuldners

1. Einwand des nicht ordnungsgemäßen Angebots der Gegenleistung im Verfahren nach § 756 I 1. Alt. ZPO

Es stellt sich die Frage, mit welchem Rechtsbehelf der Vollstreckungsschuldner den Einwand geltend machen kann, dass die ihm angebotene Gegenleistung nicht ordnungsgemäß ist beziehungsweise, dass er aus einem anderen Grund nicht in Annahmeverzug geraten ist. Es ist dabei streitig, ob der Vollstreckungsschuldner seinen Einwand im Wege der Erinnerung (§ 766 ZPO) oder Vollstreckungsabwehrklage (§ 767 ZPO) vorzubringen hat.

Zum Teil wird vertreten, dass der Einwand der nicht ordnungsgemäßen Gegenleistung mit der Vollstreckungsabwehrklage vorzubringen sei, wenn in dem Vollstreckungstitel keine Angaben zur Beschaffenheit beziehungsweise Mangelfreiheit der Gegenleistung gemacht sind.[968] Die Erinnerung sei in diesem Fall nicht der richtige Rechtsbehelf.[969] Mit diesem Rechtsbehelf könne die Mangelhaftigkeit der Gegenleistung nur gerügt werden, wenn die Mängel zu einer Identitätsänderung der angebotenen Gegenleistung geführt haben.[970] Auch wenn der Vollstreckungsschuldner Mängel an der Gegenleistung rügt, die nach Titelerlass entstanden sind, müsse er nach § 767 ZPO vorgehen.[971] Allerdings ist nach *Walker* die Erinnerung doch der richtige Rechtsbehelf, wenn der Vollstreckungsschuldner rügen will, dass der Gerichtsvollzieher die Gegenleistung zu Unrecht als ordnungsgemäß angesehen hat.[972]

Nach anderer Ansicht hat der Vollstreckungsschuldner den Rechtsbehelf der Erinnerung zu wählen, wenn er geltend machen will, dass er durch das Angebot der Gegenleistung nicht in Annahmeverzug geraten ist.[973] Dieser Ansicht ist zu

---

968 BGH, WM 2005, 1954, 1955; LG Hamburg, DGVZ 184, 10, 12; AG Darmstadt, DGVZ 1979, 126 f.; *Körner*, DGVZ 2006, 129 f.; *Musielak/Lackmann*, § 756 Rdnr. 4; *Lüke/Hau*, Zwangsvollstreckungsrecht, S.49.

969 BGH, WM 2005, 1954, 1955; OLG Stuttgart, DGVZ 1991, 8, 9; LG Rottweil, DGVZ 1990, 171, 172; LG Hamburg, DGVZ 184, 10, 12; AG Darmstadt, DGVZ 1979, 126 f.; *Körner*, DGVZ 2006, 129 f.

970 BGH, WM 2005, 1954, 1955.

971 *Wieczorek/Schütze/Salzmann*, § 756 Rdnr. 12; *Schuschke/Walker*, § 756 Rdnr. 18.

972 *Schuschke/Walker*, § 756 Rdnr. 18.

973 MünchKomm-ZPO/*Heßler*, § 756 Rdnr. 57; *Stein/Jonas/Münzberg*, § 756 Rdnr. 20; *Zöller/Stöber*, § 756 Rdnr. 16; *Baumbach/Lauterbach/Albers/Hartmann*, § 756 Rdnr. 15; *Rosen-*

folgen. Der dagegen vorgebrachte Einwand, mit der Erinnerung könnten nur Verstöße gegen das Vollstreckungsverfahren gerügt werden,[974] vermag nicht zu überzeugen.[975] Denn § 756 I 1. Alt. ZPO erhebt die nach den materiellrechtlichen Vorschriften der §§ 293 ff. BGB erforderliche Ordnungsmäßigkeit der angebotenen Gegenleistung zur Vollstreckungsvoraussetzung und damit zur Verfahrensvoraussetzung.[976] Auch wenn es sich bei der Mangelrüge um einen Einwand handelt, der seinen „Kern in materiellrechtlichen Erwägungen" hat,[977] rügt der Vollstreckungsschuldner das Fehlen einer Vollstreckungsvoraussetzung nach § 756 I 1. Alt. ZPO. Der materiellrechtliche Annahmeverzug stellt eine Vollstreckungsvoraussetzung dar. Diese zu überprüfen ist Aufgabe des Vollstreckungsrichters.[978]

Die Vollstreckungsabwehrklage ist hingegen nur dann zu erheben, wenn der Vollstreckungsschuldner wegen der Mangelhaftigkeit der Gegenleistung Gewährleistungsrechte oder Rücktrittsrechte geltend machen will und sich so gegen den titulierten Leistungsanspruch des Gläubigers als solchen wendet.[979] Denn Voraussetzung für die Erhebung der Vollstreckungsabwehrklage ist, dass gerade der festgestellte Anspruch angegriffen wird. Die gegen den titulierten Leistungsanspruch gerichteten Einwendungen können jedoch nur berücksichtigt werden, wenn die sie begründenden Tatsachen nach Erlass des Urteils entstanden sind (§ 767 II ZPO).[980] Die Vollstreckungsabwehrklage ist daher auch dann der richtige Rechtsbehelf, wenn der Vollstreckungsschuldner das Erlöschen des titulierten Leistungsanspruchs wegen nachträglicher Unmöglichkeit der Gegenleistung behauptet.[981]

---

berg/Gaul/Schilken, § 16 V I 1 b ee; *Schilken*, AcP 181 (1981), 355, 367 f.; *Strehlau-Weise*, S. 179 f.; *Fichtner*, S. 228 f.

974 *Körner*, DGVZ 2006, 129 f.

975 *Schilken*, AcP 181 (1981), 355, 367.

976 *Schilken*, AcP 181 (1981), 355, 367.

977 *Körner*, DGVZ 2006, 129, 130.

978 *Schilken*, AcP 181 (1981), 355, 367.

979 KG, NJW-RR 1989, 638; MünchKomm-ZPO/*Heßler*, § 756 Rdnr. 60; *Stein/Jonas/Münzberg*, § 756 Rdnr. 21; *Zöller/Stöber*, § 756 Rdnr. 16; *Baumbach/Lauterbach/Albers/Hartmann*, § 756 Rdnr. 15; *Rosenberg/Gaul/Schilken*, § 16 V I 1 b ee; *Schilken*, AcP 181 (1981), 355, 367; *Strehlau-Weise*, S. 179 f.; *Fichtner*, S. 228 f.

980 *Rosenberg/Gaul/Schilken*, § 16 V I 1 b ee.

981 KG, NJW-RR 1989, 638; *Baumbach/Lauterbach/Albers/Hartmann*, § 756 Rdnr. 15; *Wieczorek/Schütze/Salzmann*, § 756 Rdnr. 12; *Rosenberg/Gaul/Schilken*, § 16 V I 1 b ee.

2. Einwand der Unmöglichkeit der Gegenleistung

Wenn die Gegenleistung nachträglich unmöglich wird, kann infolgedessen bei einem gegenseitigen Vertrag auch der Leistungsanspruch des Vollstreckungsgläubigers nach § 326 BGB wegfallen.[982] Es stellt sich die Frage, mit welchem Rechtsbehelf der Vollstreckungsschuldner den Wegfall des Leistungsanspruchs aufgrund nachträglicher Unmöglichkeit der Gegenleistung zu rügen hat.

Zum Teil wird vertreten, dass die Erinnerung nach § 766 ZPO der richtige Rechtsbehelf sei.[983] Denn nach § 297 BGB ist die Fähigkeit zur Erbringung der Gegenleistung Vollstreckungsvoraussetzung.[984]

Nach überwiegender Ansicht hingegen hat der Vollstreckungsschuldner die Befreiung von der eigenen Leistungspflicht mit der Vollstreckungsabwehrklage nach § 767 ZPO geltend zu machen.[985] Denn mit dem Einwand der Unmöglichkeit der Gegenleistung wird der titulierte Leistungsanspruch des Vollstreckungsgläubigers angegriffen.[986] Auch wenn der Vollstreckungsschuldner den Wegfall des Annahmeverzugs rügen will, greift er in der Sache doch den durch das Prozessgericht festgestellten Leistungsanspruch an, indem er dessen Untergang behauptet. Über das Bestehen des Leistungsanspruchs hat aber nicht der Vollstreckungsrichter zu entscheiden. Darüber zu urteilen kommt nur dem Prozessgericht zu.[987] Die Gründe für die Unmöglichkeit der Gegenleistung müssen allerdings nach § 767 II ZPO nachträglich entstanden sein.[988]

---

982 *Rosenberg/Gaul/Schilken*, § 16 V I 1 b cc.

983 MünchKomm-ZPO/*Heßler*, § 756 Rdnr. 59; *Wieczorek/Schütze/Salzmann*, § 756 Rdnr. 12, *Fichtner*, S. 234 f.

984 *Wieczorek/Schütze/Salzmann*, § 756 Rdnr. 12; *Fichtner*, S. 234 f.

985 KG, NJW-RR 1989, 638; *Zöller/Stöber*, § 756 Rdnr. 16; *Stein/Jonas/Münzberg*, § 756 Rdnr. 21; *Staudinger/Otto*, § 322 Rdnr. 14; *Schilken*, AcP 181 (1981), 355, 369 f.; *Rosenberg/Gaul/Schilken*, § 16 V I 1 b cc.

986 KG, NJW-RR 1989, 638; *Stein/Jonas/Münzberg*, § 756 Rdnr. 21.

987 *Schilken*, AcP 181 (1981), 355, 369 f.

988 *Staudinger/Otto*, § 322 Rdnr. 14; *Stein/Jonas/Münzberg*, § 756 Rdnr. 21; *Rosenberg/Gaul/Schilken*, § 16 V I 1 b cc.

3. Einwände im Verfahren nach § 756 I 2. Alt. ZPO

a) Einwände gegen den Nachweis des Annahmeverzugs bzw. der Befriedigung

Mit der Erinnerung kann der Vollstreckungsschuldner die Einwände geltend machen, dass die Nachweisurkunde nicht formgerecht sei, ihm nicht ordnungsgemäß zugestellt worden sei oder dass die beurkundeten Tatsachen eine ordnungsgemäße Gegenleistung oder den Annahmeverzug beziehungsweise die Befriedigung nicht nachzuweisen vermögen.[989] Nach § 766 ZPO kann der Vollstreckungsschuldner auch rügen, dass entgegen der Nachweisurkunde die Gegenleistung nicht ordnungsgemäß gewesen sei beziehungsweise dass er aus einem anderen Grund nicht in Annahmeverzug geraten sei.[990] Die Anforderungen an den Gegenbeweis richten sich nach den §§ 415 ff. ZPO.[991] Wird der Annahmeverzug aber durch ein Feststellungsurteil nachgewiesen, so schließt die Rechtskraft des Urteils den Gegenbeweis aus.[992]

b) Einwand des Wegfalls des Annahmeverzugs

Im Verfahren nach § 756 I 2. Alt. ZPO ist es erforderlich, dass sich der Vollstreckungsschuldner bei der Vollstreckung in Annahmeverzug befindet. Es stellt sich die Frage, mit welchem Rechtsbehelf der Vollstreckungsschuldner den nachträglichen Wegfall des Annahmeverzugs geltend machen kann.

Nach ganz herrschender Ansicht hat der Vollstreckungsschuldner den Wegfall des Annahmeverzugs mit der Erinnerung nach § 766 ZPO zu rügen.[993] Denn der fortdauernde Annahmeverzug stellt eine Voraussetzung für die Vollstreckung dar.[994] Das Fehlen der Vollstreckungsvoraussetzung wird mit der Erinnerung geltend gemacht.[995] Dies gilt auch für den Fall, dass der Annahmeverzug in dem

---

989 MünchKomm-ZPO/*Heßler*, § 756 Rdnr. 58.

990 MünchKomm-ZPO/*Heßler*, § 756 Rdnr. 58.

991 MünchKomm-ZPO/*Heßler*, § 756 Rdnr. 58.

992 LG Augsburg, JurBüro 1994, 307 f.; MünchKomm-ZPO/*Heßler*, § 756 Rdnr. 58.

993 *Stein/Jonas/Münzberg*, § 756 Rdnr. 19, 20; MünchKomm-ZPO/*Heßler*, § 756 Rdnr. 46; *Wieczorek/Schütze/Salzmann*, § 756 Rdnr. 17, 20; *Schilken*, AcP 181 (1981), 355, 369; *Fichtner*, S. 232; *Hüffer*, S. 196; a.A *Gabius*, NJW 1971, 866, 870 nach dem der Vollstreckungsschuldner nach Verurteilung zur Leistung Zug um Zug sich nicht mehr zum Leistungsaustausch bereit erklären kann.

994 *Stein/Jonas/Münzberg*, § 756 Rdnr. 11.

995 *Stein/Jonas/Münzberg*, § 756 Rdnr. 19, 20.

zu vollstreckenden Urteil selbst festgestellt wurde.[996] Denn die Feststellung im gerichtlichen Urteil begründet lediglich eine durch zukünftig auftretende Tatsachen widerlegbare Vermutung für die Fortdauer des Annahmeverzugs.[997] Die Rechtskraft eines solchen Feststellungsurteils erstreckt sich hingegen nicht auch auf später entstehende Tatsachen.[998]

Macht der Vollstreckungsschuldner allerdings geltend, der Annahmeverzug sei aufgrund der nachträglichen Unmöglichkeit der vom Vollstreckungsgläubiger zu erbringenden Gegenleistung weggefallen, so wird zum Teil vertreten, dass die Vollstreckungsabwehrklage und nicht die Erinnerung der zutreffende Rechtsbehelf sei.[999] Begründet wird dies damit, dass im Vollstreckungsverfahren nicht geklärt werden kann, ob der titulierte Leistungsanspruch des Vollstreckungsgläubigers nach § 326 II BGB weiter Bestand hat oder nach § 326 I BGB auch wegfällt.[1000] Dem kann jedoch nicht gefolgt werden. Vielmehr hat der Vollstreckungsschuldner den Wegfall des Annahmeverzugs aufgrund nachträglicher Unmöglichkeit auch mithilfe der Erinnerung zu rügen.[1001] Denn der Vollstreckungsschuldner rügt nicht den Wegfall des Leistungsanspruchs, sondern den des Annahmeverzugs. Er macht daher lediglich das Fehlen einer nach § 297 BGB erforderlichen Vollstreckungsvoraussetzung geltend.[1002] Er rügt den Wegfall des Annahmeverzugs. Greift der Vollstreckungsschuldner hingegen den festgestellten Leistungsanspruch selbst an, indem er dessen Wegfall mit der Unmöglichkeit der Gegenleistung begründet, so hat er die Vollstreckungsabwehrklage zu erheben.[1003]

4. Einwände im Verfahren nach § 756 II ZPO

Zum einen kann der Vollstreckungsschuldner die Unzulässigkeit eines wörtlichen Angebots nach § 756 II ZPO rügen. Denn ein solches Angebot nach

[996] *Wieczorek/Schütze/Salzmann*, § 756 Rdnr. 17; a.A. MünchKomm-ZPO/*Heßler*, § 756 Rdnr. 46; *Schilken*, AcP 181 (1981), 355, 375.

[997] *Wieczorek/Schütze/Salzmann*, § 756 Rdnr. 17.

[998] BGH, NJW 1988, 2524; *Wieczorek/Schütze/Salzmann*, § 756 Rdnr. 17.

[999] *Wieczorek/Schütze/Salzmann*, § 756 Rdnr. 17; *Stein/Jonas/Münzberg*, § 756 Rdnr. 19, 20 m. Fn. 95.

[1000] *Stein/Jonas/Münzberg*, § 756 Rdnr. 19 m. Fn. 95.

[1001] MünchKomm-ZPO/*Heßler*, § 756 Rdnr. 46, 59; *Fichtner*, S. 234 f.; wohl auch *Zöller/Stöber*, § 756 Rdnr. 16.

[1002] MünchKomm-ZPO/*Heßler*, § 756 Rdnr. 59.

[1003] Siehe dazu § 8 A III 2.

§ 756 II ZPO darf nur abgegeben werden, wenn ein wörtliches Angebot nach § 756 I 1. Alt. ZPO, § 295 BGB nicht möglich ist.[1004] Das Fehlen dieser Vollstreckungsvoraussetzung wird mit der Erinnerung nach § 766 ZPO geltend gemacht.

Zum anderen kann der Vollstreckungsschuldner einwenden, dass die angebotene Gegenleistung nicht ordnungsgemäß ist. Denn auch wenn der Gerichtsvollzieher die Gegenleistung nicht überprüfen muss, hat diese ordnungsgemäß zu sein.[1005] Mängel der Gegenleistung hat der Vollstreckungsschuldner daher mit der Erinnerung zu rügen.

B. Verfahren nach § 765 ZPO

I. Rechtsbehelfe des Vollstreckungsgläubigers

Gegen Zwangsvollstreckungsmaßnahmen des Vollstreckungsgerichts (durch den Richter oder den Rechtspfleger) ist die Erinnerung nach § 766 ZPO statthaft.[1006] Gegen Entscheidungen des Vollstreckungsgericht kann der Vollstreckungsgläubiger hingegen die sofortige Beschwerde nach § 793 ZPO erheben. Keine Entscheidungen sind Beschlüsse des Vollstreckungsgerichts, die ohne Interessenabwägung zwischen Vollstreckungsgläubiger und Vollstreckungsschuldner sowie ohne rechtliches Gehör des Vollstreckungsschuldners ergehen.[1007] Solche Beschlüsse sind Vollstreckungsmaßnahmen, gegen die die Erinnerung statthaft ist.[1008]

Das Prozessgericht erster Instanz ist funktionell zuständig für die Vollstreckung von Handlungen und Unterlassungen nach den §§ 887, 888, 890 ZPO. Gegen Entscheidungen des Prozessgerichts im Vollstreckungsverfahren ist die sofortige Beschwerde statthaft.[1009]

1004 Siehe dazu § 5 D III 5.

1005 Siehe dazu § 5 D III 2.

1006 *Zöller/Stöber*, § 766 Rdnr. 2.

1007 *Thomas/Putzo/Hüßtege*, § 793 Rdnr. 3.

1008 *Thomas/Putzo/Hüßtege*, § 793 Rdnr. 3.

1009 *Zöller/Stöber*, § 766 Rdnr. 4.

Für Vollstreckungen in das unbewegliche Vermögen ist das Grundbuchamt zuständig.[1010] Gegen dessen Entscheidungen im Vollstreckungsverfahren ist der Rechtsbehelf nach § 71 GBO einzulegen.[1011]

Ist dem Vollstreckungsgläubiger die Gegenleistung unmöglich geworden, kann er aus dem Titel auf Leistung Zug um Zug nicht mehr vollstrecken.[1012] Sofern er nach materiellem Recht den Anspruch auf die Leistung behält, kann er erneut, auf Leistung ohne Gegenleistung klagen.[1013]

II. Rechtsbehelfe des Vollstreckungsschuldners

Mit der Erinnerung kann der Vollstreckungsschuldner den Einwand der nicht ordnungsgemäßen Gegenleistung und des Wegfalls des Annahmeverzugs geltend machen.[1014] Wird als Vollstreckungsorgan das Prozessgericht erster Instanz tätig, ist gegen dessen Entscheidung die sofortige Beschwerde statthaft.[1015] Hat das Grundbuchamt eine Vollstreckungsmaßnahme getroffen, so ist dagegen der Rechtsbehelf nach § 71 GBO einzulegen.[1016] Wendet sich der Vollstreckungsschuldner gegen eine Vollstreckungsmaßnahme nach § 765 Nr. 2 ZPO, so muss er nicht auch zuvor gegen das Verfahren des Gerichtsvollziehers nach § 756 II ZPO im Wege der Erinnerung nach § 766 ZPO vorgegangen sein.[1017]

Rügt der Vollstreckungsschuldner hingegen den Wegfall der eigenen Leistungsverpflichtung aufgrund der Unmöglichkeit der Gegenleistung, so hat er den Rechtsbehelf der Vollstreckungsgegenklage nach § 767 ZPO zu erheben.[1018]

1010 *Baur/Stürner/Bruns*, Rdnr. 8.35.

1011 *Zöller/Stöber*, § 766 Rdnr. 4.

1012 MünchKomm-ZPO/*Heßler*, § 756 Rdnr. 44.

1013 Siehe dazu oben § 8 A II 5.

1014 Siehe dazu oben § 8 A III 1, 3 b.

1015 *Zöller/Stöber*, § 766 Rdnr. 4.

1016 *Zöller/Stöber*, § 766 Rdnr. 4.

1017 *Gottwald*, § 765 Rdnr. 6.

1018 Siehe dazu oben § 8 A III 2.

C. Verfahren nach §§ 726 II, 894 I 2 ZPO

I. Rechtsbehelfe des Vollstreckungsgläubigers

1. Beschwerde gegen Entscheidung des Rechtspflegers

Gegen die Verweigerung der Erteilung der Vollstreckungsklausel durch den Rechtspfleger erster Instanz ist nach § 11 I RPflG, § 567 I Nr. 2 ZPO die sofortige Beschwerde statthaft.[1019] Bei Ablehnung durch den Rechtspfleger des Berufungsgerichts oder eines Oberlandesgerichts besteht die Möglichkeit der befristeten Rechtspflegererinnerung nach § 11 II RPflG.[1020]

2. Klage auf Erteilung der Vollstreckungsklausel nach § 731 ZPO

Lehnt der Rechtspfleger die Erteilung der vollstreckbaren Ausfertigung ab, weil er den Nachweis der Befriedigung beziehungsweise des Annahmeverzugs für nicht erbracht ansieht oder weil der Vollstreckungsgläubiger keine Urkunden vorzulegen vermag, kann der Vollstreckungsgläubiger nach § 731 ZPO auf Erteilung der Vollstreckungsklausel klagen.[1021] Zwar kann der Vollstreckungsgläubiger auch im Wege der Erinnerung nach § 766 ZPO vorgehen. Jedoch stellt sich für den Vollstreckungsgläubiger die Klage nach § 731 ZPO als der günstigere Rechtsbehelf dar. Denn auch nach Obsiegen im Erinnerungsverfahren kann der Vollstreckungsschuldner materielle Einwendungen immer noch im Wege der Vollstreckungsabwehrklage geltend machen. Wird hingegen die Vollstreckungsklausel nach Klage gemäß § 731 ZPO erteilt, so kann der Vollstreckungsschuldner materielle Einwendungen aus der Vergangenheit nicht geltend machen.[1022] Eine zuvor erhobene Beschwerde gegen die Entscheidung des Rechtspflegers stellt keine Zulässigkeitsvoraussetzung dar.[1023]

1019 *Baur/Stürner/Bruns*, Rdnr. 18.7; *Zöller/Stöber*, § 724 Rdnr. 13; *Thomas/Putzo/Hüßtege*, § 724 Rdnr. 14a.

1020 *Baur/Stürner/Bruns*, Rdnr. 18.7; *Zöller/Stöber*, § 724 Rdnr. 13.

1021 *Baur/Stürner/Bruns*, Rdnr. 18.15; MünchKomm-ZPO/*Wolfsteiner*, § 726 Rdnr. 67.

1022 MünchKomm-ZPO/*Wolfsteiner*, § 726 Rdnr. 67.

1023 VGH Mannheim, NJW 2003, 1203; *Zöller/Stöber*, § 731 Rdnr. 2.

II. Rechtsbehelfe des Vollstreckungsschuldners

Mit dem Eintritt der Fiktion nach § 894 I 2 ZPO endet die Zwangsvollstreckung. Ab diesem Zeitpunkt besteht für Rechtsbehelfe gegen die Zwangsvollstreckung kein Rechtsschutzinteresse und Rechtsschutzbedürfnis mehr.[1024] Aus diesem Grund ist es in diesen Fällen nicht möglich, gegen die Erteilung der Vollstreckungsklausel einen Rechtsbehelf, etwa nach § 732 oder nach § 768 ZPO, einzulegen.[1025] Sollte die Vollstreckungsklausel zu Unrecht erteilt worden sein, kann der Vollstreckungsschuldner daher lediglich nach materiellem Recht Ausgleichsansprüche geltend machen.[1026] Wird die Vollstreckungsklausel hingegen schon vor Eintritt der Rechtskraft erteilt, so tritt die Fiktionswirkung erst mit dem Zeitpunkt der Rechtskraft ein.[1027] Bis zu diesem Zeitpunkt kann der Vollstreckungsschuldner daher noch gegen die Erteilung der vollstreckbaren Ausfertigung mit den Rechtsbehelfen der §§ 732, 768 ZPO vorgehen.[1028]

D. Zusammenfassung

Im Vollstreckungsverfahren nach § 756 ZPO stehen dem Vollstreckungsgläubiger und dem Vollstreckungsschuldner gegen die Maßnahmen des Gerichtsvollziehers eine Reihe von Rechtsbehelfen zu. Gegen die Ablehnung der Zwangsvollstreckung durch den Gerichtsvollzieher kann der Vollstreckungsgläubiger grundsätzlich im Wege der Erinnerung nach § 766 II ZPO vorgehen. Wenn ihm die Erbringung der Gegenleistung unmöglich geworden ist, kann er entweder auf Leistung ohne Gegenleistung oder auf die Zulässigkeit der Zwangsvollstreckung ohne Erbringung der Gegenleistung klagen. Wendet sich der Vollstreckungsschuldner gegen eine Vollstreckungsmaßnahme des Gerichtsvollziehers wegen Nichtbeachtung einer Voraussetzung der Zwangsvollstreckung, so hat er dagegen mit der Erinnerung nach § 766 ZPO vorzugehen. Die Vollstreckungsabwehrklage nach § 767 ZPO ist dagegen der richtige Rechtsbehelf, wenn der

1024 *Grau*, § 8 IV 2 b, S. 419 f.

1025 *Schuschke/Walker*, § 894 Rdnr. 7.

1026 *Stein/Jonas/Brehm*, § 894 Rdnr. 29; *Schuschke/Walker*, § 894 Rdnr. 7.

1027 MünchKomm-ZPO/*Gruber*, § 894 Rdnr. 20.

1028 *Grau*, § 8 IV 2 b, S. 420; MünchKomm-ZPO/*Gruber*, § 894 Rdnr. 20.

Vollstreckungsschuldner das Erlöschen des titulierten Leistungsanspruchs wegen nachträglicher Unmöglichkeit der Gegenleistung behauptet.

Gegen Zwangsvollstreckungsmaßnahmen des Vollstreckungsgerichts (durch den Richter oder den Rechtspfleger) können Vollstreckungsgläubiger und Vollstreckungsschuldner mit der Erinnerung nach § 766 ZPO, gegen Entscheidungen des Vollstreckungsgerichts mit der sofortigen Beschwerde nach § 793 ZPO vorgehen. Gegen Entscheidungen des Prozessgerichts ist die sofortige Beschwerde statthaft. Mit dem Rechtsbehelf nach § 71 GBO können die Parteien gegen Entscheidungen des Grundbuchamtes vorgehen. Ist dem Vollstreckungsgläubiger die Gegenleistung unmöglich geworden, kann er entweder auf Leistung ohne Gegenleistung klagen oder auf Feststellung, dass die Zwangsvollstreckung ohne Erbringung der Gegenleistung zulässig ist. Dagegen kann der Vollstreckungsschuldner den Wegfall seiner Leistungsverpflichtung wegen Unmöglichkeit der Gegenleistung mit der Vollstreckungsabwehrklage nach § 767 ZPO rügen.

Bei Ablehnung der Erteilung der Vollstreckungsklausel kann der Vollstreckungsgläubiger dagegen mit der sofortigen Beschwerde nach § 11 I RPflG, § 567 I Nr. 2 ZPO vorgehen oder gemäß § 731 ZPO auf Erteilung der Vollstreckungsklausel klagen. Gegen die Erteilung der Vollstreckungsklausel kann der Vollstreckungsschuldner mit den Rechtsbehelfen der §§ 732, 768 ZPO vorgehen, solange die Fiktionswirkung noch nicht eingetreten ist. Danach kann der Vollstreckungsschuldner lediglich nach materiellem Recht Ausgleichsansprüche geltend machen.

§ 9 Zusammenfassung

1. Die Einrede des gegenseitigen Vertrages oder eines Zurückbehaltungsrechtes führt zur Verurteilung zur Leistung Zug um Zug gegen Erbringung der Gegenleistung. Auch bei schon im Zeitpunkt des Urteilserlasses bestehendem Annahmeverzug ist eine unbedingte Verurteilung nicht möglich. Vielmehr ist auch in diesem Fall der Schuldner zur Leistung Zug um Zug zu verurteilen. Dadurch wird die Verknüpfung von Leistung und Gegenleistung erst in der Vollstreckung gelöst, so dass dem Vollstreckungsschuldner die Möglichkeit erhalten bleibt, den Annahmeverzug zu beenden. Allerdings ist es dem Vollstreckungsgläubiger möglich, zusätzlich zum Leistungsantrag einen weiteren Antrag auf Feststellung des Annahmeverzugs zu stellen. Dies erlaubt ihm, in der Vollstreckung auf ein den Annahmeverzug begründendes Angebot der Gegenleistung zu verzichten.

2. Entscheidend für die dem Gerichtsvollzieher hinsichtlich der Gegenleistung zustehende Prüfungsbefugnis ist der Inhalt des Vollstreckungstitels. Aus diesem Grund hat der Gerichtsvollzieher zunächst den Gegenstand der Gegenleistung zu bestimmen. Zu diesem Zwecke ist der Vollstreckungstitel auszulegen. Dies geschieht auf der Grundlage des gesamten Vollstreckungstitels. Sofern aufgrund eines Gerichtsurteils vollstreckt wird, ist der gesamte Titel, unter Heranziehung von Tatbestand und Entscheidungsgründen, Gegenstand der Auslegung.

Eine Überprüfung der anzubietenden Gegenleistung auf ihre Identität mit der im Vollstreckungstitel bezeichneten Gegenleistung hat im Verfahren nach § 756 I 1. Alt. ZPO in jedem Fall zu erfolgen. Ob eine darüber hinausgehende Prüfung vorzunehmen ist, richtet sich nach dem Inhalt des jeweiligen Vollstreckungstitels. Schuldet der Vollstreckungsgläubiger als Gegenleistung lediglich die Herausgabe eines bestimmten Gegenstandes unabhängig von seinem Zustand, bleibt es bei einer bloßen Identitätsprüfung. Sieht hingegen der Vollstreckungstitel vor, dass sich die Gegenleistung in einem bestimmten Zustand befinden muss, so hat eine dahingehende Prüfung zu erfolgen. Dementsprechend ist bei einer Stückschuld nur eine Identitätsprüfung vorzunehmen, es sei denn, dass nach dem Vollstreckungstitel ein bestimmter Zustand der Gegenleistung geschuldet ist. Bei einer Gattungsschuld ist sowohl zu prüfen, ob der angebotene Gegenstand zur Gattung der im Titel bezeichneten Gegenleistung gehört, als auch, ob er von mittlerer Art und Güte ist. Wird als Gegenleistung eine Nachbesserung geschuldet, so ist zu prüfen, ob durch diese die im Vollstreckungstitel bezeichneten Mängel behoben worden sind.

Im Verfahren nach § 756 I 2. Alt. ZPO wird die Vollstreckung durch Ermöglichung des Urkundsnachweises erleichtert. Der Gerichtsvollzieher hat daher anhand des Vollstreckungstitels und der entsprechenden Urkunden zu überprüfen, ob die in der Urkunde genannte Leistung eine dem Vollstreckungstitel entsprechende Befriedigung darstellt beziehungsweise, ob durch die Urkunden die den Annahmeverzug begründenden Tatsachen nachgewiesen werden. Macht der Vollstreckungsschuldner gegenüber dem Gerichtsvollzieher geltend, dass der Annahmeverzug nachträglich weggefallen sei, so ist es an dem Vollstreckungsschuldner, dem Gerichtsvollzieher den Sachverhalt, der den Wegfall des Annahmeverzugs begründet, darzulegen.

Im Vollstreckungsverfahren nach § 756 II ZPO bedarf es zwar einer materiellrechtlich ordnungsgemäßen Gegenleistung. Jedoch wird in diesem Verfahren die Ordnungsmäßigkeit der Gegenleistung unterstellt, so dass der Gerichtsvollzieher eine dahingehende Prüfung nicht vorzunehmen hat.

3. Ist das Vollstreckungsgericht das zuständige Vollstreckungsorgan, so ist das Verfahren nach § 765 ZPO einschlägig. Entsprechendes gilt bei Vollstreckungsmaßnahmen des Prozessgerichts und des Grundbuchamts. Erfolgt die Zwangsvollstreckung nach § 765 ZPO, so hat das vollstreckende Gericht aufgrund der vorgelegten Urkunden und unter Heranziehung des Vollstreckungstitels selbständig zu überprüfen, ob die Gegenleistung ordnungsgemäß erbracht wurde beziehungsweise, ob sich der Vollstreckungsschuldner in Annahmeverzug befand. Ein zum Nachweis des Annahmeverzugs vorgelegtes Gerichtsvollzieherprotokoll begründet gemäß § 418 ZPO vollen Beweis der darin beurkundeten Tatsachen. Das Protokoll kann aber entkräftet werden.

4. Handelt es sich bei der vom Schuldner Zug um Zug geschuldeten Leistung um die Abgabe einer Willenserklärung, so erfolgt die Durchsetzung im Wege der Zwangsvollstreckung nach den §§ 726 II, 894 I 2 ZPO. Danach wird vom zuständigen Rechtspfleger die vollstreckbare Ausfertigung erst dann erteilt, wenn

die Erbringung der Gegenleistung beziehungsweise der Annahmeverzug urkundlich nachgewiesen ist. Mit der Erteilung der Vollstreckungsklausel wird die Abgabe der Willenserklärung gemäß § 894 I 2 ZPO fingiert. Der Rechtspfleger darf bei urkundlichem Nachweis der erforderlichen Tatsachen die Erteilung der Vollstreckungsklausel nur dann ablehnen, wenn in absolut liquider Form feststeht, dass die nachzuweisende Tatsache nicht besteht oder weggefallen ist.

5. Gegen Maßnahmen und Entscheidungen der Vollstreckungsorgane stehen den Parteien eine Reihe von Rechtsbehelfen zur Verfügung. Im Vollstreckungsverfahren nach § 756 ZPO stellt die Erinnerung nach § 766 ZPO den zentralen Rechtsbehelf dar. Der Vollstreckungsgläubiger kann damit gegen die Ablehnung der Zwangsvollstreckung durch den Gerichtsvollzieher vorgehen. Der Vollstreckungsschuldner kann mit der Erinnerung Verstöße des Gerichtsvollziehers gegen das Vollstreckungsverfahren rügen. Ist die Erbringung der Gegenleistung unmöglich geworden, so kann der Vollstreckungsschuldner gegen die Vollstreckung mithilfe der Vollstreckungsabwehrklage nach § 767 ZPO vorgehen. Der Vollstreckungsgläubiger kann auf Zulässigkeit der Zwangsvollstreckung ohne Erbringung der Gegenleistung oder auf Leistung schlechthin klagen.

Gegen Maßnahmen des Vollstreckungsgerichts ist die Erinnerung, gegen Entscheidungen die sofortige Beschwerde statthaft. Gegen Entscheidungen des Prozessgerichts kann mit der sofortigen Beschwerde vorgegangen werden. Gegen Entscheidungen des Grundbuchamtes ist der Rechtsbehelf nach § 71 GBO statthaft. Bei Unmöglichkeit der Gegenleistung kann der Vollstreckungsgläubiger entweder auf Zulässigkeit der Zwangsvollstreckung ohne Erbringung der Gegenleistung oder auf unbedingte Leistung klagen. Dem Vollstreckungsschuldner steht in dieser Situation gegen Vollstreckungsmaßnahmen die Vollstreckungsabwehrklage zu.

Wird die Erteilung der vollstreckbaren Ausfertigung abgelehnt, kann der Vollstreckungsgläubiger dagegen sofortige Beschwerde nach § 11 I RPflG, § 567 I Nr. 2 ZPO einlegen oder gemäß § 731 ZPO auf Erteilung der Vollstreckungsklausel klagen. Dem Vollstreckungsschuldner stehen gegen die Erteilung der Vollstreckungsklausel grundsätzlich nur Ausgleichsansprüche nach materiellem Recht zu. Nur wenn mit der Erteilung der vollstreckbaren Ausfertigung die Fiktionswirkung der Abgabe der Willenserklärung noch nicht eintritt, kann der

Vollstreckungsschuldner gegen die Erteilung mithilfe der Rechtsbehelfe der §§ 732, 768 ZPO vorgehen.

Literaturverzeichnis

Alisch, Herbert: Hol- und Bringschuld in der Praxis des Gerichtsvollziehers, in: DGVZ 1984, 85 ff.

Bamberger, Heinz Georg/Roth, Herbert: Kommentar zum Bürgerlichen Gesetzbuch, 2. Auflage, München 2008, zit.: *Bamberger/Roth/Bearbeiter.*

Baumbach, Adolf/Lauterbach, Wolfgang/Albers, Jan/Hartmann, Peter: Zivilprozessordnung mit Gerichtsverfassungsgesetz und anderen Nebengesetzen, 68. Auflage, München 2010, Bearbeiter. Hartmann, zit.: *Baumbach/Lauterbach/Albers/Hartmann.*

Baur, Fritz/Stürner, Rolf/Bruns, Alexander: Zwangsvollstreckungsrecht, 13. Auflage, Heidelberg 2006, zit.: *Baur/Stürner/Bruns*, Rdnr.

Behr, Johannes: Ein Jahr 2. Zwangsvollstreckungsnovelle, Verfahrensänderungen und Neuregelungen der Sachpfändung, in: JurBüro 2000, 117 ff.

Blomeyer, Arwed: Allgemeines Schuldrecht, 4. Auflage, Berlin Frankfurt am Main 1969, zit.: *Blomeyer*, Allgemeines Schuldrecht, §.

ders.: Zivilprozessrecht, Vollstreckungsverfahren, Berlin Heidelberg New York 1975, zit.: *Blomeyer*, Zivilprozessrecht §.

Blomeyer, Jürgen: Der Anwendungsbereich der Vollstreckungserinnerung, in: Rpfleger 1969, 279 ff.

Blunck, Detlev: Die Bezeichnung der Gegenleistung bei der Verurteilung zur Leistung Zug um Zug, in: NJW 1967, 1598 f.

Brox, Hans/Walker, Wolf-Dietrich: Allgemeines Schuldrecht, 33. Auflage, München 2009, zit.: *Brox/Walker*, Allgemeines Schuldrecht, § Rdnr.

dies.: Zwangsvollstreckungsrecht, 8. Auflage, Gießen 2008, zit.: *Brox/Walker*, Zwangsvollstreckungsrecht, §.

Christmann, Günther: Die Tenorierung des Annahmeverzuges bei der Zug-um-Zug-Verurteilung des Schuldners, in: DGVZ 1990, 1 ff.

Dieckman, Albrecht: Zur Rechtskraftwirkung eines Zug-um-Zug-Urteils, in: Leipold, Dieter/Lüke, Wolfgang/Yoshino, Shozaburo: Gedächtnisschrift für Arens, München 1993, zit.: *Dieckman*, GS Arens, S.

Doms, Thomas: Eine Möglichkeit zur Vereinfachung der Zwangsvollstreckung bei Zug-um-Zug-Leistung, in: NJW 1984, 1340 f.

Döhmel, Doris: Der Leistungsort bei Rückabwicklung von Verträgen, Dissertation, Berlin 1997, zit.: *Döhmel,* S.

Enneccerus, Ludwig/Lehmann, Heinrich: Recht der Schuldverhältnisse, 15. Bearbeitung, Tübingen 1958, zit.: *Enneccerus/Lehmann* §.

Erman, Walter: Bürgerliches Gesetzbuch, Handkommentar:

Band 1, 12. Auflage, Münster 2008, zit: *Erman/Bearbeiter,*

Band 2, 12. Auflage, Münster 2008, zit: *Erman/Bearbeiter.*

Ernst, Wolfgang: Die Zurückweisung der Ware, in: NJW 1997, 896 ff.

Fahland, Monika: Die freiwillige Leistung in der Zwangsvollstreckung und ähnliche Fälle – Bindeglieder zwischen materiellem Recht und Vollstreckungsrecht, in: ZZP 92 (1979) 432 ff.

Fichtner, Frank: Die Durchsetzung von Ansprüchen auf Leistung Zug um Zug zwischen materiellem Recht, Verfahrensrecht und Verfassungsrecht, Diss. Köln, 2002, zit.: *Fichtner*, S.

ders.: Die Vollstreckung aus Titeln auf Leistung Zug um Zug nach der Zweiten Zwangsvollstreckungsnovelle und dem Schuldrechtsmodernisierungsgesetz, in: DGVZ 2004, 1, 17, 33.

Fischer, Frank O.: BGH: Zwangsvollstreckung aus einem Zahlungsurteil Zug-um-Zug gegen Aushändigung von Inhaberschuldverschreibungen, in: LMK 2008, 267411.

Gabius, Rolf: Die Vollstreckung von Urteilen auf Leistung nach Empfang der Gegenleistung, in: NJW 1971, 866 ff.

Garbe: Vollstreckung von Ansprüchen auf Leistung Zug um Zug, in: DGVZ 1951, 5 ff.

Gaul, Friedhelm: Der Gerichtsvollzieher als organisationsrechtliches Stiefkind des Gesetzgebers, in: ZZP 87 (1974), 241 ff.

ders.: Zur Struktur der Zwangsvollstreckung, in: Rpfleger 1971, 81 ff.

Gilleßen, Hubert/Coenen, Norbert: Das wörtliche Angebot bei der Zug-um-Zug-Vollstreckung nach § 756 II n.F. und die andere Verwertungsart nach § 825 ZPO n.F., in: DGVZ 1998, 167 ff.

Gilleßen, Hubert/Jakobs, Walter: Das wörtliche Angebot bei der Zug-um-Zug-Vollstreckung in der Praxis des Gerichtsvollziehers, in: DGVZ 1981, 49 ff.

Goebel, Joachim: Reform des Zwangsvollstreckungsrechts im Spiegel dogmatischer Systemgerechtigkeit, in: KTS 1995, 143 ff.

Gottwald, Uwe: Zwangsvollstreckung, Kommentar zu den §§ 704–915h, 5. Auflage, Freiburg Berlin 2005, zit.: *Gottwald.*

Grau, Volker: Die Bedeutung der §§ 894, 895 ZPO für die Vollstreckung von Willenserklärungen, Bielefeld 2001, zit.: *Grau,* S.

Gsell, Beate: in: jurisPR-BGH-ZivilR 2005, 127 f.

Guntau, Burkhard: Die rechtliche Wirkung der an den Gerichtsvollzieher geleisteten freiwilligen Zahlung zur Abwendung der Zwangsvollstreckung aus für vorläufig vollstreckbar erklärten Zahlungstiteln, in: DGVZ 1984, 17 ff.

Günther, Andreas: Probleme bei der Vollstreckung von Zug-um-Zug-Urteilen aufgrund der Verklammerung von Leistung und Gegenleistung, in: DGVZ 2008, 177 ff.

Hahn, Carl/Mugdan, Benno: Die gesamten Materialien zum Bürgerlichen Gesetzbuch für das Deutsche Reich, Band 8, Neudruck der Ausgabe Berlin 1899, Aalen 1979. zit.: *Hahn/Mugdan,* Mat. VIII, S.

Hahn, Carl: Die gesamten Materialien zur Civilprozessordnung und dem Einführungsgesetz zu derselben vom 30. Januar 1877, Berlin 1880, zit.: *Hahn,* Mat., S.

Hellwig, Konrad: Anspruch und Klagrecht, Neudruck der Ausgabe Leipzig 1924, Aalen 1967, zit.: *Hellwig,* S.

Hornung, Anton: Die 2. Zwangsvollstreckungsnovelle, in: Rpfleger 1998, 383 ff.

Huber, Ulrich: Leistungsstörungen I, Handbuch des Schuldrechts, Tübingen 1999, zit.: *Huber*, Leistungsstörungen I, §.

Hüffer, Uwe: Leistungsstörungen durch Gläubigerhandeln, Berlin 1976, zit.: *Hüffer*, S.

Kirn, Michael: Leistungspflichten im gegenseitigen Vertrag, in: JZ 1969, 325 ff.

Koenigk, Johannes: Verfahrensrechtliche Wirkungen des Zurückbehaltungsrechts, in: NJW 1960, 2180 f.

Körner, Walter: Rechtsbehelf bei Mangelhaftigkeit der Gegenleistung nach Zug-um-Zug-Urteil, in: DGVZ 2006, 129 ff.

Larenz, Karl: Lehrbuch des Schuldrechts, Band 1, Allgemeiner Teil, 14. Auflage, München 1987, zit.: *Larenz,* Schuldrecht I, §.

Larenz, Karl/Wolf, Manfred: Allgemeiner Teil des Bürgerlichen Rechts, 9. Auflage, München 2004, zit.: *Larenz/Wolf* § Rdnr.

Leonhard, Franz: Allgemeines Schuldrecht des BGB, Band 1, München Leipzig 1929, zit.: *Leonhard,* S.

Liesecke: Der Wechsel im Rechtsverkehr und im Prozess, in: DRiZ 1970, 314 ff.

Lüke, Gerhard/Hau, Wolfgang: Zwangsvollstreckungsrecht, 3. Auflage, München 2008, zit.: *Lüke/Hau*, S.

Medicus, Dieter/Lorenz, Stephan: Schuldrecht I, Allgemeiner Teil, 18. Auflage, München 2008, zit.: *Medicus/Lorenz,* Schuldrecht I, Rdnr.

Motive zu dem Entwurf eines Bürgerlichen Gesetzbuchs für das Deutsche Reich, Band 2, Recht der Schuldverhältnisse, Berlin Leipzig 1888, zit.: Motive II, S.

Mugdan, Benno:, Die gesamten Materialien zum Bürgerlichen Gesetzbuch für das Deutsche Reich, Band. 2, Berlin 1899, zit.: *Mugdan,* Mat. II, S.

Münchener Kommentar zum Bürgerlichen Gesetzbuch: Band 2: Schuldrecht Allgemeiner Teil (§§ 241–432), 5. Auflage, München 2007, zit.: Münch-Komm/*Bearbeiter.*

Münchener Kommentar zum Handelsgesetzbuch: Band 5 (§§ 343–372), 2. Auflage, München 2009, zit.: MünchKomm-HGB/*Bearbeiter.*

Münchener Kommentar zur Zivilprozessordnung mit Gerichtsverfassungsgesetz und Nebengesetzen:

Band 1 (§§ 1–510c), 3. Auflage, München 2007, zit.: MünchKomm-ZPO/*Bearbeiter*,

Band 2 (§§ 511–945), 3. Auflage, München 2007, zit.: MünchKomm-ZPO/*Bearbeiter*.

Münzberg, Wolfgang: Die Einreden des Zurückbehaltungsrechts und des nichterfüllten Vertrags im Prozess, in: NJW 1961, 540 ff.

ders.: Die Abhängigkeit der Vollstreckungsreife eines Zahlungstitels von der Herausgabe bestimmter Software, in: Betriebs-Berater 1990, 1011 ff.

ders.: Bemerkungen zum Entwurf der zweiten Zwangsvollstreckungsnovelle, in: Prütting, Hanns/Lindacher, Walter F.: Verfahrensrecht am Ausgang des 20. Jahrhunderts, Festschrift für Gerhard Lüke zum 70. Geburtstag, München 1997, zit.: FS Lüke, S.

Musielak, Hans-Joachim: Kommentar zur Zivilprozessordnung, 7. Auflage, München 2009, zit: *Musielak/Bearbeiter.*

Noack, Wilhelm: Die Vollstreckungspraxis, 5. Auflage, Hannover 1970, zit: *Noack*, S.

Palandt: Bürgerliches Gesetzbuch, 69. Auflage, München 2010, zit.: *Palandt/Bearbeiter.*

Pauly, Holger: Zug-um-Zug-Verurteilung wegen Baumängeln bei der Werklohnklage und Ablehnung der Nachbesserung durch den Auftraggeber – Rechtsfolgen für das Vollstreckungsverfahren und den Gerichtsvollzieher, in DGVZ, 2007, 177 ff.

Picker, Eduard: Fristlose Kündigung und Unmöglichkeit, Annahmeverzug und Vergütungsgefahr – Teil 2, in JZ 1985, 693 ff.

Protocolle der Commission zur Berathung einer allgemeinen Civilprozessordnung für die Deutschen Bundesstaaten, Band 2: S. 339–697, Nachdruck der Ausgabe Hannover 186–1866, Frankfurt am Main, 1985, zit.: Protocolle II, S.

Protokolle der Kommission für die zweite Lesung des Entwurfs des Bürgerlichen Gesetzbuchs, Band 1: Allgemeiner Theil und Recht der Schuldverhältnisse, Berlin 1897, zit.: Protokolle I, S.

Reuter, Hans: Die Verurteilung zur Leistung Zug um Zug, Diss. Leipzig 1909, zit.: *Reuter*, S.

Rieß, Ernst: Die Vollstreckung von Urteilen auf Leistung „nach Empfang der Gegenleistung" (§ 322 BGB), in: GruchB 51, 581 ff.

Rosenberg, Leo/Gaul, Hans, Friedhelm/Schilken, Eberhard: Zwangsvollstreckungsrecht, 11. Auflage, München 1997, zit.: *Rosenberg/Gaul/Schilken*, §.

Rosenberg, Leo/Schwab, Karl Heinz/Gottwald, Peter: Zivilprozessrecht, 16. Auflage, München 2004, zit.: *Rosenberg/Schwab/Gottwald*, §.

Rosenberg, Leo: Der Verzug des Gläubigers, in: JherJb 43, 141 ff.

Schibel, Roland: Zug-um-Zug-Urteile in der Vollstreckung, in: NJW 1984, 1945.

Schilken, Eberhard: Wechselbeziehungen zwischen Vollstreckungsrecht und materiellem Recht bei Zug-um-Zug-Leistungen, in: AcP 181 (1981), 355 ff.

ders.: Zivilprozessrecht, 5. Auflage, Köln Berlin München 2006, zit.: *Schilken*, ZPR, Rdnr.

Schmidt, Herbert: Aus der Praxis – für die Praxis, in: JurBüro 1964, 413 ff.

Schneider, Egon: Hinweise für die Prozesspraxis, in: JurBüro 1966, 818 ff.

ders.: Hinweise für die Prozesspraxis, in: JurBüro 1966, 911 ff.

ders.: Prüfung der Gegenleistung durch den Gerichtsvollzieher, in: DGVZ 1978, 65 ff.

ders.: Vollstreckung von Zahlungstiteln Zug um Zug gegen Ausführung handwerklicher Leistungen, in: DGVZ 1982, 37 ff.

Schneider, Harald: Die Ermessens- und Wertungsbefugnis des Gerichtsvollziehers, in: DGVZ 1989, 145 ff.

Schuschke, Winfried/Walker, Wolf-Dietrich: Vollstreckung und Vorläufiger Rechtsschutz, Band 1: Zwangsvollstreckung (§§ 704–915 h), 4. Auflage, Köln, Berlin, Bonn, München 2008, zit.: *Schuschke/Walker.*

Sebode: Einzelfragen der Zug-um-Zug-Vollstreckung, in: DGVZ 1958, 34 ff.

Seibel, Mark: Die Prüfungskompetenz des Gerichtsvollziehers bei Zug um Zug zu erbringenden Mängelbeseitigungsmaßnahmen, in: ZfBR 2008, 330 ff.

Soergel, Hans Theodor: Bürgerliches Gesetzbuch mit Einführungsgesetz und Nebengesetzen:

Band 2: Schuldrecht I (§§ 241–432), 12. Auflage, Stuttgart, Berlin, Köln 1990, zit.: *Soergel/Bearbeiter,*

Band 5/2: Schuldrecht 3/2 (§§ 320–327), 13. Auflage, Stuttgart, Berlin, Köln 2005, zit.: *Soergel/Bearbeiter.*

Staudinger, Julius von: Kommentar zum Bürgerlichen Gesetzbuch mit Einführungsgesetz und Nebengesetzen:

Buch 2: Recht der Schuldverhältnisse (§§ 255–304), 14. Neubearbeitung, Berlin 2004, zit.: *Staudinger/Bearbeiter,*

Buch 2: Recht der Schuldverhältnisse (§§ 315–327), 14. Neubearbeitung, Berlin 2004, zit.: *Staudinger/Bearbeiter,*

Buch 2: Recht der Schuldverhältnisse (§§ 255–327), 11. Auflage, Berlin 1976, zit.: *Staudinger/Bearbeiter,* 11. Auflage,

Buch 2: Recht der Schuldverhältnisse (§§ 779–811), 13. Neubearbeitung, Berlin 2004, zit.: *Staudinger/Bearbeiter.*

Stein, Friedrich/Jonas, Martin: Kommentar zur Zivilprozessordnung:

Band 7 (§§ 704–827), 22. Auflage Tübingen 2002, zit.: *Stein/Jonas/Bearbeiter,*

Band 4/1 (§§ 300–347), 21. Auflage, Tübingen 1999, zit.: *Stein/Jonas/Bearbeiter,*

Band 4/2 (§§ 348–510b), 21. Auflage, Tübingen 1999, zit.: *Stein/Jonas/Bearbeiter.*

Stein, Friedrich: Grundfragen der Zwangsvollstreckung, Neudruck der Ausgabe Tübingen 1913, Aalen 1970, zit.: *Stein,* S.

Stojek, Matthias: Beweisaufnahme durch den Gerichtsvollzieher?, in: MDR 1977, 456 ff.

Strehlau-Weise, Agnes: Rechtsstellung und Aufgabenbereich des Gerichtsvollziehers unter Berücksichtigung seiner besonderen Befugnisse bei Vollstreckungen nach § 756 ZPO, Diss. Regensburg 1996, zit.: *Strehlau-Weise,* S., 29.

Thomas, Heinz/Putzo, Hans: Zivilprozessordnung mit Gerichtsverfassungsgesetz, den Einführungsgesetzen und europarechtlichen Vorschriften, 29. Auflage, München 2008, zit.: *Thomas/Putzo.*

Toussaint, Guido: Vollstreckung einer nur gegen Aushändigung einer Urkunde geschuldeten Leistung, in: jurisPR-BGH-ZivilR 21/2008 Anm. 3.

Treysse, Harold: Die Vollstreckung einer Wechselforderung, in: DGVZ 1983, 36 f.

Wach, Adolf: Vorträge über die Reichscivilprozessordnung, 2. Auflage, Bonn 1896, zit.: *Wach,* Vorträge, S.

Wertheimer, Frank: Der Gläubigerverzug im System der Leistungsstörungen, JuS 1993, 646 ff.

Wieczorek, Bernhard/Schütze, Rolf A.: Zivilprozessordnung und Nebengesetze, Band 4, Teilband 1 (§§ 704–807), 3. Auflage, Berlin, New York 1999, zit.: *Wieczorek/Schütze/Bearbeiter.*

Würdinger, Markus: Teilbetrags-Vollstreckung aus Titel über mehrere Zug-um-Zug-Forderungen, in: NJW 2008, 3147 ff.

Zöller, Richard: Zivilprozessordnung mit Gerichtsverfassungsgesetz und den Einführungsgesetzen, Kommentar, 27. Auflage Köln 2009, zit.: *Zöller/Bearbeiter.*

FSC
www.fsc.org
MIX
Papier | Fördert gute Waldnutzung
FSC® C083411

Kolibri 360 GmbH
Ferdinand-Jühlke-Straße 7
99095 Erfurt, Deutschland
produktsicherheit@kolibri360.de